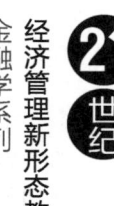

21世纪经济管理新形态教材 金融学系列

Financial Marketing

金融营销学

刘磊 ◎ 主编

清华大学出版社
北京

内 容 简 介

本书结合近年来金融营销发展的实践和金融企业营销案例，提出了当代金融企业营销的创新构架和内容体系，较为全面综合地、有针对性地探讨并阐述了商业银行、保险公司、证券公司、基金公司、信托公司和互联网金融企业的营销理念、产品开发、定价方法与手段、营销渠道、促销手段、推广方式、客户服务及客户关系管理等内容。

本书可用作本科院校经济和管理类专业的通用教材，也可以为银行、保险、证券、基金、信托和互联网金融企业工作人员制订营销计划、进行营销决策提供参考并可用作培训教材。

本书封面贴有清华大学出版社防伪标签，无标签者不得销售。
版权所有，侵权必究。举报：010-62782989，beiqinquan@tup.tsinghua.edu.cn。

图书在版编目(CIP)数据

金融营销学/刘磊主编．—北京：清华大学出版社，2020.4（2024.7重印）
21世纪经济管理新形态教材．金融学系列
ISBN 978-7-302-55044-0

Ⅰ.①金… Ⅱ.①刘… Ⅲ.①金融市场－市场营销学－高等学校－教材 Ⅳ.①F830.9

中国版本图书馆CIP数据核字(2020)第040717号

责任编辑：王　青
封面设计：李召霞
责任校对：宋玉莲
责任印制：沈　露

出版发行：清华大学出版社
网　　址：https://www.tup.com.cn，https://www.wqxuetang.com
地　　址：北京清华大学学研大厦A座
邮　　编：100084
社 总 机：010-83470000
邮　　购：010-62786544
投稿与读者服务：010-62776969，c-service@tup.tsinghua.edu.cn
质量反馈：010-62772015，zhiliang@tup.tsinghua.edu.cn
印 装 者：三河市龙大印装有限公司
经　　销：全国新华书店
开　　本：185mm×260mm
印　　张：13.25
字　　数：305千字
版　　次：2020年4月第1版
印　　次：2024年7月第5次印刷
定　　价：39.00元

产品编号：087033-01

FOREWORD

  本书是为了满足应用型本科经济管理类各专业教学需要而编写的,也可为商业银行、保险公司、证券公司、基金公司、信托公司以及各类互联网金融机构经营者和管理者提供参考。

  金融营销自20世纪50年代在美国诞生以来,日益受到各国金融界的重视,并已逐步发展成为当今金融企业发展战略、经营手段和竞争策略中重要的组成部分。随着金融业的快速发展、金融机构数量的快速增加,金融市场上各经营主体之间的竞争也越发激烈。为了获得有力的市场地位、获取更多的市场份额、获得消费者的认可,在竞争中处于有力的市场地位,银行、保险、证券、基金和信托等领域的经营主体都必须根据金融市场的需求特点,提供能最大限度地满足消费者需求的金融产品和金融服务,采取符合市场竞争需要的经营策略。正是基于这一现状,在内容设计上,本书分别从商业银行、保险公司、证券公司、基金公司、信托公司及互联网金融机构等经营主体的角度阐述了营销的指导思想、产品开发、产品定价、营销渠道、促销手段及优质服务等内容。

  全书共分9章,具体分工如下:哈尔滨商业大学的刘磊教授编写第一、二、九章;哈尔滨商业大学的胡乔宁、窦以鑫、张晓京和董晓红编写第三、四、六章;哈尔滨商业大学的刘从敏、中融国际信托有限公司的刘奕然编写第五、七、八章。刘磊教授负责全书内容与大纲的设计、总纂和修改定稿。

  在本书编写过程中,编者参考了大量国内外书刊资料和文章以及业界的研究成果,在此一并表示衷心的感谢!由于编者水平所限,书中难免存在不足和疏漏之处,敬请专家、学者和读者批评指正。

刘 磊
2019年11月

CONTENTS

第一章　金融营销概述	1
第一节　金融营销的含义与特征	2
第二节　金融营销的任务与作用	4
第三节　金融营销的发展历程和发展趋势	7
本章小结	11
思考题	12
第二章　金融营销环境分析	14
第一节　金融营销环境概述	15
第二节　金融营销宏观环境分析	18
第三节　金融营销微观环境分析	21
第四节　金融企业对环境机会和威胁的评估及对策	23
本章小结	24
思考题	25
第三章　金融服务购买行为分析	27
第一节　金融服务购买者的特征与分类	28
第二节　金融服务购买决策过程	31
第三节　影响金融服务购买行为的因素	35
本章小结	43
思考题	44
第四章　银行产品营销	46
第一节　银行营销概述	47
第二节　银行营销战略	49
第三节　银行产品价格	52
第四节　银行产品营销渠道	54
第五节　银行产品营销策略	59
第六节　银行客户经理制的推广	64

第七节　银行客户管理 ··· 67
　　本章小结 ··· 76
　　思考题 ··· 76

第五章　保险营销 ··· 79

　　第一节　保险营销概述 ··· 81
　　第二节　保险营销理念 ··· 82
　　第三节　保险需求分析 ··· 84
　　第四节　保险产品策略 ··· 88
　　第五节　保险分销渠道 ··· 95
　　第六节　保险促销 ··· 102
　　第七节　保险优质服务 ··· 108
　　第八节　保险客户关系管理 ··· 110
　　本章小结 ··· 115
　　思考题 ··· 116

第六章　证券服务营销 ··· 118

　　第一节　证券服务营销概述 ··· 119
　　第二节　证券营销人员的职责 ··· 122
　　第三节　证券营销人员的职业素质 ··· 124
　　第四节　证券客户行为分析 ··· 125
　　第五节　证券营销渠道的拓展 ··· 128
　　第六节　证券经纪业务营销 ··· 132
　　本章小结 ··· 136
　　思考题 ··· 137

第七章　基金产品营销 ··· 139

　　第一节　基金营销概述 ··· 140
　　第二节　基金产品设计与定价 ··· 144
　　第三节　基金的销售渠道、促销手段与客户服务 ······························· 146
　　第四节　基金销售行为规范 ··· 152
　　本章小结 ··· 159
　　思考题 ··· 159

第八章　信托产品营销 ··· 161

　　第一节　信托产品的含义、特征与分类 ··· 163
　　第二节　信托产品营销概述 ··· 166
　　第三节　信托产品营销渠道 ··· 168

第四节　信托产品营销策略 …………………………………… 169
　　本章小结 …………………………………………………………… 171
　　思考题 ……………………………………………………………… 171

第九章　互联网金融营销 ……………………………………………… **173**
　　第一节　互联网金融营销概述 …………………………………… 174
　　第二节　互联网金融商业模式 …………………………………… 178
　　第三节　互联网金融产品设计 …………………………………… 186
　　第四节　互联网金融推广方式 …………………………………… 189
　　第五节　互联网金融营销渠道 …………………………………… 190
　　第六节　互联网金融营销手段 …………………………………… 195
　　第七节　互联网金融客户服务 …………………………………… 197
　　本章小结 …………………………………………………………… 200
　　思考题 ……………………………………………………………… 201

主要参考文献 …………………………………………………………… 203

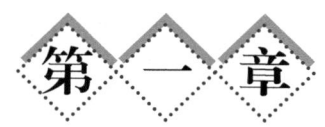

第一章 金融营销概述

【教学目标】

(1) 理解金融营销的含义与特征
(2) 了解金融营销的任务与作用
(3) 了解金融营销的发展历程和发展趋势

【知识结构图】

金融营销概述 ｛ 金融营销的含义与特征 ｛ 金融营销的含义 / 金融营销的主要特征
金融营销的任务与作用 ｛ 金融营销的任务 / 金融营销的作用
金融营销的发展历程和发展趋势 ｛ 金融营销的发展历程 / 金融营销的发展趋势

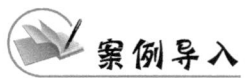

案例导入

深圳发展银行推出"e借易还"个人自主消费贷款产品

2009年4月,深圳发展银行(以下简称"深发展")推出了个人贷款创新产品"e借易还"。无论客户是按揭贷款还是房产抵押贷款,只要办理了该行的"e借易还",即可通过网上银行等电子自助渠道不受时间和空间限制地自助办理借款和还款。

据深发展零售贷款部有关负责人介绍,"e借易还"的适用范围非常广泛,而且已经是深发展的房贷客户申请此项服务的,更有多重优惠。

通过办理"e借易还",客户可以享有以下几个明显的好处:

一是贷款不再跑银行,不受时、空限制,方便快捷。"e借易还"使客户免去了传统上每次贷款都必须去银行办理申请、审批手续,还易受银行办公时间限制的不便。如今,客户只需安坐家中,轻点鼠标,就可以实现即时借、还款。

二是轻点鼠标,贷款即时到账。客户有贷款需求时,可随时通过深发展网上银行等自助渠道借款,贷款在1分钟内立即到账,满足随时用款的需求。

三是用款才付息,想还就还,帮客户省息。当客户手头有余钱时,可随时通过网上银行等自助设备部分提前还款或全部提前还款,所还资金当天就不用向银行支付利息,最大限度地帮助客户省钱,客户想用的时候可随时再从银行借出来。

四是一次申请,循环使用。客户只要将房产一次抵押给银行(包括还在按揭的房产),开通"e借易还",即可在银行核定的限额内反复使用,无须重复审批,贷款手续极为简便。

思考题:
1. "e借易还"产品满足了人们哪些方面的需求?
2. "e借易还"产品具有哪些竞争优势?
3. "e借易还"在促销方面可以怎么做?

金融营销自诞生以来,日益受到各国金融界的重视并已逐步发展成为当今金融企业发展战略与经营方法不可分割的组成部分。随着我国市场经济体制和金融体制改革的发展与深化,原有金融市场分割垄断的格局已被打破,各金融企业之间的竞争骤然加剧,营销在金融企业经营活动中的作用越来越重要,因此有必要对金融营销理论及运作进行深入的研究。本章主要介绍金融营销的含义与特征、金融营销的任务与作用、金融营销的发展历程和发展趋势。

第一节 金融营销的含义与特征

一、金融营销的含义

金融营销是一般工商企业市场营销在金融领域的延伸和发展,它是一门新兴的边缘学科。1958年的美国银行联合会议上,首次提出了金融企业应运用营销的观念。金融企业是经济生活中专门为客户提供金融服务、满足客户消费金融产品需要、以经营为手段、以营利为目的的一组服务性企业。除其经营的对象——货币和货币资本以及与货币和货币资本相关的服务外,金融企业的运营与工商企业一样,既要面向社会广泛地分销其产品,又要应付激烈的市场竞争,并且要以盈利为目标。在市场经济条件下,金融企业同样要运用市场营销理论,广泛地开展金融营销活动。因此,金融营销的基本经营思想和营销手段与一般工商企业的市场营销是基本相同的。我们可以把金融营销定义为:金融营销是金融企业以金融市场为导向,运用整体营销手段向客户提供金融产品和服务,在满足客户的需要和欲望的过程中,实现金融企业的利益目标的社会行为过程。

金融营销必须做到三点:一是必须面对市场,了解市场需求,了解竞争对手,通过销售比竞争对手更好的产品来满足目标客户的需求,并在长期的经营中与客户建立和发展良好的关系;二是必须注重对营销过程的管理,通过分析、计划、实施和控制来提高营销的总体水平;三是必须注重营销的社会性,兼顾消费者利益、企业利益和社会整体利益。

金融营销的整个过程包括分析金融市场机会、研究和选择目标市场、制定营销策略。具体来讲,金融营销活动包括:金融市场需求的调查研究、金融市场细分、金融产品开发、金融产品分销渠道、促销策略、营销技术运用、售后服务等。从金融营销过程不难看出,金融营销活动是以市场为起点和终点,其对象是目标市场的顾客,即金融营销是集中全力满足目标市场顾客的需求。

金融营销的目的是借助精心设计的金融工具及相关金融服务,运用金融运作理念实现营销目标,并获取一定的收益。金融企业在经营过程中所采取的营销行为可以是多种多样的,并应根据金融企业所处的经营环境及其自身资源与发展目标,应对挑战,扬长避短,趋利避害,坚持适应环境的经营取向。

二、金融营销的主要特征

1. 金融营销注重服务营销

【链接1-1】

金融营销在性质上属于服务营销。金融企业向消费者提供的产品主要是金融服务,金融服务的无形性决定了金融产品的不可感知性。因此,金融企业在开展营销的过程中,要尽可能使无形的产品有形化,给客户一定的感知,同时要提高服务质量,以提高客户的满意度。

2. 金融营销注重企业形象

无形性是金融产品的主要特征,客户的购买行为是基于对金融企业的信任。客户对金融产品及其知名度的认识,首先是从对其提供者——金融企业的认识开始的,客户如何在众多的具有同性质的金融产品中做出选择,在很大程度上取决于他对金融企业的信任程度与好感度,因而金融产品营销中商业银行、保险公司等金融企业都非常注重自身形象。

3. 金融营销注重关系营销

金融产品营销要求所有营销人员面对不同的客户,能迅速判断并识别出客户的个性化需求,有选择地将本企业的金融产品推荐给客户,并将产品的相关特性与客户的需求匹配起来传递给客户,最大限度地满足客户的需求,为客户提供更加人性化的服务。金融企业在开展金融产品营销时,必须注重加强人性方面的情感价值,通过附加特定的文化,使之与目标客户群体的价值观、信仰等产生共鸣。

4. 金融营销注重品牌营销

由于金融产品的同质性,不同的金融企业提供的同一类型的金融产品在功能上差别不大,客户在选择金融产品或服务的时候,首先往往不是被金融产品功能带来的服务盈利或便利所吸引,而是被其所熟知的满意的品牌所吸引。

5. 金融营销注重整体营销

金融业属于服务业,客户对金融产品知名度的认识是从认识和了解金融企业开始的,客户对金融企业产生了认同和信赖后,才会接受其提供的金融服务,因此金融企业更加注重提高自身的整体营销。这是一个不断循环上升的过程,首先要通过市场调研发现需求,然后开发能够满足市场需求的产品,把这种产品提供给市场,实现交换。在出售产品的过程中,要制定合适的价格,选择合适的分销渠道,进行科学的促销。最后还要进行信息反馈,对原来的营销方案和营销策略进行调整和控制。

6. 金融营销注重直面营销

虽然借助新闻媒体的广告营销是市场营销的一种主要方式,但由于各种商品广告的泛滥及广告词的雷同,广告营销的效果往往不尽如人意。金融企业的各分支机构和各经营网点的所有工作人员在与顾客接触、为顾客服务的过程中,应因地制宜、因时制宜、因顾客制宜,自然适当地向顾客介绍新的金融服务、新的金融产品,回答顾客的咨询,适时送上一张新服务品种的宣传资料等。这么做,在不经意之间往往就能让顾客改变态度,认同或接受新的金融服务产品。顾客在接受原有服务的过程中已形成了对该金融企业(形象、经营网点、金融产品、临柜人员、服务设施等方面)的认同和信任,新产品的直面营销只是在此基础上的延伸与扩展。因此,面对面地开展直面营销更具针对性和渗透性,营销效果往往更好。

7. 金融营销提倡全员营销

一般来说,生产企业的大部分员工远离顾客,缺乏直接与顾客接触、沟通的机会,不可能参与产品的营销。金融企业的大部分员工在这方面却具有优势,他们在生产金融产品(提供金融服务)的同时,就能直接面对顾客,直接了解顾客的需求,直接给予顾客某些方面的满足。因此,金融营销要求各金融企业在一线工作的全体人员,在与顾客接触、沟通、为其服务的过程中,借助一定的营销方式和技巧让顾客了解新的金融产品的内在品质和所附加的潜在服务,在满足顾客需求的同时把新的金融产品推销出去。

第二节 金融营销的任务与作用

一、金融营销的任务

根据现代市场营销观念,金融企业不仅应当高度重视市场营销,而且应当系统地设计并安排好企业的营销职能,明确金融营销的任务。

从营销循环过程来看,市场营销的根本任务在于如何经济合理地满足消费者的需要。金融营销也不例外。金融营销也应当在发现市场、满足市场的同时,使金融企业获得盈利和发展。总体而言,金融营销管理的基本任务包括以下八个方面。

1. 管理金融信息

这是金融企业的一项基础工作。信息管理应为金融营销活动提供各种所需信息,包括客户信息、宏观经济信息、经济政策信息、法律信息、消费信息、产业发展信息、竞争者信息、国际金融市场信息、内部监管信息等。金融企业作为提供公众服务的组织,应重视信息的收集和管理,不断采用科学的手段为营销工作提供快捷便利的服务。当今社会已步入信息时代,计算机管理、网络化服务已在各国的金融界得到广泛应用,这对于改进金融服务质量、提高金融营销效率有着极其重要的作用。我国金融企业也应适应时代的要求，加快金融信息管理现代化的步伐，不断提高竞争能力。

2．分析客户需求

金融企业要不断研究各类客户的金融服务需要及其动态变化情况，从而把握商机，寻求企业营利和发展的机会。这就要求金融企业不仅要掌握老客户的金融需求，而且要善于掌握大量潜在客户的金融需求。为了及时把握商机，金融企业必须随时了解不同客户群的收入状况、可支配资金的数量、闲置资金状况、消费特征、金融服务偏好、投资倾向、风险意识，并结合宏观经济状况的变化，分析其金融需求的动态变化情况。同时应关注同业竞争者的经营行为，了解其目标市场定位信息。当然，了解和掌握客户的金融需求并非易事，必须有大量的金融专业人士从事专门研究。

3．开发金融产品

金融企业应在客户分析的基础上，针对不同目标市场的客户需求特征，开发相应的金融产品，以满足其需要。金融企业的产品可以多种多样，有些产品是长期提供的，有些产品是后续开发的。金融企业既要不断提高服务质量、拓展老产品的使用深度，也要根据市场需求的变化，适时开发新产品、发现新市场、开拓新业务。

4．制定营销方略

为了确保金融营销的成功，金融企业必须根据自身的业务许可范围、资源状况及所处的经营环境，系统制定营销方略，以达到扬长避短、趋利避害的目的。金融企业的营销方略具体包括目标定位战略、市场进入战略、形象战略、竞争战略、产品组合策略、价格策略、促销策略、渠道与分销策略等。不同类型的金融企业可根据业务的性质和特征，制定相应的营销方略，如某些银行采取存款导向战略、大企业服务战略、批发业务战略等。

5．提高服务质量

金融企业都是服务性机构，即使是有形的金融产品也必须以大量的服务作为保证。因此，不断提高服务质量是金融营销的重要任务，也是维护金融企业信誉的基本方式。由于金融服务大多具有无差异性，因而信誉在客户考虑是否认可某家金融企业的过程中往往发挥主导作用。金融企业应爱护自身的信誉和形象，树立"信誉至上""信誉就是市场""信誉就是企业生命"的观念。

6．防范金融风险

金融市场的不确定性，使金融企业所经营的任何产品都存在不同程度的风险。金融企业应将风险防范作为营销管理的一项重要任务。不仅要将自身的经营风险控制在最低限度，以确保经营的安全性，同时也要使客户所承担的风险与所获得的收益相对称，避免让客户承受不应有的损失。这就要求金融企业在开发金融产品的环节中，应明确产品可能存在的风险，合理地安排收益与风险的匹配关系，制定必要的风险防范预案，并在营销过程的各个环节加强风险管理。金融企业还应加强对金融市场的风险预测,科学评估投资风险,扩展业务时必须量力而行,遵循金融市场的运行规律,防止因膨胀过快而形成资产泡沫导致企业倒闭。开办离岸业务、从事跨国经营的金融企业还必须密切防范汇率风险及境外投资风险。

7. 提高经营效益

金融企业在为金融客户提供服务的过程中,还必须注重自身的盈利与发展,正确处理社会效益与经济效益的关系。具体而言:①充分发挥自身的资源优势,提高资源利用效率,减少浪费;②合理设计产品的价格体系,确保适宜的价格梯度;③注意降低营销成本,对于长期提供的一贯式产品,可以实行目标成本管理来增加收益;④正确处理价量关系,以确保企业在保本点以上经营;⑤科学安排短期亏损和长期盈利的业务组合,提升企业的整体经济效益;⑥依法建立呆坏账准备金,及时化解风险隐患。

8. 确保社会稳定

金融业是高风险性的特殊行业,其对国民经济影响的广度和深度是其他行业所无法比拟的,因而也是市场准入条件较高的行业。在市场经济国家,金融业通常扮演着极为重要的角色,发挥着特殊的作用,尤其是在执行国家金融政策、发挥宏观调控作用方面。由于金融业影响面广、风险性强,因而各国政府对金融业的监管普遍十分重视。金融企业必须认真执行国家的法律、法规,接受金融监管机构的监督管理,同时还应加强与金融同业公会的合作,开展健康有序的市场竞争。应本着对社会负责、对国家负责、对股东负责、对企业发展负责的精神,尊重金融市场的运行规律,共同维护社会经济的繁荣和稳定。

二、金融营销的主要作用

1. 有利于金融企业各管理职能的协同与配合

金融企业内部的职能管理系统一般包括五个方面:战略管理、财务管理、开发和运作管理、人力资源管理、营销管理。五种管理职能在企业经营管理过程中分别具有不同的功能,并且各种职能之间具有很好的协同效应,每一种职能都不可或缺。各种管理职能的协同与配合,可以形成 $1+1>2$ 的效果,从而提高金融企业的经营管理效率。

2. 有利于金融企业及时把握市场机会

对营销活动特别是市场调研活动的重视,使金融企业能及时了解市场发展动向和发展趋势,及时把握有利的市场发展机会(包括显性机会和隐性机会、现实机会和潜在机会、企业机会和行业机会)。

3. 有利于金融企业建立稳定的客户关系

营销活动的开展,顾客导向营销观念的确立,顾客满意关系营销战略和策略的实施,将培养一批忠诚的客户,从而建立稳定的客户关系。这些稳定的客户将成为金融企业的主要利润来源。

4. 有利于金融企业树立良好的企业形象

通过差异化营销定位,优质营销服务以及广告宣传、公共宣传等促销活动,使金融企业在社会公众心目中树立良好的形象,赢得社会公众的信赖和好感。这种信赖感将成为其他金融企业无法仿效的核心竞争能力和长期的利润来源。

5. 有利于金融企业防范金融风险

由于金融业是高风险的特殊行业,易受经济政策、宏观经济波动、客户心理预期、国际收支状况、金融产品供求以及各种天灾人祸的影响,因而金融活动具有较大的不确定性。为了防范市场风险,金融企业必须强化营销管理职能,通过加强对市场的分析和研究,适时调整经营战略和营销策略,不断开发能够规避风险的各种金融新产品,以实现企业经营的安全性和稳定性。

【链接 1-2】

第三节　金融营销的发展历程和发展趋势

一、金融营销的发展历程

1. 金融营销萌芽阶段(1958 年以前)

与一般工商企业相比,金融企业对于营销的重视是比较晚的。银行等金融企业长期以来一直处于"皇帝女儿不愁嫁"的市场优势地位。市场营销学家菲利普·科特勒曾这样描述早年银行的经营活动:"主管贷款的银行高级职员,面色呆板地把客户安排在大写字台前比自己低得多的凳子上,居高临下颐指气使。阳光透过窗户照在孤立无援的贷款申请者身上,他正努力地诉说着自己借款的理由,而冰冷的银行大楼则宛如希腊神殿般让人不寒而栗。"直至 20 世纪 50 年代初期,营销观念还未能进入金融业。因为银行长期处于卖方市场,人们需要它们提供金融产品和服务,即便银行不主动促销其存贷款与保管箱业务,顾客也会主动上门。这时金融业给人以冷峻的形象,从业人员很少微笑,直到 50 年代末期,银行之间吸收储蓄的竞争加剧,营销观念才被引入金融领域。

很长时间内,人们普遍认为市场营销与金融业无关,金融业向来用不着开展营销活动,因为在大多数人头脑中,总认为你该去银行的时候准得去。20 世纪 50 年代中期以前,银行界对营销既不了解也不关心,银行提供自认为必要的服务,银行人员态度傲慢,银行大楼庄重威严,客户根本不是银行的核心。

金融营销最先在美国兴起,1958 年全美银行业联合会议上首次提到了市场营销在银行中的应用。因为 20 世纪 50 年代中后期,银行经营过程中出现了竞争,当时美国的很多银行借鉴工商企业的做法,在一些竞争较为激烈的业务上采用了广告宣传和促销的手段,以吸引更多的客户。其他竞争者迫于竞争压力纷纷效仿,这标志着金融营销概念的诞生。

在这一阶段,银行仅仅是应用一些简单的广告和促销等营销手段,并没有认识到营销在整个企业运营过程中的重要作用,更没有将市场营销作为金融业的指导理念。

2. 友好服务阶段(20世纪60年代)

由于竞争的出现,尽管一些银行开始采用广告等营销手段,但它们还没有充分认识营销在整个企业运营中的重要作用。那些最早采用广告和促销方式的银行发现,它们的优势很快被竞争者的仿效所抵消,此时许多银行开始认识到广告与促销所带来的优势并不长久。为了吸引忠诚的顾客,银行开始注意提高服务质量。于是许多金融企业开始对职员进行培训,推行"微笑"服务,移走窗口前的栏杆,以营造一种温馨、友好的氛围。20世纪60年代,金融界兴起了友好服务培训和装饰改进的热潮,结果每家金融企业都变得平易近人,客户很难依据哪一家态度好来做出选择,不过这个时期整个金融业的服务水平确实提高了一个层次。

3. 金融创新阶段(20世纪70年代)

由于金融行业服务态度普遍改善,相互之间的差别又难以区分,于是一些银行开始意识到,必须寻找一种新的方法以区分自己和竞争对手。由于认识到金融业务经营的本质是满足客户的需要,金融企业开始从创新的角度考虑为顾客提供新的、有价值的产品和服务。西方国家金融管制的放松以及各国间金融业发展水平的不平衡,使商业银行绕过金融管制提供新的金融产品和服务成为可能。为了获得差别优势、规避风险、寻求利润,金融企业开始在金融工具、金融市场和金融服务项目方面进行创新。新的金融产品的出现,改善了金融业内部的运作效率并降低了经营成本。例如,保险公司推出了五花八门的险种,商业银行则提供信用卡、上门贷款、共同基金、国际保理等产品和服务。在这一阶段,大额可转让定期存单、可转让支付命令、自动转账服务、超级可转让支付命令、共同基金及透支便利等各种新型金融工具纷纷出现,吸引了众多的个人储户与企业客户,扩大了银行的资金来源,提高了资金运作的灵活性。同时,商业银行还大量运用各种金融衍生工具(如期货、期权、远期、互换等)为客户服务,以提高客户的资产收益率,增强流动性,降低风险。

在金融保值创新的手段方面,货币互换和利息互换是典型的例子。这一金融创新工具的核心思想是利用两个债务人在国际金融市场上的相对优势,通过金融中介服务相互交换所借债务的货币和债务利率的种类。货币互换和利率互换及其他互换方式组成了新的国际金融互换市场。许多商业银行通过金融创新拓展其金融产品的深度和广度,以满足客户更深层次的金融服务需求。

20世纪70年代,各金融机构开始逐步建立自己的营销部门,金融营销也从银行逐步发展到其他金融组织,但是此时的金融营销侧重的是战术而不是战略,在组织活动中也处于较低的地位。20世纪70年代后期,金融服务组织的营销活动取得了飞速发展,金融企业成了各种媒体广告最频繁的使用者,新产品的开发速度也明显加快。各金融企业开始意识到自己所经营的业务在本质上也是为了满足客户在金融方面不断增加的需求,营销创新成了这一时期金融营销发展的主流。各金融企业开始在金融工具、金融产品和金融服务项目上进行创新,并试图为顾客提供新的、有价值的和有差异的服务。

4. 服务定位阶段(20世纪80年代)

金融创新增强了商业银行的竞争力,扩大了银行的影响,增加了银行的盈利。但金融产品不同于其他商品,它没有专利权。一项新型金融工具推出之后,很快就会被其他银行所模仿,开发新产品的银行会失去原创优势。经西方银行界研究证实,一种新的金融产品推出后,竞争对手在6个月内就可以掌握。银行认识到必须发展属于自己的独特优势,即提供有竞争力的、有别于他人的差异化服务。研究发现,没有一家银行会成为所有顾客心目中的最佳银行,能向全体顾客提供所需的金融服务,同样也没有一家投资基金公司能满足所有投资者的盈利需求。因此,各金融企业应该有所选择,在本领域中寻找属于自己的最佳市场定位,将自己与竞争对手区别开来。

在这一阶段,众多银行争相确定自己的企业形象和服务对象。例如,有的银行选择大公司为重点客户,有的银行将服务对象局限于中小企业,有的银行着重吸引有钱人,有的则以25~45岁的顾客群体为营销目标。有的银行偏重稳健的投资银行业务,强调自己精通多种业务,有的则定位为大胆创新者,投资于风险和收益均比较高的产品,还有的利用高科技专门发展家庭银行。也有银行把自己定位为金融超级市场,这是因为所在国政府允许银行开展全面业务,这种全能银行除了可以向企业、商家和个人提供商业银行的传统业务之外,还可以提供保险业务、旅游业务、所得税安排业务、投资业务、遗产托管、国际贸易、财产代理等,因此被称作"金融超市"。服务定位的目的在于帮助顾客了解相互竞争的各金融企业之间的差异,便于客户选择对他们最适宜的、能最大限度地满足其需求的金融企业。

这一时期金融营销的一个显著特点是市场细分和市场定位成为金融企业和学术界研究的热点。很多金融企业发现自己不可能满足所有的消费者,无法有效地占领整个市场,而且它们也发现先前所采用的营销手段并不能将自己与竞争对手区别开来。这时它们的最佳选择是集中力量于自己领先的领域,并争取在这一领域成为领导者,成为消费者的最佳选择。因此,市场细分和市场定位成了这一阶段各个金融企业制胜的法宝。

5. 现代金融服务营销阶段(20世纪90年代至今)

20世纪90年代以来,消费者的收入和财富急剧增加,经济全球化趋势及技术的迅速发展,为金融业提供了大量的需求,同时也使金融业的竞争更加激烈。此时的竞争已经不仅仅局限于区域内或国内,许多金融企业已经发展成为跨国公司,把更多的注意力投放到了海外市场。这一时期由于金融管制的放松及技术的快速发展,使银行业的门槛不断降低,中间业务和非银行金融企业得到了快速发展,企业融资对银行的依赖不断下降,西方银行出现了业务综合化的趋势。新的金融环境要求金融企业不仅开展产品的创新,还要开展程序上和市场管理上的创新。经过几十年的发展,金融营销也日趋成熟,金融企业开始真正以市场为导向,以市场营销的思想和理念来指导企业的经营活动。金融营销的理念

【链接1-3】

从过去的"产品营销""品牌营销""定位营销"逐步发展到"整合营销"和"服务营销"。

二、金融营销的发展趋势

随着金融服务模式的发展,金融业的营销也在不断发展,各个金融企业每天都在创造新的营销策略和竞争方法。未来金融企业的营销将呈现以下几个方面的趋势。

1. 金融企业将走向全面营销的时代

现代企业市场营销的实质就是了解消费者需求,设计出适合这种需要的产品,并以符合消费者心理的方式传递给消费者。满足消费者需求的问题在西方营销学界被称为"外部营销",而金融业的营销还必须解决"内部营销"问题。"内部营销"是指企业的决策层和领导层必须善于与下属沟通,通过引导来帮助下属做好工作,这对金融企业来说尤为重要。因为金融企业从事第一线工作的广大员工与消费者有着最直接、最广泛的接触,他们的言行举止会直接影响消费者对银行的"第一印象",所以必须重视对内部员工的培训,提高服务质量。同时,可以通过制定内部工作准则、服务标准甚至是构建评分体系等一系列对内营销宣传教育手段,使广大员工树立营销服务观念,认识到工作人员与消费者的交流过程对企业经营业务成败的重要作用,从而出色地完成"一线营销"的任务。

2. 金融企业将注重行业实务营销

金融业独特的服务方式决定了其营销不能生搬硬套工商企业那一套,而应根据行业特点创新出适合自己特色的营销活动,如根据行业特点,利用超水平的服务使本企业在行业中出类拔萃。作为第三产业的金融服务业,其营销特点就是服务加服务。金融企业只有建立"大服务"观念,强化"大服务"意识,积极改进并创新服务品种、服务手段和服务设施,才能为社会提供高质量、高效率、高层次的金融服务,赢得竞争优势,树立良好形象。

3. 金融企业将更注重特色营销

金融企业将通过市场调研活动,在把握金融需求趋势的基础上,认清企业的经营环境和营销重点,适时适地确立企业经营发展的目标,设计特色产品,推进金融产品和服务的创新。例如,为离退休人员设计"夕阳红"储蓄,为企盼购房的人设计"积小成家"储蓄,为年轻富裕的客户开设专有账户,为成熟富裕的客户提供专业理财咨询服务。用不同的金融产品满足不同层次的消费需求,强调特色、发挥优势、扬长避短是开展金融营销的内在要求。

4. 金融企业将实施善变营销和快速营销

如今的时代是一个飞速发展、加速变型的时代,没有一成不变的所谓"金科玉律"。因此,未来的金融企业必须训练员工的客户导向意识,充分挖掘客户的新想法、新需求,甚至创造新的需求来捕捉市场机会。此外,在产品和服务市场上要行动迅速,不仅要做别人没做的,还要做别人没来得及做的,永远比竞争对手先行一步。等到其他企业纷纷效仿之时,行动迅捷者又制造新的热点去了。市场经济好比竞技比赛,胜利往往就在于那领先的半步。

5. 金融企业将实施持续营销

持续营销是指产品或服务提供者采取有效的推销策略,与现有顾客和潜在顾客维持密切的关系,在掌握顾客各种相关信息和对这些信息不断更新的前提下,对顾客现时的偏好和未来的需要进行深入了解和分析,在成本可行的条件下,尽可能满足顾客的要求,并在产品的选样、发送等方面提出适当的参考建议。这种方法实质上是要充分挖掘顾客对产品生产者或服务提供者的各种产品和服务的消费潜力。为了实现这种销售方式,必须收集有关顾客的各种新信息,然后利用大数据和精准营销方式精准地向顾客推介金融产品和服务。

6. 金融企业将更加注重市场定位和客户选择

随着金融领域竞争的加剧,金融企业呈现出进一步拓展业务范围甚至打破金融企业之间的法律界限的趋势,纷纷向欧洲"全能银行"看齐,银行、证券、保险和企业之间允许业务交叉相互兼并。但这并不意味着在实际操作中每个企业都是"全能"的,而必须突出本企业的定位,以某一特色业务为基点,横向构建一个"全能"的业务体系。目前世界各国的金融改革正在进行中,其目的就是加强国际竞争力,而营销作为其中的一个重要支点,也会产生更多的创新形式。

7. 金融营销将更加注重高科技的运用

扫码支付、人脸识别、虚拟现实技术和增强现实技术等各种新兴技术将不断被应用于金融交易活动中,促使金融企业的经营方式及金融产品的形式发生重大变化,也使金融营销活动在更广阔的空间开展成为可能。这些新兴技术的运用,不仅会提高金融企业的经营效率,极大地降低企业运营成本和交易成本,也会给消费者带来更多的实惠。在金融竞争日益增强的今天,高科技营销也是一项最为有效的竞争手段。可以说谁拥有高科技谁就拥有强大的竞争优势,也就可能更多地拥有顾客和市场。

【链接1-4】

本章小结

金融营销是金融企业以金融市场为导向,运用整体营销手段为客户提供金融产品和服务,在满足客户的需要和欲望的过程中实现金融企业的利益目标的社会行为过程。

金融营销注重服务营销、企业形象、关系营销、品牌营销、整体营销和直面营销,提倡全员营销。

金融营销管理的基本任务包括管理金融信息、分析客户需求、开发金融产品、制定营销方略、提高服务质量、防范金融风险、提高经营效益、确保社会稳定。

金融营销有利于金融企业各管理职能的协同与配合、有利于金融企业及时把握市场机会、有利于金融企业建立稳定的客户关系、有利于金融企业树立良好的企业形象、有利于金融企业防范金融风险。

金融企业将走向全面营销的时代,金融企业将注重行业实务营销,金融企业将更注重特色营销,金融企业将实施善变营销和快速营销,金融企业将实施持续营销,金融企业将更加注重市场定位和客户选择,金融营销将更加注重高科技的运用。

思 考 题

1. 怎样理解金融营销的含义?
2. 金融营销的主要特征有哪些?
3. 金融营销的任务有哪些?
4. 金融营销的作用有哪些?
5. 简述金融营销的发展历程。

案例分析

交通银行:"蕴通财富供应链金融服务方案"营销案例

案例描述:

"蕴通财富供应链"是交通银行"蕴通财富"品牌体系的子品牌,是专注供应链金融领域的服务方案。2006年,交通银行在全面整合各项公司机构业务产品之后,推出了全新的公司金融服务品牌——"蕴通财富"。它以"企业财富管理、金融智慧服务"为品牌宗旨,为企业提供全方位、一站式、专业化的公司金融服务,及时满足企业各项金融服务需求,协助企业"财富广蕴、通达天下"。

蕴通财富重点推出了"现金管理""供应链金融""企业理财""投资银行"四大业务领域,以及"海关税费电子支付服务解决方案""IPO综合配套服务解决方案""政府市场服务方案""金融同业服务方案""企业网银服务解决方案""贸易融资服务解决方案""企业年金服务解决方案""离岸银行服务解决方案"等多项特色服务解决方案。

(1) 现金管理。蕴通账户集账户管理、现金管理、票据管理于一体,通过组合账户、现金池、票据池等特色功能,为客户提供一站式、高质量、个性化的资金管理服务,协助客户在集团财务管理、流动资金安排、票据集中管理等领域优化流程、提升效率,实现企业价值最大化提升。

(2) 供应链金融。交通银行与国内大型物流公司、保险公司共同搭建质押监管平台、信用保险平台,围绕产业链中的核心生产商,为上游供应商、下游经销商和终端用户提供融资、结算、风险管理等综合性金融服务方案。依托商业信用和银行信用的结合,通过供应链产品、流程、方案的不断创新,有效地促使核心厂商扩大经营规模、稳定供应及降低供应成本,并解决上下游中小企业的融资问题。目前,供应链融资在汽车、钢铁、工程机械行业已树立了良好的品牌形象,与多家行业龙头企业签署了供应链金融合作协议,同时在化工、电子、食品加工等行业也成功推出了供应链金融服务方案,扩大了交通银行的影响。

(3) 企业理财(资产管理)。交通银行借助强大的资金管理能力和广泛的资金运用渠道,协同基金、证券、保险、信托等金融合作伙伴,通过集合及专项理财等方式,为企业客户提供信托贷款类、权益类、固定收益类、衍生工具类等代理投资理财服务,为客户度身定制资金运用配置方案,提高闲置资金使用效率,获得稳健的投资回报。

(4) 投资银行。交通银行利用在信息、知识、人才、产品、渠道等方面的综合优势,为对公客户提供债务融资(短期融资券、中期票据、财务公司金融债券等债务融资工具主承销服务)、权益融资(企业赴港上市保荐及顾问、境内外上市顾问等)、资产管理、各项财务顾问(财务融资顾问、财务制度顾问、财务重组顾问、投资理财顾问、收购兼并顾问、政府财务顾问等)与咨询(信息咨询、资信证明、资信调查等)以及资产证券化等一站式综合金融服务。目前,交通银行投资银行业务呈现快速发展态势,进一步树立了交通银行综合金融集团的百年优秀品牌形象。

案例评析：

(1) 降低了中小企业信贷风险。中小企业是交通银行大力拓展的客户群体,也是国家鼓励商业银行重点支持的对象。中小企业能为交通银行带来较高的利差收益,其高成长性能支撑交通银行业务的快速增长,且对银行服务的依赖性和忠诚度较高,但是中小企业同时也具有财务实力弱、抗风险能力差、信息透明度低、业务办理成本高等缺点。蕴通供应链有助于解决交通银行业务发展中面临的上述矛盾。通过与核心企业签署总对总合作协议,一方面减少了上下游中小企业的营销成本,另一方面通过核心企业分享其上下游企业的信息,并通过核心企业与上下游企业的贸易行为控制中小企业的存货及收付款现金流,再通过引入大型物流公司监管,加入保险公司保险,从而有效降低了中小企业的融资风险。

(2) 拓宽了银行零售业务空间。由于蕴通供应链的终端用户有很多是个人客户,他们迫切需要融资,但银行由于缺乏有效的风险控制手段,难以提供融资支持,从而影响了零售信贷的发展。通过蕴通供应链,由核心企业为终端零售客户提供融资担保或回购保障,降低了零售信贷的风险,从而为交通银行拓展了一批优质的个人客户。

(3) 巩固了银企关系。目前集团大客户已不满足于银行为其总部及集团内企业提供金融服务,要求银行为其上下游企业提供金融支持,从而达到保障供应、促进销售的目的。通过蕴通供应链将核心企业及其上下游企业的业务集中在交通银行办理,一方面提升了对重点客户的服务水平,另一方面由于交通银行牢牢地嵌入核心企业的供应销售网络,提高了核心企业对交通银行的依存度和退出成本,从而巩固了与核心企业的银企关系。

(4) 提高了银行效益。蕴通供应链除了提高中小企业及个人客户的融资收益外,通过交通银行服务网络与核心企业供销网络的对接,实现产业链结算资金在交通银行的内循环,同时也有利于交通银行蕴通账户及网上银行的推广,将对上下游企业的融资资金重新吸纳到交通银行体系内。在提高综合收益的同时,通过监控融资的资金流向降低了交通银行的供应链融资风险。

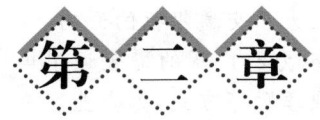

第二章 金融营销环境分析

【教学目标】

1. 理解金融营销环境的内涵与特征
2. 了解金融营销环境的构成
3. 了解金融营销环境的分析过程
4. 了解应对金融营销环境机会与威胁的对策

【知识结构图】

金融营销环境分析
- 金融营销环境概述
  - 金融营销环境的内涵
  - 金融营销环境的特征
  - 金融营销环境的分析过程
- 金融营销宏观环境分析
  - 政治法律环境
  - 经济环境
  - 社会文化环境
  - 科学技术环境
- 金融营销微观环境分析
  - 金融市场环境
  - 客户环境
  - 竞争环境
- 金融企业对环境机会和威胁的评估及对策
  - 环境机会和威胁的评估
  - 环境威胁的应对策略

 案例导入

国泰产险：科技助力传统保险的逆袭之路

对传统保险公司来说，目前面临的困境主要有三个方面：一是"保险姓保"还需继续大力贯彻。保险公司需要具备产品快速研发能力，切实开发出满足市场需求的保险产品，回归对风险的保障。二是目前创新产品还不够丰富，一个新产品的诞生很快就被复制，非车产品类型、服务保障基本相似。三是服务体系缺乏创新。无论传统产品网络化，还是互联网创新产品，消费者都需要方便、快捷的服务，所以对服务流程和模式都需要进行相应

的创新调整，不断提升客户体验。

2017年，国泰产险专设了互联网事业部以拓展互联网业务，大力推动包括移动互联网、云计算、大数据等在内的互联网技术在保险中的应用，尤其是探索如何更好地服务互联网新经济中所产生的场景化、碎片化的保险需求。在产品开发方面，国泰产险将保险融入场景。继面向 ofo 用户推出"骑行无忧险"之后，国泰产险又承保了国民级保险产品"好医保·免费医疗金"，联合蚂蚁保险面向支付宝用户提供最高2万元的免费住院保险。作为一家传统财险公司，如何去敲开科技保险的市场，打造成为一家标杆性的科技保险公司，是国泰产险探索和努力的方向。

2017年，国泰产险推行"凤凰涅槃"项目，对传统管理方式进行重大变革，打破原来系统中存在的各种瓶颈，全面更新换代车险运营、财务管理、风控管理和 IT 基础等25项核心系统。开展保险场景创新。首先，尝试保险业务与互联网平台的结合，打造互联网时代的保险生态；其次，融合场景、体验，实现用户体验的提升。不论是"骑行无忧险"还是"好医保·免费医疗金"，都是国泰产险转型发展的阶段性产物。多维度运用 AI 技术、大数据开发、云计算等前沿科技。通过人工智能系统的规则引擎、内置的方式，进行智能审核、校验、处理，用数据来支持公司的核保、定价、理赔、反欺诈等，客户通过线上支付宝平台提交理赔材料，国泰产险快速完成理赔、核赔、支付赔款等工作。

中国保险学会会长姚庆海在"2018保险科技圆桌论坛"上发言时称，科技创新将全面改变保险业的经营模式和管理方式，保险将借助科技全面地为经济社会发展、民生保障服务，使人民群众的生活更有安全感和幸福感。他还表示，保险日益成为"科技的产业"，科技创新在第一时间都能够在保险业找到落地应用的场景。

资料来源：中国保险报网，http://chsh.sinoins.com/2018-05/08/content_260728.htm.

思考题：
1. 分析科技对保险业未来发展的影响。
2. 传统保险业应该如何更好地拥抱保险科技？

第一节　金融营销环境概述

一、金融营销环境的内涵

任何企业开展营销活动都是在一定的市场环境下进行的，金融企业也不例外。因此，金融企业认识所处的环境，根据环境状况不断调整经营战略是非常必要的。

（一）金融营销环境的概念

金融营销环境是指对金融企业营销及其经营绩效有直接或间接影响的各种因素或力量的总和。

市场营销环境是一个不断完善和发展的概念。20世纪初，工商企业仅将销售市场当作营销环境；20世纪30年代以后，又把政府、工会、竞争者等对企业有利害关系者也看作营销环境因素；进入60年代以后，进一步把自然生态、科学技术、社会文化等当作重要的环境因素。随着政府对经济干预的加强,70年代以来,现代企业开始重视对政治、法律环境的研究。国外学者将这个不断扩大的过程称为"企业的外界环境化"。可见,随着商品经济的发展,发达国家的企业越来越重视对市场营销环境的研究。

金融企业的市场营销活动是在一定的外界条件下进行的,因此企业制定的营销策略要与市场环境相适应。

营销环境是一个综合概念,它有多种分类,由相当多的方面和具体因素组成。对营销主体而言,环境及环境因素是不可控的,但又是可预期和事先判断的。环境的变化是绝对的、永恒的,环境的稳定是一种相对状态。

(二) 金融营销环境的构成

营销环境泛指一切影响、制约企业营销活动的最普遍的因素。金融企业的营销环境分为微观环境和宏观环境两大类。

1. 微观环境

微观环境是指与金融企业紧密相连,直接影响企业营销能力的各种参与者,包括企业内部因素和企业外部的市场环境、顾客环境、竞争环境。

2. 宏观环境

宏观环境是指影响金融企业营销战略制定、实施的各种社会力量,包括政治法律环境、经济环境、科学技术环境和社会文化环境。

(三) 金融营销环境分析的意义

了解金融营销环境和变化趋势,有助于金融企业发现机遇和威胁,从而抓住机遇、克服威胁、规避风险。

二、金融营销环境的特征

1. 客观性

环境作为营销部门外在的不以营销者意志为转移的因素,对企业营销活动的影响具有强制性和不可控的特点。企业应主动适应环境的变化和要求,制定并不断调整营销战略。

2. 差异性

市场营销环境的差异性不仅表现在不同金融企业受不同环境的影响,而且表现在同样一种环境因素的变化对不同金融企业的影响也不相同。由于外界环境因素对金融企业的作用有差异性,因此金融企业为应付环境的变化所采取的营销策略也各有其特点。中国银行可能会选择增加分支网点来满足日益增长的个人业务,而汇丰银行则可能根据自身的特点,开发ATM设备和网上银行来应对这一环境的变化。

3. 相关性

金融营销环境不是由某一个单一的因素决定的,而是受到一系列相关因素的影响。例如,金融产品的价格不仅受到市场供需关系的影响,还受到国家政治、经济政策的影响。金融营销因素相互影响的程度是不同的,有的可以进行评估,有的难以估计和预测。

4. 复杂性

金融企业面临的市场营销环境具有复杂性,具体表现为各环境因素之间经常存在矛盾关系。金融企业还必须遵守政府制定的各项法律和规定,既要创造并满足个人和企业用户的需求,又要使企业的行为与政府的要求相符合。

5. 动态性

通常营销环境都是在不断变化的。尽管根据变化程度的不同,可以分为较稳定的环境、缓慢变化的环境和剧烈变化的环境,但变化是绝对的。从总体上说,变化的速度呈加快趋势。每一个金融企业小系统都与社会大系统处在动态的平衡之中,一旦环境发生变化,这种平衡便会被打破,金融企业必须快速反应并积极适应这种变化。

三、金融营销环境的分析过程

金融营销环境分析是一个动态过程,包括环境因素调查、环境因素评价和环境因素预测三个循序渐进的阶段。

1. 环境因素调查

环境因素调查是指了解金融营销环境的宏观因素和微观因素的过去与现实状况,它是金融营销环境分析的起始点。

2. 环境因素评价

环境因素评价是对所收集的有关环境因素资料进行归纳、整理和分析,以判断哪些因素对金融营销具有影响及影响的程度,这是金融营销环境分析的关键。

3. 环境因素预测

环境因素预测是对营销战略实施期间营销环境因素可能发生的变化和发展趋势做出估计,这是金融企业制定营销战略的主要依据之一。

金融营销环境因素调查、评价和预测的过程,也就是金融企业对营销环境由浅入深、由表及里、逐步深化的认识过程。

【链接 2-1】

第二节　金融营销宏观环境分析

一、政治法律环境

政治法律环境对于金融企业的营销活动具有重要影响。政治法律环境是指一个国家或地区的政治制度、政治体制、方针政策、法律法规等，主要包括政局的稳定性、政府对经济的干预状况、政府的施政纲领及相关政策、各级政府的运行情况、政府部门的办事作风、社会团体利益的协调方式、法制建设状况、各种法律法规体系及司法程序等。政治法律环境既包括国内的也包括国外的。国外政治法律环境既包括国际政治法律状况（如国际形势及其发展趋势、国际通用的法律法规或国际惯例等），又包括各个国家和地区及国家集团的政治法律状况。上述国内外政治法律因素会不同程度地影响金融企业的经营活动，其中有些因素对金融营销的影响更直接、更经常，影响的程度也更大，如有关金融业的政策、法律、法规等。安定的政治形势和健全的法律制度是金融营销成功的保障因素。例如，银行所遭受的违约风险和挤兑风险通常与政治动乱或突发事件等法律秩序受到破坏的情况相关。因此，金融企业开展营销活动时应细心观察分析国内外政治法律环境的状况及其变化，以便及时采取相应的经营防范措施。

二、经济环境

经济环境是金融营销活动所面临的外部社会条件及一定范围内的经济情况，包括经济增长速度、发展周期、市场现状和潜力、物价水平、投资和消费倾向、进出口贸易及政府的财政税收政策、产业政策等各项经济政策。经济环境是对金融企业市场营销环境影响最大的环境，是整个经营活动的基础。

1. 经济发展水平

金融营销活动要受到一个国家或地区的整体经济发展水平的制约。在经济发展水平较高、经济增长较快的国家或地区，金融营销活动主要体现为服务竞争，属于较高层次的营销活动；在经济发展水平较低的国家或地区，金融营销主要体现为价格竞争，属于较低层次的营销活动。因此，金融企业应当注意经济发展不同阶段的市场变化，把握时机，主动迎接市场挑战。

2. 城市化程度

城市化程度是指一国或地区城市人口占总人口的百分比。城市化程度高低是影响金融营销的重要因素。城市化程度越高，对金融营销活动的要求也就越高，需求更为迫切。

3. 居民收入结构的变化

居民收入结构的变化直接影响居民消费、投资和储蓄水平。这可以从宏观和微观两个层次来分析。宏观方面,主要分析国民收入的变化,它反映了一国的经济发展水平;微观方面,主要分析居民个人收入、个人可支配收入水平及其变化,它们是决定居民有效需求的重要因素。一般而言,当一国经济处于较快增长状态时,国民收入也在不断增长并达到新的水平,居民个人收入的增长成为可能,居民的储蓄、消费、投资活动变得十分活跃,从而大大提高了金融营销的有效性。

三、社会文化环境

社会文化环境是指一定社会形态下的民族特征、人口分布与构成、受教育程度、风俗习惯、道德信仰、价值观念、消费模式与习惯等被社会所公认的各种行为规范。在金融企业所面临的诸多营销环境中,社会文化环境是较为复杂的,它往往通过影响社会公众的思想行为来影响金融营销活动。因此,应重视对社会文化环境的调查研究,制定适宜的营销决策。

1. 受教育程度

受教育程度就是人们的教育水平。教育是传授经验、掌握知识的必要手段和途径,反映并影响一定的社会生产力、生产关系和经济状况。教育水平的高低影响金融营销组织策略的选取,决定了市场营销方式方法的选择。例如,在文盲率较高的地区,文字性的广告宣传难以收到好的营销效果,而电视、广播方式更易于为人们所接受。处于不同教育水平的国家或地区的居民,对金融产品和服务的需求存在较大差别,采取的营销方式和手段也不相同。因此,金融企业开展市场营销活动,应充分考虑并关注营销地区和对象的受教育程度差异,采取相应的对策。

2. 价值观念

价值观念是人们对社会生活中各种事物的态度、评价和看法。在不同的社会生活环境下,人们的价值观念是不同的。例如,消费观念在美国等西方发达资本主义国家和我国就存在明显的差别:前者崇尚生活上的舒适和享受,追求超前消费;后者则视勤俭节约为民族的传统美德,遵循"量入为出"的生活准则,反对铺张浪费。我国至今仍有相当一部分人对贷款消费这一形式不理解,持反对态度。同理,不同价值观念的人群对金融企业所提供的产品和服务的要求也是千差万别的,这就要求金融市场营销人员采取差异营销策略,提高营销效率。例如,对价值观念较前卫的年轻一代,金融营销的重点要突出产品和服务的新颖性及目前的获利性或享受效果;面对观念较为保守的中老年顾客,因其注重实惠,对未来和长远考虑较多,金融营销的重点要突出产品和服务的安全稳定性及长远的获利性。

3. 风俗习惯

风俗习惯是人们根据自己的生活内容、生活方式和自然环境,世代相袭固化而成的一种风尚和行动方式。它在饮食、服饰、居住、婚丧、信仰、人际关系等方面,都表现出独特的心理特征、行为方式和生活习性。不同的国家、不同的民族有着不同的风俗习惯,而不同的风俗习惯对人们的投资行为和消费行为会产生很大影响。金融企业在开展市场营销活动时,应研究客户所属群体及地区的风俗习惯,了解目标市场客户的禁忌、习俗、避讳、信仰、伦理等,做到"入境随俗",设计和推广适合特定客户需求的金融产品和服务,做好宣传工作,以获取最大的社会效益和经济效益。

四、科学技术环境

近几十年来,科学技术突飞猛进,科技革命对于社会经济的发展产生了巨大而深刻的影响,新的科学技术一旦与社会生产密切结合起来,将直接或间接地促成各产业之间的变化交替。新兴产业会不断出现,传统产业将被改造,落后产业则被淘汰,产业结构内部也会发生重大变化。新技术的出现、新装备的采用及新行业的兴起,极大地改变了企业生产经营的内部因素和外部环境,这既为企业带来了竞争压力,也提供了市场机会,迫使企业经营决策发生改变,反过来又会对金融市场产生深刻影响,从而促使金融企业不断调整其营销战略。这具体表现为以下四个方面。

(1)科学技术的迅速发展对金融产品和服务不断提出新的要求。随着科学技术的飞速进步,市场竞争日益加剧,人们的需求也在不断发生变化,这就迫使企业必须不断增加对新产品的研发投入,以保证在市场竞争中立于不败之地。在今后较长一个时期内有大批老企业需要进行技术改造和产品更新,为此急需研究开发新技术、引进先进的技术设备。这就会导致对资金需求的增长及对金融产品和服务需求的变化。金融企业必须筹集足够的资金,提供适当的金融产品和服务,以满足企业的发展需要。

(2)科学技术的迅速发展,使人们的消费观念和生活方式发生了变化,从而对金融产品和服务不断提出新的要求。例如,第三方支付的快速发展改变了人们的支付方式;众筹和P2P网络贷款的发展改变了人们的融资和投资渠道,带来了更多的便利,满足了客户新的需求。这就要求金融企业必须做到与时俱进,不断利用新技术,开发新的服务方式,才能更好地占领市场。

(3)科学技术的迅速发展,促使金融企业降低运营成本、提高工作效率。由于采用了新技术、新材料、新工具等,不仅使金融企业在建筑、设备、通信、信息等方面的成本大大降低,而且推动了办公自动化,节省了大量的人力、物力,改善了企业营销管理,提高了工作效率和服务质量,也取得了更好的经济效益。

(4)科学技术的迅速发展,迫使金融企业不断调整促销策略,转变服务方式。随着传播媒体的多样化,广告宣传方式日益复杂,广告促销的作用大大增强,而人员促销的作用则相对弱化,从而迫使金融企业充分利用高新科技成果,注重信息沟通的效率和促销组合的效果,并及时采用新的广告手段等。同时由于高新技术的开发应用,消费者也不断追求新的金融产品,从而使金融企业的服务方式发生了变革。

可见,金融企业必须认真学习、研究和掌握科技发展的动态,抓住科技革命所带来的各种商机,充分利用高新科技成果,搞好市场营销,促进自身发展。

【链接 2-2】

第三节　金融营销微观环境分析

金融营销微观环境是指与金融企业市场营销活动直接相关的具体环境，是决定其生存和发展的基本环境，主要包括金融市场环境、客户环境和竞争环境。考虑到微观环境的重要性及其对金融营销影响的直接性，金融企业在开展营销活动时必须予以重点关注。

一、金融市场环境分析

金融市场是以货币资金为融通和交易对象的市场，同业拆借市场、票据贴现市场、证券交易市场等就是典型的金融市场。对金融市场的参与者而言，由于存在资金需求和供给在时间和空间上的差异，通过金融市场就可以利用资金的时间差、空间差来融通资金。金融市场的发展程度对金融企业提高资产的流动性和内在质量有着基础性作用，也使客户对金融企业产品和服务的需求增加，从而对金融企业的市场营销提出了新的更高的要求。同时，企融企业开展市场营销活动，总是在规范的市场环境下进行的。有序的市场要真正做到真实、客观、公正，才能保证金融企业营销活动的开展；金融市场越规范，金融企业的市场营销才越有效。

金融市场环境对于金融企业的营销活动具有更直接、更深切的影响。

首先是资金供求和利率状况。资金供求双方在总体和局部、时间和空间上都经常存在矛盾冲突。工商企业对资金的需求会有周期性高潮、季节性起伏及临时性追加，而构成资金供给主要来源的公众储蓄也经常波动起伏，并且与资金需求的波动往往不同步，资金供求的矛盾则导致银行利率的涨落升降。通货膨胀率、物价水平的变动对银行利率也有直接影响，金融企业更注重的是扣除通货膨胀率之后的实际利率。因此，既要分析工商企业资金需求的变化，又要分析居民储蓄和消费信贷以及物价与利率的变化。

其次是各级政府、中央银行和上级银行的计划及政策干预状况。在不同的宏观经济环境下，计划的规模、银根的松紧和管制的宽严程度通常是交替变化的。在不同的政策导向下，金融营销的政策环境条件会迥然不同。即使同一种政策导向，对于不同的金融企业也会意味着不同的政策环境条件。同时，政府、央行和总行之间在政策的具体执行上也经常会产生分歧，并可能因领导人变更而在决策程序、执行风格和政策导向上发生变化，这些都会对金融企业营销产生不同的影响。因此，必须注意分析研究，采取积极的应对策略。

二、客户环境分析

客户是金融企业的服务对象，也是金融企业的目标市场。客户既包括工商企业，也包括城乡居民。工商企业可根据行业、规模、所有制性质和经营状况进一步细分。城乡居民也因收入水平、职业、年龄等的不同而划分为不同的层次。客户环境对市场营销的影响表现在三个方面：一是客户的需求。对金融企业而言，客户的需求在不同的时间和地点条件下是不一样的,不同类型或层次客户的需求也存在差异。因此,要不断进行金融产品和金融服务的创新,实施差异营销策略。二是客户的收益与效益。金融企业基本上是中介服务机构,其业务开展均涉及投融资活动,客户经济实力雄厚与否直接关系到金融企业的生存基础。三是客户信誉度。讲究信用、遵纪守法的优质客户群有利于金融企业各项业务的顺利开展,能够有效降低经营风险;反之,如果客户的信誉度低或者不讲信用,金融企业将面临极大的经营风险。

金融企业的一切营销活动都是以满足客户需要为中心的,客户是其最重要的环境因素,客户的差异性和易变性导致了金融营销面临的客户环境因素的不确定性,同时也为金融企业改善经营、注重营销、开发新产品、培育新客户、提高竞争力、实现健康稳定发展提供了原动力。

三、竞争环境分析

随着市场经济的发展,金融企业之间的竞争是不可避免的。竞争既是一种压力,更是一种动力。要促使压力转化为动力,关键在于全面深入地了解和掌握竞争对手的情况,尤其是其经营目标和发展方向,这样才能更好地发挥自身的优势,及时抓住市场空隙,获得更多的市场机会。

1. 竞争对手数量分析

对竞争对手数量的考察和分析,一方面是掌握作为竞争对手的金融企业的数量及其增减变化情况,以便知己知彼,制定正确的营销战略。另一方面,金融企业数量是动态的、不断变化的。这是因为金融企业之间由于业务的相似性,总是在不断进行兼并重组,经营不善、资不抵债的金融企业破产倒闭,被市场淘汰,而新兴的金融企业又在诞生。因此,从长远发展看,每一家金融企业都要明确自身的发展现状和前景,面对竞争对手林立的市场,进一步做大做强,创出品牌,创出特色。

2. 竞争对手市场份额分析

衡量市场份额大小的指标主要是市场占有率和市场集中度。市场占有率是指在一定时期内,企业所生产的产品的销售量或销售额占同类产品销售量或销售额的比例;而市场集中度是市场结构的衡量指标。通过市场占有率可以分析竞争对手和自身的实力,它能够较为客观地评价每一个竞争对手在市场上的地位。一般情况下,每个金融企业在分析竞争对手的市场占有率时,主要分析三个变量:①市场份额,即竞争对手在金融市场上所拥有的销售份额。②心理份额,即客户在产生金融需求时首先想到的金融企业是哪一家,这样的客户占全部客户的百分比。③情感份额,即客户喜欢接受某一金融企业业务和服务的程度和数量。市场集中度是指市场份额的集中程度,也就是领先、具有较强竞争力的金融企业的数量,从中可以判断市场的结构及进入的难易程度。如果市场集中程度高,则进入难度较大;如果市场集中程度较低,则进入难度相对较小。

3. 竞争对手营销活动分析

这种分析主要是对竞争对手的营销活动进行分析,即具体研究竞争对手的产品策略、定价策略、促销策略及网点布局策略,如竞争对手采用何种价格竞争方式,所提供产品或服务的数量与种类,具体运用何种促销手段,通过何种渠道与网点设置方法进入市场,竞争对手在客户中的形象和信誉等。总之,只有在对竞争对手的营销活动进行全面分析的基础上,根据企业自身的特点和优势,选择和实施营销战略才能获得经营成功。

第四节 金融企业对环境机会和威胁的评估及对策

一、环境机会和威胁的评估

环境是金融企业营销活动的约束条件,市场营销环境的发展变化,既可以给金融企业带来市场机会,也可能给企业造成威胁。随着生产力的不断提高及科技的不断发展,当代金融企业的外部环境的变化速度远远超过了企业内部因素的变化速度。金融企业的生存和发展越来越依赖其适应外部环境变化的能力。虽然营销的宏观环境具有不可抗性,但这并不意味着金融企业对环境无能为力或束手无策,只能消极被动地适应。金融企业可以通过公共关系手段、广告手段等各种办法影响和改变环境中的某些因素,使其向有利于企业营销的方向转化,从而创造一个良好的外部环境条件。通过改变环境和分析环境,金融企业可以寻找新的机会,避免来自环境的威胁。

环境机会是指企业能取得竞争优势和差别利益的营销机会,如居民收入水平提高、现有市场缺口、未满足的市场需求等。环境威胁是指在营销环境中对金融企业不利的趋势,如一些外国保险公司进军中国市场、国内保险公司竞争激烈、人们的保险意识较薄弱、市场竞争不规范等。值得注意的是在金融营销实践中,威胁有时可以转化为机会,在一定的时期内,威胁只是伪装下的机会。例如,人们的保险意识目前还比较弱,这对保险公司来说是一个很大的威胁。然而一旦人们的保险意识增强,这一巨大的潜在市场就会变成非常具有吸引力的现实市场。金融企业营销管理者必须善于辨别、抓住机会,化解威胁,把市场机会转化为企业机会。虽然市场机会对每个企业都是公平的,但并不是每个企业都能将市场机会转化为企业机会。只有优秀的企业才善于抓住市场机会、开发企业机会。一般来说,金融企业在将市场机会转化为企业机会时需要考虑两个条件:一是机会的大小;二是相对于这个机会,企业有什么样的资源或技术优势。按照这两个条件,企业将面临四种可能。第一种市场机会很大,企业在此也有很大的优势,这是企业能够抓住市场机会转化为企业机会的最佳领域。企业应不遗余力地抓住这一机会,努力争取获得最大的市场占有率。第二种市场机会很大,但企业在此不存在优势,企业将面临如下选择:忍痛放弃这一市场机会,或者是想办法变企业劣势为企业优势,争取利用已有的市场机会。第三种市场机会很小,但企业在此有一定的优势,这时企业可以采取两种方式:一种是积极的、主动的方式,即通过寻找、挖掘甚至是创造市场机会,来充分发挥自己的优势,变不利的市场环境为有利的市场环境;另一种是消极、被动的方式,即顺应市场环境,等待市

二、环境威胁的应对策略

一般来说，金融企业对环境威胁可选择的对策主要有以下三种。

1. 干预策略

干预策略是指试图限制或扭转不利因素的发展势头。例如，某企业经营不善，亏损日益严重，拖欠银行贷款无力偿还，面临破产危险。放款银行面对这一情况，应尽快采取措施，力争多索回一些贷款或争取在该企业破产时能多获得一些资产作为抵偿，从而减轻银行的经济损失；或者放款银行经过慎重分析，对该企业再追加一些贷款，使其能更新设备，开发新产品改善经营管理，从而扭亏为盈，最终能如数偿还银行贷款本息，使银行获得更多的经济效益。金融企业在某种情况下，还可以通过各种方式督促政府颁布法令或达成某种协议，或制定某项政策以改变环境威胁，这在国际金融营销中往往能发挥重大作用。

2. 改变策略

改变策略是指通过金融企业改变营销战略以减轻环境威胁的程度，如推出新的金融产品、调整目标市场、改善营销组合、变更营销渠道、加强广告宣传等。营销战略的改变通常既可以减轻环境威胁的程度，又能将环境威胁转变为有利的商机，其关键在于战略运用是否及时恰当。例如，近几年工商企业的效益普遍不好，行政事业单位的经费也较为紧张，受此影响，保险公司的人身险业务主要面向企事业单位的"分散业务集中做"的方法已行不通了。保险公司于是把人身险业务拓展的重点转移到千千万万个家庭上来，结果业务量不但没有减少，还使散户成为公司业务拓展的主战场，"蛋糕越做越大"。

3. 转移策略

【链接 2-3】

转移策略是指将金融产品和服务转移到其他市场或盈利更多的金融部门，开展多元化经营。例如，将银行资金抽出一部分转移到保险、信托投资、证券交易等部门，这样就可以分散或转移风险，以得补失，变害为利。

可见重视环境变化、善于分析环境、把握营销机会、减少环境威胁是金融企业开展营销活动的基础性工作，也是其在竞争中取胜的关键。

本 章 小 结

金融营销环境是指对金融企业营销及其经营绩效有直接或间接影响的各种因素或力量的总和。

金融营销环境的特征主要有客观性、差异性、相关性、复杂性和动态性。

金融营销宏观环境主要包括政治法律环境、经济环境、社会文化环境和科学技术环境等。

金融营销微观环境主要包括金融市场环境、客户环境和竞争环境等。

金融企业要对环境机会和威胁进行评估,规避环境威胁,抓住环境机会。

思 考 题

1. 应该怎样理解金融营销环境的内涵?
2. 金融营销环境的主要特征有哪些?
3. 应该如何对金融营销宏观环境和微观环境进行分析?

案例分析

平安银行打造智能化精品公司银行

案例描述:

作为一家中型股份制商业银行,平安银行正在经历金融科技主导下的一系列业务变革。2018年上半年,全新的平安银行交易银行事业部正式对外亮相,它合并了过去积淀深厚的网络金融、贸易金融和离岸金融三大事业部,并在其中派驻了风险、科技等部门。这意味着以往对公产品各自为政的局面被打破,一个体系完备的创新产品研发和营销中心已经形成。而这只是平安银行公司业务变革之路的开端。"我们公司业务的目标,是做开放式、智能化精品公司银行",平安银行行长助理、执行董事姚贵平说。他用三个关键词形容心中蓝图:平台、赋能和开放。"生态化互利共赢模式"是平安银行对公产品体系的发展方向。

平安银行将依托平安集团的科技实力和综合金融能力,借助场景化的平台,为企业提供综合金融服务;同时运用物联网、区块链、大数据等技术,保证对公业务的低成本、高效率和个性化;而开放系统和开放业务,则会让银行服务嵌入企业的每个生产交易环节,这或许是对传统银行服务模式的一次颠覆。

案例评析:

1. "双轻"驱动,打造"精品银行"

精品公司银行的背后,是平安银行近年来对整体业务的重新布局。董事长谢永林上任两年以来就提出了"轻资产、轻资本"的转型目标,以及被内部人士称为"十二字方针"的转型思路:"科技引领,零售突破,对公做精"。它改变了过去银行业对公业务的粗放型经营模式,转而回归行业理性和银行本源,踏踏实实为企业做好全方位的金融服务。对公业务仍是平安银行的"压舱石"。"'精'不是简单的'少',而是精挑细选,取精华,做尖端,要集聚智慧,凭借专业,打造精品",姚贵平这样向同事们解释"精"字。与"对公做精"相匹配的,是平安银行对公业务近年来划定的重点客群,它们主要集中在平安集团资源禀赋较强的房、车、智慧城市等五大生态,以及医疗健康、电子信息、文化教育等十大行业中。

2. 科技赋能,全面实现智能化

2015年以来,平安银行吸收了许多跨界人才和泛科技人才,其中不乏过去没有金融行业背景的高科技人才,如今,这些科技研发人员基本上都跟业务部门在一起办公。据规划,到2019年,这家银行的对公派驻IT团队人数将达到1 200人。这相当于平安银行的每1位产品经理和每4位客户经理,都有1位技术研发人员与之对接。强大的科技团队显露出平安银行发展金融科技的雄心。平安银行还将以人工智能、云技术、区块链、大数据、物联网等技术来提高管理和服务水平,实现管理、营销、风控、理财、支付、运营和融资等领域的全面智能化。

3. 颠覆传统管理营销模式,打造总行"最强大脑"

在传统的银行业中,总行扮演的是支持和服务的角色,主动找食、关系营销、向总行寻求资源是分行开展业务的常态,而平安银行现在想让总行成为"最强大脑"和"中央厨房"。平安银行对外推出了"口袋财务"App,它可以根据不同公司客户的交易特点,把产品和服务推送到经营者的手机上,并且运用行业首创的手机证书及语音识别、机器人客服等技术,让客户可以"无感"且流畅地获得服务。

4. 生态圈共赢,中小微企业受益

平安银行的对公产品体系正在着力打造生态经营共赢模式,希望推动房、车、智慧城市、大健康、金融等生态圈的"平衡式互促式发展"。通过技术手段,银行可以在满足收益和风控需要、降低管理和运营成本的同时,继续延伸服务的疆界,为更多公司客户提供更好、更快、更全面的服务,许多过去曾面临贷款难、贷款贵难题的中小微企业将因此受益。目前,通过大数据、人工智能和物联网等技术,平安银行已经实现了对公司信贷业务全生命周期的管理。

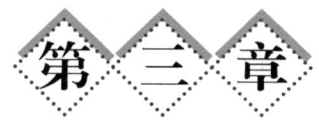

金融服务购买行为分析

【教学目标】
1. 了解金融服务购买者的特征与分类
2. 理解金融服务购买决策过程
3. 了解影响金融服务购买行为的因素

【知识结构图】

```
                        ┌ 金融服务购买者的特征与分类 ┌ 金融服务购买者的特征
                        │                            └ 金融服务购买者的分类
                        │                            ┌ 金融服务购买决策过程的参与者
金融服务购买行为分析 ────┤ 金融服务购买决策过程       ┤ 金融服务购买决策的主要类型
                        │                            └ 金融服务的购买程序
                        │                            ┌ 外部因素
                        └ 影响金融服务购买行为的因素 ┤
                                                     └ 内部因素
```

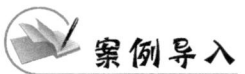 案例导入

百度钱包：全新宣传片，胡歌深情告白品牌无缝植入

2016年年初，胡歌作为百度钱包代言人主演的两部宣传片在爱奇艺独家上线。其中一部宣传片中胡歌身穿帅气的马术服，骑着一匹良驹驰骋在马场之上，尽显英姿勃发。他时而对镜整装、翩翩上马，时而面对镜头深情告白："你懂坚持，而我懂你""我要让你的每份付出都有回报""我会和你一直走下去"，让广告显得如同情书般缠绵。另一部宣传片中，胡歌的整张脸对准镜头，娓娓道出付出与坚持，似在向谁告白。片中胡歌对百度钱包"陪伴""付出"和"坚持"的诠释恰巧与他本人10年演艺生涯相契合。"坚持，让付出从一开始就变成收获。"正是这样一种精神让胡歌一步步成为国民男神。胡歌代言所引发的粉丝效应将会大量增加百度钱包的用户，快速提高百度钱包的品牌知名度并巩固底层流量。

资料来源：搜狐网,https://www.sohu.com/a/115612484_264594.

思考题：
1. 百度钱包向受众注入品牌信息的营销方式是什么？
2. 百度钱包如何影响金融服务购买者的决策过程？
3. 根据案例内容分析影响金融服务购买行为的因素。

金融服务购买行为是指金融服务消费者为满足其个人、家庭或企业的生产和生活需求而发生的购买金融服务的决策过程。金融服务购买行为是复杂的,其产生是受到外部因素、内部因素及其他因素的相互促进和交互影响的。金融企业需要通过对金融服务购买行为的研究来掌握其规律,从而制定有效的市场营销策略,实现金融企业的营销目标。

第一节　金融服务购买者的特征与分类

一、金融服务购买者的特征

金融服务产品营销的对象是购买者,金融服务产品要想在市场竞争中适应市场的需要,并在市场中占有一定的份额,必须根据购买者的特征来量体裁衣。金融服务购买者及其购买行为具有以下六个特征。

(一)购买者多而分散

金融服务购买涉及每一个人、每一个家庭和每一个企业,购买者多而分散,所以说金融服务市场是一个涵盖面广的市场。对于个人和家庭而言,购买者的类别存在地域差异、闲暇时间差异;对于企业而言,由于经营类别不同,购买者对金融服务的要求也存在差异。这些造成了金融服务购买地点、购买时间的分散性及购买类别的差异性。

(二)金融服务购买量少且多次购买

金融服务产品的销售对象是个人、家庭和企业,而这些购买群体的个体特征不一样。由于消费人数、需求量、购买力、风险偏好等诸多因素的影响,尤其是金融服务产品风险的存在,消费者为了保证自身的消费需要及控制自身的风险预警线,其购买特征往往表现为批量小、批次多、频率高。

(三)购买的差异性大

金融服务购买者呈现不同的消费特征。对于个人及家庭购买者而言,存在性别、年龄、职业、收入、文化程度、民族、宗教和风险偏好程度等影响,而且随着社会经济的发展,购买者的相关特征会发生一定的变化,即存在动态的购买者特征因素的影响。对于企业而言,存在经营类别、投资策略和风险预警线等影响。同时随着企业的发展,其相关特征也在动态变化,从而导致对金融服务产品需求的差异。总之,由于社会经济的发展,金融服务购买者的购买特征在动态中不断变化,差异性大。

(四)购买决策的差异性大

对于个人消费者而言,绝大多数人缺乏相应的金融专业知识、价格知识和市场知识,尤其是对黄金产品、外汇产品和期货产品等技术性要求很强、操作复杂的产品更显知识缺乏。同时,这些知识相对缺乏的消费者,在投资策略方面容易受到相关广告宣传、分析师游说及其他促销方式的影响而产生购买欲望。而企业对金融服务的购买则呈现专业化,会选择最优的金融服务方式,在节省成本的情况下达到资产价值最大化。这是企业金融服务购买者与个人金融服务购买者在购买金融服务时最大的区别。

(五)购买的周期性差异性大

金融服务购买对象,无论是个人还是企业都要受到消费季节性、经营性周期的影响,如易耗产品与耐用品的不同耗损周期、企业资金周转的期限等。

(六)购买的发展性

随着社会经济的发展,金融服务购买者对金融服务产品产生了新的需求。例如,2007年我国证券市场的牛市,使大量居民和企业积极进行证券投资。又如,随着我国网络技术发展的成熟,大量的居民和企业热衷网络购物,从而需要金融企业建立网络支付平台。这些都显示了对金融服务购买的时代特征和发展性。

二、金融服务购买者的分类

针对金融服务购买者个性的差异,我们从以下三个层面对金融服务购买者进行分类,并给出相应的营销策略建议。

(一)根据金融服务购买者的参与程度和产品品牌差异程度来划分

1. 复杂的购买行为

如果金融服务购买者高度参与并且了解现有各种金融服务产品之间的显著差异,则会产生复杂的购买行为。复杂的购买行为是指购买者决策过程完整,要经历大量的信息收集、全面的产品评估、慎重的购买决策和认真的购买评价等阶段。

对于复杂的购买行为,营销者应制定策略,帮助购买者掌握产品知识,运用各种途径宣传本品牌的优点,影响最终购买决定,简化购买决策过程。例如,某中小企业要进行设备升级,在融资的过程中银行除了可以给其融资,还可以参与其设备买进的全过程,一方面可以为企业提供高质量的信息服务,另一方面也可以在一定程度上减少贷款回收的风险。

2. 减少失调感的购买行为

减少失调感的购买行为是指金融服务购买者并不广泛收集产品信息,也不仔细挑选金融服务机构,购买决策过程迅速而简单,但是在购买以后会认为自己所买产品具有某些缺陷,或者认为其他同类产品有更多的优点,进而产生失调感,怀疑购买决策的正确性。

对于这类购买行为,金融服务提供者要提供完善的售后服务,通过各种途径提供有利于产品的信息,使购买者相信自己的购买决定是正确的。对于金融服务产品的售后服务主要体现在贷款融资、投资理财服务及日常的基本业务上。金融服务售后对于贷款而言是对贷款项目的全程跟踪。

3. 寻求多样化的购买行为

寻求多样化的购买行为是指金融服务购买者购买产品有很大的随意性,并不深入收集信息和评估比较就决定购买某一金融企业的某种服务产品,在购买使用时才加以评估,但是在下次购买时又转换其他品牌。转换的原因是厌倦原服务的收益率等,是寻求产品的多样性,而不一定有不满意之处。

对于寻求多样性的购买行为,市场领导者和挑战者的服务营销策略是不同的。市场领导者可以通过占有有利地域,避免脱销和提醒购买的广告来鼓励消费者形成习惯性购买行为。而对于挑战者则以较低的价格、折扣、赠券、免费赠送样品和强调试用等来鼓励消费者改变原来的习惯性购买行为。

(二) 根据金融服务购买者的购买目标来划分

1. 全确定型

全确定型是指金融服务购买者在购买产品以前已经有明确的购买目标,对金融服务的类型、价格的幅度及收益率等都有明确的要求。这类购买者在选择金融企业时,通常是有目的的,主动提出所要购买的金融服务,并对所要购买的服务提出具体要求。当该服务能满足其需要时,他们会毫不犹豫地买下该金融服务。

2. 半确定型

半确定型是指金融服务购买者在购买金融服务以前已有大致的购买目标,但具体要求还不够明确,最后购买需经过选择比较才能完成。例如,选择房贷是事先计划好的,但是对于从哪家银行贷款、贷款利率多少、优惠折扣多少等心中无数。这类购买者进入金融服务购买阶段后,一般要经过较长时间的分析、比较才能完成购买行为。

3. 不确定型

不确定型是指金融服务购买者在购买金融产品之前没有明确的或既定的购买目标。这类购买者进入金融服务市场时,主要是漫无目的地了解金融服务的销售情况、收益和成本,对感兴趣或者合适的金融服务产品才会购买,有时则不会购买任何一项金融服务产品。

(三) 根据金融服务购买者的购买态度来划分

1. 习惯型

习惯型是指金融服务购买者由于对某种金融服务品牌或者某个金融企业的信赖、偏爱而产生的经常、反复的购买。由于经常购买和使用,他们对这些金融服务及金融企业十分熟悉,体验较深,再次购买时往往不再花费时间进行比较,注意力稳定、集中。

2. 理智型

理智型是指金融服务购买者在每次购买前对所购的金融服务产品要进行较为仔细的研究和比较。他们的购买感情色彩较少,头脑冷静,行为慎重,主观性较强,不轻易相信广告、宣传、承诺、促销方式及销售员的介绍,主要靠金融服务产品的收益率、风险程度和成本来做决策。

3. 经济型

经济型是指金融服务购买者在购买时很重视价格,对于价格的反应特别灵敏。购买者无论是选择高风险的金融服务,还是选择低风险的金融服务,首选的都是价格,他们对价格低的金融服务产品最感兴趣。

4. 冲动型

冲动型是指金融服务购买者容易受金融服务产品显著的收益率、宏观市场利好等消息的刺激而产生购买行为。购买通常是以直观感觉为主,从个人的兴趣或情绪出发,喜欢高收益率的产品,往往不考虑风险系数。

5. 疑虑型

疑虑型是指金融服务购买者具有内倾性的心理特征,购买时小心谨慎、疑虑重重。购买通常缓慢、费时多。常常会因犹豫不决而中断购买,甚至购买后还会疑心是否上当受骗。

6. 情感型

这类金融服务购买者的购买多属情感反应,往往以丰富的联想力衡量金融服务的意义,购买时注意力容易转移,兴趣容易变换,对金融服务的宣传广告和命名都比较重视,以是否符合自己的想象作为购买的主要依据。

7. 不定型

这类金融服务购买者的购买多属尝试性,其心理尺度尚未稳定,购买时没有固定的偏好,在上述六种类型之间游移。这种类型的购买者多数是独立生活不久的青年人。

【链接 3-1】

第二节 金融服务购买决策过程

在消费者购买过程中,购买决策是最重要的环节,它需要解决谁要购买、购买什么、为什么要购买、哪些人参与决策、何时购买、何地购买、以何种形式购买七个问题。

一、金融服务购买决策过程的参与者

购买决策在许多情况下并不是由一个人单独做出的,而是有其他成员参与的一种群体性决策过程。因此,了解哪些人参与了购买决策,他们各自在购买决策过程中扮演怎样的角色,对于金融企业的营销活动是很重要的。

一般而言,参与购买决策的成员大体包括如图 3-1 所示的 5 种角色。

图 3-1 购买决策的成员及其相互作用

(1) 倡议者。他是首先提出或者有意向购买某种金融服务的人,是决策的发起人,直接影响购买决策的认知需要。他解决买什么的问题。

(2) 影响者。他是为购买决策提供各种信息和评价方案的人,在寻找、比较购买方案阶段,将直接影响最终目标方案的确立。他分析为什么买及何时买的可行性。

(3) 决策者。他是最终决定是否购买、何时购买金融服务的决断人。他对决策方案的确立起决定作用。

(4) 购买者。他是末端直接购买人,是购买方案的实际执行者。

(5) 使用者。他是实际消费或使用产品和服务的人,也是评估购买决策正确与否的人,对未来的重复购买的建立有重大影响力。

总之,这五种角色的功能相辅相成,共同促成了购买过程,是金融企业营销的主要对象。

二、金融服务购买决策的主要类型

在实际购买过程中,不同类型的金融服务购买者对于不同类型的金融服务产品有着不同的需求,导致购买决策行为的巨大差异。为了全面认识决策的过程,结合金融服务购买者对欲购的金融服务的参与程度,我们将购买者的决策类型分为以下四类。

(一) 复杂性购买行为

复杂性购买行为是指消费者对价格昂贵、品牌差异大、功能复杂的产品,由于缺乏必要的产品知识,需要慎重选择,仔细对比,以求降低风险的购买行为。针对复杂性购买行为,金融企业应采取的营销策略包括:①制作金融服务说明书,帮助购买者及时全面了解本企业的服务产品知识、优势及同类其他服务产品的状况,增强购买者对本企业产品的信心;②实行灵活的定价策略;③加大广告力度,创造服务名牌;④增强金融营销人员的员工素养,提高员工的专业知识水平,简化购买过程;⑤强化售后跟踪服务,加大金融企业与购买者之间的亲和力。

(二) 简单性购买行为

简单性购买行为是指消费者对价格便宜、功能简单的产品的常规性购买。针对简单性购买行为的消费者,金融企业的营销策略是利用价格和促销吸引消费者,利用广告加深消费者印象,增加购买者参与程度和品牌差异。

(三)选择性购买行为

选择性购买行为是指消费者对一些比较重要的服务产品的购买,其选择性大于简单性购买的服务产品。对于选择性购买行为的消费者,金融企业的营销策略是通过占有市场、避免脱销、增加宣传力度,确立市场的领导地位,同时采取降价、折扣及赠送等策略面对挑战者。

(四)习惯性购买行为

习惯性购买行为比较简单,基本不涉及决策过程,属于低度购买介入,包括日常必需品和品牌忠诚型产品或服务。在金融服务里,日常必需品的需求表现为一般的存款和取款行为,一旦某位客户在银行开了账户,他通常会将自己的日常基本财务业务选择在该银行,或者习惯性地选择自己喜欢的某个金融企业的品牌服务,忠诚度高,即使有同类的其他品牌服务,也会选择自己喜欢的金融企业,一般不会轻易更换服务品牌。对于习惯性购买的消费者,金融企业必须提供完善的售后服务,提供有利于本企业和产品的信息,使顾客相信自己的购买决定是正确的。

三、金融服务的购买程序

决策的过程是人们在特定心理驱动下,按照一定程序发生的心理和行为过程。决策过程一般来说包括认知需要、搜集信息、选择评价方案、购买决策和购后评价等阶段。

(一)服务需求产生阶段

金融服务购买者对金融服务的需求是从唤起阶段开始的,这也是其购买过程的起点。该阶段通常包括内部唤起和外部唤起两种方式。

(二)购买动机产生阶段

购买者对金融服务经过生理因素、经济因素和社会因素等中介因素的影响之后,就会产生对金融服务购买的心理动机,这一过程如图 3-2 所示。

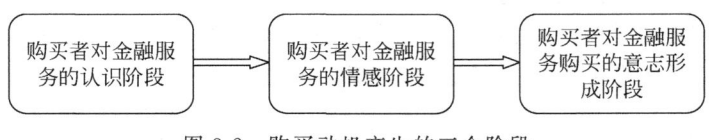

图 3-2　购买动机产生的三个阶段

(三)金融服务信息搜集阶段

认知需要产生以后,人们便会根据需要广泛地搜集信息。从获得信息的时间方面来看,分为内部来源信息(提取记忆中的信息)和外部来源信息(利用外部即时信息);从信息来源层面看,分为人际来源、商业来源、公共来源和经验来源。购买者的风险预期、服务认知度及兴趣会影响搜集信息的范围。

根据购买者对金融服务认知的程度,信息搜集分为如下三个阶段。

1. 有选择性注意阶段

人们在现实经济活动中会遇到大量的刺激,但并不是对每个刺激都需要感知。影响选择性注意的因素包括:与当前需要有关的刺激;有所期盼的刺激;超出正常刺激规模的刺激。

2. 有选择性理解阶段

有选择性的理解是指人们趋于将所获得的信息与自己的意愿结合起来,对于接触到的大量信息,人们会按照自己的思维模式来接受信息。

3. 有选择性记忆阶段

对于接触的大量信息,人们会按照与自己的需要、兴趣、态度符合的程度来有选择性地记忆,从而简化信息,便于决策。

(四)待购金融服务评估阶段

待购金融服务的评估实际上就是金融服务购买者利用从各种来源得到的信息,对可供选择的待购金融服务产品进行对比、分析和评价,从中确定符合购买动机的金融服务产品。评估的内容包括以下三个方面。

1. 服务的属性

服务的属性可以理解为金融服务的类型,即这种金融服务能够给购买者带来什么样的便利。

2. 金融服务的价格

价格是购买者最关心的产品信息之一,另外一个是产品的风险。比如说存款是最基本的低收益率、低风险、低成本的业务。购买者通常喜欢购买价格低、风险低的产品,但是考虑到收益率问题的时候,购买者对价格的喜好就要发生变化。这就要求我们在设计金融服务产品的时候认真考虑收益、风险和价格的关系。

3. 金融服务的效用

效用是指产品或者服务能够给购买者带来的满足感。这在金融服务的购买上体现为:对金融企业服务的满意度;金融服务产品的收益率;金融服务产品能够给消费者带来的实际便利。金融服务的效用是金融服务三个属性中最重要的一个,因为效用直接解决了消费者的需求问题。

（五）实施购买阶段

在对各种方案进行选择评价之后，人们会选择一个最满意的方案，做出最终的购买决策，并实施购买行为。这是决策行为的中心环节。但是购买的决定不一定会产生购买行为，这其中受到两方面因素的影响：一是其他人的态度；二是一些意外情况。有时购买决策和购买行为之间存在时滞。

（六）买后评价阶段

实施购买行为，经历了体验之后，就是对金融服务的评价阶段。从产品和服务中得到利益的满足才能达到真正的目的。对于满足感的确定要通过本阶段的评价才能测试出来。

1. 对金融企业的服务做出评价

顾客购买金融服务之后，会体验到金融企业的服务态度，并在大脑中产生记忆和印象，这种记忆和印象就会形成客户下次选择金融服务的心理基础。

2. 对金融服务的成效做出评价

金融服务的成效表现为收益的大小、顾客满意度等。这是购买者根据自身的知识、经验对其购买的服务进行主观判断。这类综合评价方式类似于平衡效应，购买者成本越高，对金融服务的期望值就越高。

3. 对金融企业做出评价

对金融企业的经营规模、员工的服务态度、硬件设施等涉及金融企业的部分，做出替代性的评价。

通过以上分析我们可以看出，金融服务的购买程序是一个很复杂的过程，每个购买主体都会根据自身的情况有选择性地购买自己喜好的金融服务，并对该服务进行认真合理的评价，以便形成习惯性购买。但是由于每个购买主体的个体特征存在显著性的差异，这就要求我们进一步研究究竟哪些因素会影响人们对金融服务的购买行为。

【链接 3-2】

第三节 影响金融服务购买行为的因素

在现实经济过程中，人们对金融产品的购买受到众多复杂因素的影响。金融企业要制定合理的营销策略，必须以准确的市场判断为基础，必须对影响消费者市场和组织市场购买行为的因素与过程进行深入分析和细致研究。消费者的购买决策不是凭空做出的，其购买决策在很大程度上要受社会文化、个人经历、心理等因素的影响。消费者的购买决策是外部因素和内部因素等多种影响因素共同作用的结果，其中外部因素包括文化、社会和经济因素等,内部因素包括个人因素和心理因素等,具体见表3-1。

表 3-1 影响金融服务购买行为的因素

外部因素				内部因素	
文化	社会	经济	信息化程度	个人因素	心理因素
文化 亚文化 风俗习惯 宗教信仰 价值观念 民族性格 社会阶层	参照群体 家庭 社会角色	经济环境	网络的普及度 信息开放程度	年龄 职业和经济状况 受教育程度 生活方式及个性	动机 知觉 学习 信念和态度

一、外部因素

（一）文化因素

文化是由一个社会群体里影响人们行为的态度、信仰、价值观、规范、风俗和习惯等构成的复合体。文化对购买者行为的影响具有明显的区域属性和传统属性,其影响是间接的。

文化方面的因素包括文化、亚文化、风俗习惯、宗教信仰、价值观念、民族性格和社会阶层。

1. 文化

从广义上讲,文化是指人类在社会历史发展过程中所创造的物质财富和精神财富的总和,特指社会意识形态。在阶级社会,文化是阶级斗争的武器。从狭义上讲,文化是指意识形态所创造的精神财富,包括宗教、信仰、风俗习惯、道德情操、学术思想、文学艺术、科学技术、各种制度等。文化是一种历史现象,每个社会都有与其相适应的文化,并随着社会物质生产的发展而发展。作为意识形态的文化是一定的社会政治和经济的反映,同时又影响和作用于社会的政治和经济。文化的内容广泛,既包括人们的行为准则、态度,大多数人的价值观、风俗习惯,也包括社会环境和物质环境。文化是影响人类欲望和行为的最基本的决定因素。人们的行为是通过学习形成的,在社会生活中,人们从家庭或组织机构、从不同渠道学习到一系列基本的价值观、知觉、偏好和行为准则等基本观念。每个人都生活在一定的文化氛围中,并接受这一文化背景所含价值观念、行为准则和风俗习惯的规范。

鉴于文化对消费者购买行为的重要影响,营销人员必须深刻认识为消费者所认同的文化,并时刻注意其变化,通过实施营销策略将蕴藏于金融产品和销售行为中的文化,充分展示给消费者并为消费者所认同。

2. 亚文化

亚文化又称小文化、集体文化或副文化,是指某一文化群体所属次级群体的成员共有的独特信念、价值观和生活习惯。与主文化相对应的非主流的、局部的文化现象,是指在主文化或综合文化的背景下,属于某一区域或某个集体所特有的观念和生活方式。一种亚文化不仅包含与主文化相通的价值与观念,也有属于自己的独特的价值与观念,而这些价值观是散布在种种主导文化之间的。这些亚文化群体虽然都处在同样的社会中,受整体社会文化的影响,但是每一种亚文化群体都有其自身鲜明的文化特征。他们具有不同的价值观念、消费习惯、生活习惯和风俗习惯。在一个社会中,不同国籍、宗教信仰、种族和地区的人群构成了不同的亚文化群体。

3. 风俗习惯

风俗习惯反映了一个国家或民族在物质生活、文化生活、家庭生活等方面的传统,这些风俗习惯既反映了一个国家或民族共同的心理,同时也是一个国家或民族的某种标志,具体表现在服饰、饮食、居住、婚丧嫁娶、节日及禁忌等方面。风俗习惯在消费方式上的表现就是所谓的消费习俗。它是一个地区或民族约定俗成的消费习惯。这些消费习惯虽然是非强制性的、无形的,但却具有无条件性,生活在其中的人们都要受到它的影响。

4. 宗教信仰

世界上的宗教种类很多,其中佛教、基督教和伊斯兰教并称世界三大宗教。不同的宗教信仰传达给成员不同的价值取向。各种宗教对于教徒的婚丧嫁娶及饮食等都有规定,而教徒通常必须严格遵循,否则就要受到惩罚。很多节日也与宗教有关。节日期间客户的购买行为不可避免地会发生变化,银行此时可以推出一些便利客户交易的服务或产品,来满足节日期间的购物、旅游支出。

5. 价值观念

价值观念是指在同一文化下,被大多数人信奉和倡导的信念。这种信念反映了人们对某一类事物的总体看法和评价,并通过特定的规范来影响人们的行为。影响客户价值观的因素很多,兴趣、需要、生活水平等都能使客户的价值观表现出一定的差异。

6. 民族性格

民族性格是指一个民族大多数成员共同具有的、反复出现的心理特征和性格特点的总和。每个民族都有自己的民族性格。由于民族性格的不同,在对金融产品的选择上,含蓄、沉稳的中国人,更看重储蓄;而热情、冲动的美国人倡导自由与个人主义,那些能够表现自我的产品更受欢迎。

7. 社会阶层

社会阶层是指在社会范围内依照一定标准划分的社会等级。作为同一等级的成员都具有类似的价值观、兴趣爱好和行为方式。任何一个社会客观上都存在社会阶层差异,即某些人在社会中的地位较高,受到社会普遍的和较高的尊敬;而另外一些人的社会地位则相对较低,他们在社会中的威望和受尊敬的程度往往不如社会地位较高的人。对一个社会而言，社会阶层的划分是相对稳定和有序的。不同的社会形态、不同制度的国家，其划分社会阶层的标准是不一样的。在现代商品经济社会，个人的社会阶层往往由其所具有的社会威望、从事的职业、受教育程度、个人收入水平、成就和财产数量等因素所决定。社会阶层是多种个人因素和社会属性的综合体现，而非经济收入、学历高低等单一因素所决定的。一个人在社会中到底属于哪一个阶层，除了受制于其受教育程度、职业高低之外，还受到社交能力、家庭背景、外在形象、娱乐习惯及所在社会对其言行的接受程度的影响。处于不同社会阶层的人士，由于其经济状况、个人阅历、受教育程度、生活背景、价值观念等不可能完全相同，甚至差距很大，因而其生活习惯、消费内容、对外界事物的反应是不一样的，不同社会阶层的人对金融产品和服务的需求是不同的。例如，对于贫困阶层的人来讲，由于他们的经济收入很低，购买金融产品的数量很少，因此对提供完善的个人金融服务的需求不强烈。对于富有的白领阶层和管理阶层而言，由于他们所处的工作环境较为优越，经济收入丰厚，通常都受过良好的教育，因此他们希望得到完善的个人金融服务的需求较为强烈，具有较强烈的投资获利的欲望，也是银行消费信贷的重要购买者。对于退休阶层人员而言，尽管他们在许多方面仍然保持着退休前所属的社会阶层的种种特色，但作为消费者他们具有自己的特色，即收入减少，但经济来源稳定，可自由支配的时间较多，他们可能成为金融企业的忠诚客户，但对利率较为敏感。

通过对阶层的分析，营销人员可以了解消费者不同的价值观、信仰和购买的类型及其形成原因，这有助于他们进行市场细分和消费者行为预测。

（二）社会因素

消费者的购买行为也受到一系列社会因素的影响，如参照群体、家庭、社会角色和地位等。

1. 参照群体

参照群体是指那些直接或间接影响个人的看法和行为的群体。这种群体，其对象可以是某个个人，也可以是许多人的集合，可以是正式的群体即按照组织设计正式成立的群体，也可以是非正式的群体即一种自然形成的群体（如家庭成员、亲戚朋友、同事、邻居等）。参照群体可以影响消费者的情感和认知，从而直接影响或间接影响消费者的看法和行为。

人生活在群体中，无时无刻不受到群体规范的有形的制约和无形的影响，心理学家把群体对个体的影响归纳为三种途径，即外在途径、外在＋内在途径和内在途径。外在途径是个人为了获得赞赏或避免惩罚而满足群体的期望；外在＋内在途径是个人把参照群体的成员的行为和观念当作潜在的有用信息作为参考，有意加以规范；内在途径是个人对群体价值的内化，无须经过任何外在的奖惩，群体的价值已成为个人价值的一部分。

参照群体对消费者的消费购买影响主要来自如下两个方面。

（1）参照群体通过直接或间接的途径，向消费者传递或展示有用的信息，影响消费者的看法和行为。例如，明星推荐新产品，他们选的产品对公众来讲无疑起着强烈的推介

(2) 消费者往往将参照群体的行为作为自己的参照标准，具有仿效参照群体的欲望。消费者通过仿效能够体现自己所属文化（信仰、价值观、生活目标、行为准则、生活方式等）的参照群体的行为方式，可以从中获得自己所需的满足感。因此，消费者的某些情感、认识和行为必然会受到参照群体的影响。

由于上述原因，参照群体的行为具有示范效应，可以使人们的行为趋于某种"一致化"，从而影响消费者对某些产品和品牌的选择。金融营销人员应透彻了解不同参照群体的文化特点，充分利用参照群体对消费者施加影响，以实现金融营销目标。

2. 家庭

家庭是社会组织的一个基本单位，是一个典型的消费单位。它不仅是很多金融服务产品的购买和使用单位，而且会影响个人的决策，并通过影响个人而间接影响组织的购买决策。家庭也是把文化和社会阶层观点传递给下一代，完成个人社会化的重要场所。家庭的情况对金融服务的购买行为具有重要的影响。

(1) 家庭是一个社会中最重要的消费者购买组织。一般而言，人都生活在家庭之中，从生活组织的角度看，任何一个社会都是由无数个家庭组成的。家庭购买行为的变化，必将对消费者市场产生巨大影响。

(2) 家庭对其成员的个人购买决定具有重要的影响。对某些个人而言，他们的购买决定在一定程度上取决于家庭的影响。例如，对于初次使用个人银行卡的青少年来说，父母的经验和建议对其选择哪家银行发行的信用卡具有重要影响，而对于父母购买人寿保险的决定，其子女的建议也会明显地影响父母们对险种和出售该类金融产品的企业的选择。

(3) 不同类型的家庭具有不同的消费倾向和消费行为，从而对金融产品的购买产生影响。家庭成员的构成及其参与决策的程度等都会影响家庭的购买行为。例如，独生子女在中国备受重视，满足独生子女的需要是影响家庭购买的一个重要因素，并且随着孩子的成长，他们在家庭中的购买决策能力也会逐渐增强。对于经济收入不高但较为稳定的家庭来说，消费信贷具有广阔的市场。对于已有孩子且夫妇双方都参加工作、经济收入较高的家庭，时间显得更为宝贵，他们需要的是快捷、方便的金融服务；而对于那些较为富裕的老年人家庭，由于其成员缺少挑战精神，可以带来稳定收益的安全的金融产品是他们的首选对象。

家庭生命周期是指一个家庭从形成到解体呈现出来的循环运动。在家庭生命周期的不同阶段，我们应该设计的金融服务产品是不同的。

3. 社会角色和地位

在现实生活中，一个人往往是一个群体或者同时是多个群体（如家庭、供职单位或其他社会活动团体等）的成员。一个人在每个群体中的地位取决于他的角色。一个人在不同的群体中承担不同的角色，而每个角色都代表一定的社会地位。例如，张三在家庭这个群体中，对父母来讲他是儿子，对妻子来讲他是丈夫，而在他供职的企业中，他是总经理。

每一个人的购买行为都会在某种程度上受其担当的角色和社会地位的影响。张三所扮演的每种角色都会对其购买行为产生一定的影响。例如,选择在哪家银行开户或投资何种金融资产,他要征求妻子的意见或认真考虑父母的建议,而对于平时消费的付款方式他可能更多地服从总经理这一角色。

(三)经济因素

购买者对金融服务的购买要受到社会经济环境及购买者自身经济环境的影响。当社会经济繁荣时,购买者一般会增加储蓄,减少当期消费;当社会面临经济萧条时,购买者一般会减少储蓄,增加当期消费。而购买者自身的经济环境包括收入、储蓄、负债能力、消费偏好、风险偏好等。其中收入因素包含个人的收入和组织机构的利润收入,它在一定程度上影响购买者的购买力及对金融服务产品的使用频率、消费偏好、风险偏好,影响他们对金融产品和服务的选择。

(四)信息化程度

1. 网络的普及度

"创造条件让更多群众拥有财产性收入"已成为时代的最强音。但在资本市场快速发展的过程中,也出现了许多问题,而网络能很好地解决资本市场大众化的问题。网络的普及能给我们带来便利的金融网络平台。

2. 信息开放程度

信息开放程度是指金融企业相关产品的信息开放程度,尤其是指对询价过程的开放度。询价过程是买卖双方价格博弈的过程,各环节信息公开有助于提高透明度,强化对询价企业的约束,合理引导市场。金融企业作为做市商,在价格制定方面有很大的自主权,提高价格的透明度,可以更好地引导金融服务购买者对金融服务的购买。

二、内部因素

(一)个人因素

个人因素在购买决策中发挥重要作用。在相同的文化和社会背景下购买行为也存在相当大的差异。个人因素包括年龄、职业、受教育程度、生活方式及个性等。

1. 年龄

处于不同年龄段的消费者有不同的爱好和需求,具有不同的购买行为。青年人思维敏捷,较易接受新鲜事物,其购买行为较易受各种外界因素的影响。相比之下,老年人由于阅历较多,自觉经验丰富,要改变其对品牌的偏好和习惯难度显然较大。处于不同年龄段的人,也处在不同的家庭生命周期阶段,包括年轻的单身者、没有孩子的已婚年轻人、有子女的家庭、子女长大且有一定收入的家庭、子女已结婚的家庭等。随着社会经济的发展和观念变化,处在不同的家庭生命周期阶段的人的需求也发生着变化,应针对不同的对象制订适宜的营销计划,提供合适的金融产品。

2. 职业和经济状况

职业会影响一个人对产品和服务的购买。在市场经济社会中,经济状况是消费者个人购买能力的决定因素。经济状况主要取决于个人或家庭的可支配收入水平及其他资产的来源。不同职业或经济状况的消费者对金融产品往往有着不同的需求,职业和经济状况类似的消费者对金融产品的需求往往有着相似的特征。金融营销可以根据其需求的特征设计不同的金融产品。例如,对于打工族而言,由于他们的收入较低,且有严格的上下班制度,存取方便是他们的首要需求。大额定期可转让存单这一产品的面额较高,尽管可以通过转让变现,但转让手续相对烦琐,显然难以获得他们广泛的认同。

3. 受教育程度

一般情况下,受教育程度与个人的收入之间存在关联,受教育程度越高,其收入水平也会提高。同时,受教育程度还决定了客户对银行的营销传播方式的偏好,是客户选择银行产品的决策关键。在对新的金融产品的接受度上,受教育程度低的客户,由于较少受到已有观念的束缚,较容易接受新的金融产品,而受教育程度高的客户能更好更快地理解产品,因此那些利益不能立即显现和不能让客户一目了然的产品和服务更容易为受教育程度高的客户优先使用。

4. 生活方式及个性

生活方式是个人生活的模式。由于价值观念、环境等因素的影响,即使处于同一社会阶层、从事相同的职业、经济收入相近的人,也会有不同的生活方式,从而影响其日常的活动、兴趣和爱好,影响其消费习惯。例如,有的人崇尚时髦、追赶潮流,有的人因循守旧,有的人量入为出追求节约,有的人则超前消费,有的人追求精神享受,有的人则注重经济实惠。金融营销者应研究不同生活方式的人对金融产品的不同需求,制定不同的营销组合策略。

个性是人的心理特征和品质的总和。这些特征和品质决定着人的行为方式。个性是人们对现实比较稳定的态度及与之相适应的习惯行为。当一个人的个性趋向定型的时候,在类似的客观条件下,其对某种刺激往往会做出类似的反应。例如,属于开拓型的人一般更自信,更愿意承担责任,为了获得更大的收益,他们甘冒可以估计的风险,不断创新的金融产品对这些人往往具有较大的吸引力。而对于保守型的人,他们在选择金融服务时总是趋向稳定、安全、可靠,不太趋向高风险、高收益的金融产品。生活方式与个性的关系见表3-2。

(二)心理因素

心理是人的大脑对于外界刺激的反应方式与反应过程。绝大多数心理特征都是在人们的生活经历中逐步形成的,由于人们的生活经历千差万别,所以人们的心理状况也千变万化。影响购买金融服务的心理因素包括动机、知觉、学习、信念和态度等。

表 3-2　生活方式与个性的关系

生 活 方 式	欲望特征	个　　性
不断追求新的生活方式	改变现状	活跃好动
渴望了解更多的知识和信息	活动信息	
总想做些事情来充实自己	积极创意	
愿与亲朋好友共度好时光	和睦相处	喜欢分享
想同其他人一样生活	有归宿感	
不放弃任何与他人交往的机会	广泛社交	
按自己的意愿生活而不顾及他人	自我中心	追求自由
努力与他人有所区别	追求个性	
拥有自己的世界而不愿他人涉足	甘于寂寞	
喜欢轻松自在不求刺激	休闲消遣	稳健保守
重视既得利益的保护	注意安全	
注重健康的投资	重视健康	

1．动机

动机是指引起某种行为、维持该行为并将该行为导向一定目标的心理过程。动机是人的行为的直接原因，驱使人们产生某种行动。动机又是人们评价周围事物和进行学习的基础，能指导人们做出相应的选择，使行动朝着特定的方向和预期目标进行。人们的某种需要只有达到足够强烈的程度才能成为动机。动机能够及时引导人们去探求满足需要的目标。美国心理学家马斯洛认为人的基本需要可以分为五类，即生理的需要、安全的需要、社交的需要、尊重的需要和自我实现的需要。这五类需要从低级到高级依次排列，只有未满足的需要才会形成动机。一般来说，只有低层次的需要得到相对满足之后，才会引起对高一级层次需要的需求，同一时期内一个人可能同时存在几种需要，但是总有一种需要是占支配地位的。一个人首先要满足最重要的需要，需要被满足之后就不再是一个动机，人们希望得到满足的将是下一个最重要的需要。因此，金融营销者只有深入实际，探索不同类型消费者的不同消费动机，才能成功地设计出满足消费者不同层次需要的营销组合。

2．知觉

知觉是指把感觉到的客观事物的各种个别属性联系起来，是对事物各种属性和各个部分及其相互关系的综合反应，是接受信息和评价信息的过程。

知觉从感觉开始，以感觉为基础，是比感觉更高一级的反应形式。知觉是感觉的有机的整体的综合。在现代社会中，人们每天都会面对各种各样的刺激，但对于同样的刺激，不同的人会有不同的知觉。这是因为知觉的形成不仅取决于刺激物的特征（如形状的大小、强度的高低、对比性的强弱、动态或静态、重复的次数和频率等），还受许多主观因素的影响（如个人的兴趣、需要、动机等）。知觉具有以下三个方面的特点。

（1）知觉的选择性。由于客观事物存在的多样性及个体存在特点的差异性，人们对事物的吸收一般是不全面的，而是有选择地将事情的某些方面作为知觉对象。在金融服务的购买过程中,购买者一般会有选择性地发掘相关金融服务的特点作为自己购买动机的源泉。这一点要求金融服务设计人员学会创新、营销人员学会推销金融服务的亮点。

(2) 知觉的理解性。知觉包括对事物的感知及对事物赋予的意义两层含义。人们往往会根据自身的学识、经验和需要来理解事物,主要体现在购买的决策阶段。但是由于信息不对称的原因,他们做出的判断往往会存在偏差。

(3) 知觉的恒常性。人们对某一事物一旦形成知觉,就会不断认知该事物。在金融营销方面,主要体现为顾客在某一品牌服务上如果获益就会建立消费习惯,走上消费惯性的道路。从这一点来看,金融企业不仅要加大社会的宣传力度,还要在金融服务创新上下功夫,树立金融服务品牌。

3. 学习

人的行为除了少部分是与生俱来的,其余大部分是通过学习得到的。学习作为人们适应环境的动态过程,作为影响消费者购买行为的一个心理因素,是指由于经验而引起的个人行为的变化。一个人的学习是通过驱策力、刺激物、提示物(诱因、线索)反应和强化的相互影响而产生的。学习的理论对金融营销的有益帮助在于它为金融营销者探索消费者购买行为的形成以及如何引导和巩固消费者的购买行为提供了途径。

4. 信念和态度

通过行为和学习,人们将获得自己的信念和态度,而这些信念和态度会影响他们的购买行为。信念是指人们对某一事物所持有的具体的想法和看法。金融营销者应关注消费者对产品所形成的信念,因为这些信念将构成影响消费者购买行为的品牌或产品形象。态度是指人们对某一客观事物或观念的相对稳定的评价、感觉及行为倾向。对于某一客观事物或观念,人们会做出赞成、肯定或否定的评价,产生情感上的好恶、关注、轻视、同情与挑剔,同时还会表现出一种反应的倾向性。态度会对人们的行为产生具有指导性、动力性的影响。态度不是天生的,需要有一段孕育过程,但一经形成,即具有相对的持续性和稳定性。金融营销应该积极探索途径,从态度与意愿的角度培育购买者对本企业金融产品的需求和忠诚。

【链接 3-3】

本章小结

金融服务产品营销的对象是购买者。金融服务购买者及其购买行为的特征表现为:购买者多而分散、金融服务购买量少且多次购买、购买的差异性大、购买决策的差异性大、购买的周期性差异性大、购买的发展性六个方面。

由于金融服务购买者个性的差异,可以从三个层面对其进行分类。根据金融服务购买者的参与程度和产品品牌差异程度可分为:复杂的购买行为、减少失调感的购买行为、寻求多样化的购买行为;根据金融服务购买者的购买目标可分为:全确定型、半确定型、不确定型;根据金融服务购买者的购买态度可分为:习惯型、理智型、经济型、冲动型、疑虑型、情感型、不定型。

在消费者购买过程中,购买决策是最重要的环节。参与购买决策的成员大体包括倡议者、影响者、决策者、购买者和使用者五种角色。

购买者的决策类型分为复杂性购买行为、简单性购买行为、选择性购买行为和习惯性购买行为。

金融服务购买者的购买程序包括服务需求产生阶段、购买动机产生阶段、金融服务信息搜集阶段、待购金融服务评估阶段、实施购买阶段、买后评价阶段。

影响金融服务购买行为的因素包括外部因素和内部因素两部分的影响,其中外部因素包括社会、文化和经济因素等,内部因素包括个人因素和心理因素等。

思 考 题

1. 简述金融服务购买者及其购买行为特征。
2. 金融服务购买的参与者有哪些?
3. 针对不同购买者决策类型的营销策略有哪些?
4. 金融服务购买决策程序包括哪些?
5. 影响金融服务购买的因素有哪些?

案例分析

他行贵宾客户试探工行服务被成功营销

案例描述:

下午5点多,大厅喧闹的人群开始散去,一名中年男子来到柜台前,要求将异地卡内存款转往他行。柜员告之跨行汇款已过工作时间,建议客户在此开卡,将异地卡内的款项转入。客户同意,要求将异地卡内10万元转入待第二天转出。柜员办理时,发现客户异地卡内有60多万元的存款,于是询问客户这些钱有何急用,若暂不用可以购买理财产品。时间短,预期收益高,到账快,一两个月即可多出数千元收益。客户不以为然,称自己是他行贵宾,经常在他行买理财,且收益比较高。柜员笑问,"既然您是他行贵宾,是否愿意体验一下我行的贵宾服务?"一番诚恳交流,客户终于笑着说出自己就是来体验工行服务的,觉得非常不错。柜员为其开了理财金卡,将异地60万元存款全部转入,其中50万元购买了保本理财产品。高端客户成功挖转。

案例评析:

柜员下班时间受理客户业务,细致温和答复客户的每个近乎挑剔的疑问,延时长达近2个小时,柜员始终保持温和微笑。同时为促成营销成功,主管一直在旁协助向客户做业务解释及产品推介解释,对最终促成成功营销起着关键作用。客户经理与大堂经理都主动加班,等着为客户做风险评估,客户由此感受到工行的服务与热忱,感受到员工的敬业精神、团队精神和集体的奉献精神。

（1）保持良好服务心态。优质客户的竞争,是产品的竞争、科技的竞争、效率的竞争,但最关键的还是服务的竞争。只有始终保持良好的服务心态,视客户如亲人,不管多晚,不管客户是怎样的挑剔,始终和颜悦色,终会感动客户赢得信赖。

（2）员工的敬业在竞争中起主导作用。在产品同质化的今天,竞争客户的重要环节就是员工的敬业,员工的敬业与一如既往对客户热情、执着的敬业精神、良好的服务素养及默契的合作团队,才是竞争最强大的盾牌。

（3）团队的和谐与集体的奉献最能让客户感受服务的温情。一个人的服务好是偶然,一队人的服务好是配合,一个集体的服务好是精神。员工的奉献是资源,团队的奉献精神是财富。当客户感受到整个集体的力量时,任何偏见与抵触都会被感化。一个大家庭的温馨服务是客户难以拒绝的服务享受。

第四章

银行产品营销

【教学目标】

1. 理解银行产品营销的含义与特征
2. 掌握银行营销战略的含义与内容
3. 掌握银行产品的定价策略及渠道选择
4. 了解银行客户经理制的内涵和客户服务管理

【知识结构图】

银行产品营销
- 银行营销概述
  - 银行营销的含义
  - 银行营销的特征
- 银行营销战略
  - 银行营销战略的含义和作用
  - 银行营销战略的内容
  - 银行营销战略的特征
- 银行产品定价
  - 银行产品定价目标
  - 影响银行产品定价的因素
  - 银行产品的定价策略
- 银行产品营销渠道
  - 银行产品营销渠道的意义
  - 银行产品营销渠道策略
  - 影响银行产品营销渠道选择的因素
  - 银行产品营销渠道的调整与定位
  - 银行产品营销渠道的拓展
- 银行产品营销策略
  - 银行存款营销
  - 银行贷款营销
  - 银行卡营销
  - 银行中间业务营销
  - 理财产品营销
- 银行客户经理制的推广
  - 银行客户经理制的含义
  - 银行客户经理制面临的风险
  - 银行实施客户经理制的对策
- 银行客户管理
  - 银行客户的开发
  - 银行客户服务管理
  - 银行客户满意度管理
  - 银行客户忠诚管理
  - 银行客户流失管理

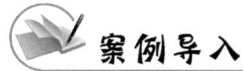

华夏银行武汉分行"融资共赢链"金融服务品牌

随着产业经济竞争的升级,供应链上的"产—供—销"各类企业从竞争走向竞合,迫切要求银行提升融资服务水准,将融资服务逐步从"单一融资"转向"全流程融资"。供应链金融就是银行将核心企业和上下游企业联系在一起提供灵活运用的金融产品和服务的一种融资模式。

"融资共赢链"是华夏银行根据企业在供应链上所处的位置和行业特点提供的最适合企业运营的专属金融服务方案,这是该行继推出"现金新干线"公司业务品牌之后,充分挖掘企业之间的产业链、物流链和资金链关系,整合开发的供应链金融新品牌。该品牌的推出,契合了华夏银行多年来秉承的"中小企业金融服务商"的发展战略和"以客户为中心,以市场为导向"的营销理念,进一步提升了华夏银行的客户服务能力和市场影响力,扩大了华夏银行的品牌知名度。截至 2010 年 7 月末,华夏银行武汉分行完成供应链金融业务65.18 亿元,提前完成总行下达的三季度任务,完成全年计划(66 亿元)的 98.76%;中小企业分部累计受理授信申请、调查接触中小企业客户数量达 128 户,发放中小企业贷款51 户,金额合计 40 185 万元。武汉分行先后获得了"最具创新的中小企业融资产品""武汉中小企业融资服务品牌"等荣誉。湖北银监局公布 2009 年湖北省"良好银行机构"评选结果,华夏银行武汉分行再次获得"良好银行机构"称号,这已是该行连续第三年获此殊荣。

思考题:
1. 华夏银行在"融资共赢链"业务中采用了什么样的金融发展战略方针?
2. 华夏银行是如何与企业实现共赢的?
3. 华夏银行是如何提升自身影响力的?

第一节 银行营销概述

一、银行营销的含义

1972 年 8 月阿瑟·迈丹在英国《银行家杂志》上对银行营销定义如下:"银行营销是把可盈利的银行服务引向经过选择的客户的一种管理活动。""可盈利的银行服务"是指商业银行为客户提供的各种服务,包括存款、贷款、代理支付、结算、委托业务等各种有偿服务,它们可以为商业银行带来直接或间接的收益,这些服务就是商业银行的营销产品。"经过选择的客户"是指商业银行目标市场中的客户。

由此可见,银行营销是商业银行以金融市场为导向,利用自己的资源优势,通过运用各种营销手段,把可盈利的银行金融产品和服务销售给客户,以满足客户的需求,并实现银行盈利最大化目标的一系列活动。

对于银行营销内涵的理解需要从以下几个方面来把握。

1. 银行营销不等于简单的银行推销

推销是以产品为出发点，突出推销人员个体行为的短期盈利行为，而营销是以客户需求为出发点，经过市场调研、目标客户的选择、产品开发、确定价格、分销与促销、售后服务等一系列活动来满足客户需求，从而实现银行盈利的过程。

2. 客户需求是银行开展营销活动的根本出发点

银行的客户可以分为两大类：一类是公司客户（包括机构客户）；另一类是个人客户。不同的客户对银行服务有着不同的需求。银行必须对客户的现实需求和潜在需求进行深入的研究和分析，才能在市场中准确找寻自己的目标客户，制定与市场相符的营销战略和产品、价格、分销、促销组合策略，最终实现银行营销的目标。

3. 银行营销的目标是实现银行与客户的双赢

利润是一切营利性组织的经营目标，但如果一味以追求利润最大化为经营目标，忽视客户的需求与利益，银行利润目标与长远发展战略也是难以实现的。现代银行更加注重客户利益，提升客户关系价值，在客户和银行之间的利益与风险均衡中实现客户和银行的双赢目标。

4. 银行营销的内容具有综合性

银行营销是一系列复杂的工作，不仅包括市场研究、市场预测与市场细分，还包括产品开发、价格制定、分销渠道的扩展、广告与人员推销等活动，同时还涵盖了售后跟踪服务、信息反馈、营销活动组织与管理等各项工作，是一项具有综合性内容的管理活动。

5. 银行营销是一个连续的管理过程

银行营销贯穿银行经营活动的始末。它可以分为分析、计划、执行、评价与控制五个环节，这些环节环环相扣。对营销活动进行有效评估、检查和控制，及时发现问题并采取有效措施进行调整是为了改善营销管理，同时也是新一轮营销管理的起点。因此，银行的营销活动是一个连续的动态过程。

二、银行营销的特征

与有形产品的营销相比，银行服务营销具有以下特征。

1. 整体营销比单项营销更重要

服务的不可分割性使顾客难以区分服务与服务提供者。顾客对服务质量满意度很大程度上取决于"真实瞬间"发生的情况，包括员工的行为、员工和顾客之间的相互作用等。银行产品的这种联动性特点使银行机构的总体协调显得特别重要。

2. 更加注重内部营销

服务的互动性特征使顾客依赖服务人员的态度及行为来感知和评价整个服务组织。

服务的无形性也使得与顾客进行沟通交流并不容易,通过培训员工、配备先进的设施与设备、更多利用人员沟通等策略可以增强顾客的购买信心。服务组织应比制造业组织更重视员工的招募、培训、报酬与激励。

3. 重视对需求的调节与管理

服务供给无法储存是服务组织寻求供求波动平衡的一大障碍。服务组织必须建立柔性的产出系统以适应需求波动。调节顾客需求也是平衡供需的有效方法,如提供自动取款机等自动服务装置。对于服务营销人员而言,如何在特定的时间创造适宜规模的需求,如何充分利用生产能力进行需求预测并制订需求管理计划,如何采取服务补救策略防止或减少差错的出现,是银行服务营销的重要内容。

4. 直面营销比广告营销更重要

银行产品及服务的专业性和复杂性使直面营销策略成为银行营销的一种重要方式,因此设立直接的经营机构与营业网点是银行扩大业务、占领市场所采用的传统分销渠道策略。直面营销比传统广告营销更具有指向性和针对性,也更具有渗透性,营销效果更好。近年来以电话、网络为代表的新型营销渠道应运而生。

5. 非常重视服务质量控制

服务质量是服务营销的核心,服务的不稳定性使组织对服务质量的控制至关重要。《美国营销策略谋划》的研究结果表明:91%的顾客会避开服务质量差的公司,其中80%的顾客会另外寻找其他方面差不多但服务更好的银行,其余20%的人宁愿为获得好服务多花钱。

第二节　银行营销战略

一、银行营销战略的含义和作用

银行营销战略是指银行为实现经营目标,在现代市场营销理念指导下,通过对一定时期内外经营环境的分析,对市场营销活动进行的总体设计和规划,它具有全局性、长期性、系统性等特点,其实质是银行对动态环境的一种创造性的适应。

银行营销战略作为统筹银行整体营销活动的纲领,在银行逐步走向商业化经营、市场化竞争的过程中,有着举足轻重的作用。对我国商业银行来说,通过对营销环境进行分析,可以寻求潜在的发展机会,并结合各银行的自身发展状况,制定符合实际的营销战略指导具体的营销活动,可以弥补我国商业银行存在的竞争力不足、竞争效率低下的弊端。银行营销战略的合理、有效规划,有利于正处在金融体制改革中的我国商业银行进行营销资源的重新整合,提升竞争力,赢取市场竞争的主动权。

1. 减少盲目性,便于银行明确方向

银行的领导必须从全局出发,高瞻远瞩,在整体上把握银行营销活动。通过对市场发

展进行详细全面的观察分析,银行可以对市场的未来发展趋势做一个基本正确的评价,不仅要考虑在顺境时应采取的措施,也要考虑在逆境中应采取的对策,从而掌握经营主动权。这种分析与评价既可较好地把握银行的未来活动,减轻或消除意外的市场变化对银行经营的影响,避免出现较大的失误和损失,又能使银行在多变的环境中捕捉更多机会,增加银行的盈利能力。

2. 统一规划,使营销各个环节有效地进行沟通

银行的营销战略会影响银行的投入产出、资源配置各方面的变动,如网点的增设、市场的开发、销售渠道的拓展、组织制度的安排、人员结构的调整、金融产品的创新等。有的银行不顾实际情况到处开设营业网点,结果是花费了大量的人力、财力、物力,而业务量却没有跟上,这便是缺乏一个合理的营销战略所导致的结果。因此,银行通过制定营销战略,可以使产品开发、定价、分销、促销策略等得到合理有效的结合。

3. 调动银行从业人员的积极性,协调各个部门与营销部门的关系

银行制定营销战略有利于在营销活动中形成一个共同的思想,加强不同部门、不同层次、横向与纵向的信息交流,协调各方面的行动,使其能够平衡发展,将出现矛盾与冲突的可能性降到最低。同时,有效的营销战略可以充分调动银行营销人员的积极性与主观能动性,增强银行的凝聚力,不断提高工作效率。

二、银行营销战略的内容

银行战略管理是管理的最高层次,它是关系银行经营、营销和发展的系统思考与整体安排。银行营销战略规划的根本目的,在于把银行未来面对的各种不确定性变得较为确定,以掌握市场主动,从而形成竞争优势。

1. 环境分析

银行营销环境分析是指对银行营销绩效存在潜在影响的宏观环境和微观环境的分析,预测其对银行影响的程度,以便及时抓住机遇和避开威胁,制定和调整营销战略。

2. 战略营销规划

战略营销规划是指银行在环境分析的基础上,通过市场细分、目标市场选择,明确战略定位和目标,进而完成银行整体营销战略安排的过程。因此,战略规划事实上包含了市场细分、目标市场选择、战略定位、战略安排等步骤。

3. 战略营销策略

战略营销策略反映为市场营销组合策略的运用,包括产品策略、定价策略、分销策略和促销策略。银行营销组合策略是指银行为满足目标市场客户的需要,对可控的各种市场营销手段的综合运用。

4．战略营销组织与控制

对银行来说，要达到预期的经营目标，必须使营销战略得到有效实施。因此，银行在经营过程中，要对营销战略进行必要的组织与控制。根据市场竞争状况和自身情况对营销组织体系进行必要的调整，对营销流程进行有效组织与监督，对营销过程中的风险进行有效控制，只有这样，银行的营销战略目标才能顺利实现。

三、银行营销战略的特征

1．全局性

营销战略策划的制定事关银行整体和全局。营销战略策划反映了高层领导对银行长远发展的战略思想，对银行的各项工作具有权威性的指导作用。

2．长远性

营销战略策划是基于银行适应未来环境的变化而制定的一个相当长时间内的指导原则和对策。要从长远的观点来考虑如何有效地战胜竞争对手，从而立于不败之地。

3．导向性

注重市场调研，收集并分析大量的信息，只有这样才能在环境和市场的变化有很大不确定性的情况下做出正确的决策。营销战略策划不仅规定和指导银行一定时期的市场营销活动，而且规定和指导银行的一切生产经营活动。

4．竞争性

营销战略策划的制定是基于对国内外市场竞争格局的认识，就如何使银行在竞争中保持优势，立于不败之地所进行的筹划。

5．原则性

一方面，营销战略策划规定了在一定时期内市场营销活动的方针，为各个方面的工作制定了可供遵循的基本原则；另一方面，由于战略侧重未来较长时期的营销决策，不可能对具体的营销活动进行细致的策划，因而只能是"粗线条"的决策和筹划，由此决定了营销战略所具有的原则性。

6．稳定性

营销战略作为一定时期银行经营活动必须遵循的方针和原则，具有稳定性的要求。它是银行高层领导者对银行外部环境和内部资源进行认真分析和研究后做出的慎重决策，不能随意更改。这就要求决策者有很强的能力，要有像银行家一样的洞察力、识别力和决断力。

【链接 4-1】

第三节 银行产品定价

价格是市场营销的关键要素之一,价格策略正确与否,关系银行的生存和发展。成功的价格策略对于实现银行的盈利目标及取得合理的市场占有率具有重要的作用,错误的定价策略将给银行带来销量下降、盈利收缩甚至是倒闭等严重问题。国际性的大商业银行十分重视产品定价,建立了有效的定价决策机制、良好的信息系统和科学的定价模型。

一、银行产品定价目标

银行产品定价最终服务于银行的综合经营目标,主要追求以下四个目标。

1. 目标利润

追求银行或股东价值最大化是银行经营的最终目标。利润最大化不一定意味着高价格,为达到这个目标,银行需要权衡产品的规模、成本和价格的关系,最终确定能够使银行利润最大化的价格。

2. 市场份额

出于战略竞争的需要,银行致力于在细分的目标市场上获得、保持和提高市场占有率。银行有时也会调整其短期内的利润预期,通过价格战来抢占市场份额,树立其市场地位。

3. 风险控制

通过一定的价格策略,银行可以优化资产负债的客户结构、产品结构和期限结构,将信贷风险和利率风险控制在可接受的范围内。

4. 现金流量

在一般情况下,定价的目的是扩大销售量,增加现金流以提高流动性。

二、影响银行产品定价的因素

1. 成本因素

成本包括资金成本和营运成本。资金成本为资金的利息成本,有多种计算方法,最常用的定义是商业银行资金的机会成本或无风险收益,通常用货币市场利率计算。营运成本是银行吸收存款、发放贷款并维持客户的借贷关系所需要的非利息性成本,包括人员工资、设备成本及需要补偿的费用。

2. 风险因素

风险包括信用风险和期限不匹配风险。信用风险是指客户不能按期、足额偿还贷款本息从而造成损失的风险。银行还需要承担存贷款的期限不匹配带来的风险,这部分成本最终也反映在产品定价上。

3. 预期利润

为了取得预期的资本回报率,银行需要在产品定价时确定每一笔交易的预期利润。银行的利润目标一般以发展战略、红利支付水平等因素为依据制定。

4. 经济环境

市场需求水平、市场利率波动、银行所在地区整体经济水平都对银行产品价格有影响。

5. 产品周期

银行产品在产生、成长、成熟和衰退四个阶段的市场需求不同,盈利性不同,定价策略也应该存在差异。

6. 市场定价

银行产品的目标市场定位和客户需求的价格敏感程度不同,定价策略也不同,有的产品要采取高价的品牌策略,有的产品要走低价的大众路线。

7. 服务水平

快捷、专业和令人愉快的服务,能使银行的产品定价高于同业。

8. 政策法规

政策法规是产品定价的法律环境,有时对定价的影响很大,如利率管理政策、贷款法规等。

三、银行产品的定价策略

1. 高额定价策略

高额定价策略是指以高定价吸引高端客户。以下情况可以采用这一策略:①在市场发展初期或在一些细分市场上销售量对价格不敏感;②有助于树立新产品的质量和信誉形象;③用于测试新产品的需求,最好是从高价格开始。

2. 市场渗透定价策略

市场渗透定价策略是指以低价尽早占领市场。以下情况可以采用这一策略:①销售量对价格非常敏感;②很大的销售量可以节约生产或分销成本;③竞争激烈;④没有潜在客户愿意支付高价格。

3. 近似价值定价策略

近似价值定价策略是指产品的定价根据产品对客户的价值确定。产品的价值由产品效用、替代产品、客户感觉和需求能力四个因素确定。

4. 行为调整定价策略

行为调整定价策略是指通过定价调整客户行为，如收取跨行 ATM 机取款手续费，以鼓励客户使用本行 ATM 机。

第四节　银行产品营销渠道

银行市场营销活动效益的高低不仅取决于银行产品的开发与提供，而且取决于银行的分销渠道。前者是形成金融产品使用价值的过程，即银行降低金融产品的成本、提高产品质量、增加产品的式样与功能、制定合理的价格以提高市场竞争力；后者是金融产品使用价值和价值的实现过程，即银行通过适应客户需求的变化将已经开发出来的产品及时、方便、迅速地提供给客户以满足不同客户的需要。从一定程度上讲，建立良好的分销渠道比组织产品开发更为重要。

一、银行产品营销渠道的意义

银行营销渠道是指银行把金融产品和服务推向客户的手段和途径。合理选择营销渠道对保证银行正常经营、建立现代金融制度具有重要的意义。银行经营效益的高低不仅取决于金融产品的品种和价格，还取决于适当的营销渠道。营销渠道是连接金融产品供应者和需求者的基本纽带，它的合理设计和拓展有利于银行适时、适地、方便、快捷地将金融产品和服务提供给客户。

传统的银行营销渠道有分支机构网点、代理行等。随着电子信息和网络技术的发展，银行的营销渠道日益多元化，自动取款机（ATM）、自助银行、销售终端机（POS）、电话银行、网上银行等现代营销渠道已被广泛使用。各种新型营销渠道的出现极大地拓宽了银行的经营空间，缩短了银行与客户的距离，增强了银行提供产品和服务的能力。

正确的营销渠道可以更有效地满足客户的需求。银行根据不同的客户需求选择合理的营销渠道把各种金融产品提供给客户，并根据消费者需求的变化随时调整金融产品的种类与功能，更好地解决金融市场中的供求矛盾和结构矛盾，以满足不同地区、不同层次客户的不同需求。

选择合适的营销渠道可以方便客户购买。一家银行自身的活动范围总是有限的，无法将其产品提供给所有的客户，借助中间商可以在较大的空间范围内方便顾客购买，加速商品流通，缩短流通周期，实现商品销售的及时性与扩大化，有效地平衡供求关系。

合理的营销渠道有利于降低银行销售费用，提高经济效益。营销渠道的不同组合各有优势，银行通过合理地选择营销渠道，既可以减少分支机构，节约相应的销售费用，又可以扩大客户面,增加销售量,加速资金周转。

由此可见,银行经营效益的高低,不仅取决于银行产品的种类,而且取决于营销渠道。

二、银行产品营销渠道策略

银行制定和实施营销策略的目的就是通过建立最佳的营销渠道,使客户感到银行所提供的产品和服务既具有可接受性也具有增益性、便利性。

1. 直接营销渠道策略和间接营销渠道策略

这是根据银行销售产品是否利用中间商来划分的。直接营销渠道策略又称零阶渠道策略,是指银行直接把产品提供给客户,不需要借助中间商完成产品销售的策略。间接营销渠道策略是指银行通过中间商把金融产品销售给客户的策略。

2. 垂直型银行营销渠道组合

垂直型银行营销渠道组合是指由银行、批发商和零售商组成实施专业化管理和集中计划的营销网,按不同成员的实力与能量对比产生一个最终决策者,由它进行集中的管理与决策,以实现营销渠道的纵向联合,取得最佳的市场营销效果。

这种模式是针对营销渠道的不足而提出的。在传统银行营销中,营销渠道的任何一个成员都不能对其他成员拥有足够的控制权,容易造成各自为政的现象,成员之间常常发生矛盾,影响了银行的整体和长远利益。垂直型的银行营销渠道模式则把银行和各个中间商组成一个统一体集中管理、集中决策和统一执行,可最大限度地减少各方成员为谋取自身利益而出现的矛盾。

3. 水平型银行营销渠道组合

这种渠道是由同一层次的两个或多个相互无关联的营销组织组成长期或短期的联合体开展营销活动。这种联合可以是暂时性的,也可以以契约形式固定下来而形成永久性的联合。这种联合主要是从营销渠道的宽度上考虑的,通过联合可降低各成员的经营风险,避免激烈竞争导致的两败俱伤,并可充分利用各自在资金、技术等方面的优势,共同开发市场。

4. 多渠道的银行营销渠道组合

多渠道的银行营销渠道组合又称综合营销渠道组合,是指银行通过双重或多重营销渠道将相同的银行产品打入各种市场。在这种组合中,银行拥有多种营销渠道,并对每种渠道拥有较大的控制权。

此外,银行在选择营销渠道时应该遵循几个基本原则:①经济性原则。银行营销应以最小的投入,取得最大的产出,因此银行以最有效率的方式和最低的营销费用销售产品是选择营销渠道的一个重要原则。②适度控制原则。控制是指银行对营销渠道施加影响的程度,从长远来看,银行对营销渠道的选择,除了考虑其经济性外,还必须考虑能否对其进行有效的控制。③易于沟通的原则。银行制定的营销渠道策略必须有利于各方之间的信息交流和合作。

三、影响银行产品营销渠道选择的因素

1. 居民状况

目标市场顾客的人口和心理特征是选择营销渠道的基础,一个营销渠道成功与否,在很大程度上取决于它所在地区的居民状况。居民状况包括居民的性别、年龄的差异,职业和居住区域的变化等。顾客需要什么、为何需要、何时需要及如何购买,决定了银行金融产品的营销渠道。居民的年龄和性别不同,对金融产品和渠道有不同的需求。随着人口的增长和年轻夫妇组建新的家庭,银行在选择营销渠道时要充分考虑年轻人的需求。居民总是希望金融产品的营销点越近越好。另外,随着经济的发展和城镇居民区的大量开发,人口会出现迁移现象,其中最大的迁移方向是新开发区或郊区,在这些较佳的居住环境中,银行选择适当的营销渠道就可以扩大金融产品的销售。

2. 资源能力

银行的资源能力决定了其所选择渠道的类型和渠道成员的关系。若资源能力不足,无力占领整个市场或几个市场,在选择营销渠道时就要采用密集性市场策略,即把自己的力量集中在一个或少量的细分市场上,实行专业化生产和销售。

3. 金融产品的特点和种类

金融产品的特点在银行选择营销渠道时起着重要作用。如果同质性产品差异性较小,主要的竞争项目是价格,银行在选择营销渠道时可采用无差异性市场策略,即把整个市场看作一个大目标市场,所有的顾客对某种金融产品有着共同的需求,忽视他们之间实际存在的差异;对于价格差异性较大的产品,银行在选择营销渠道时就要采用差异性市场策略,即把整个市场分成若干个细分市场,银行根据自身条件和环境状况可同时在两个或更多的细分市场上从事营销活动。

金融产品的种类也是商业银行在选择营销渠道时应考虑的一个重要因素。银行若生产单一的、批量大的金融产品,在选择营销渠道时则应采取无差异性市场策略;若生产小批量、多品种的金融产品,开展多种金融服务且产品品种越来越多,则应采取差异性市场策略。银行在开发出新的金融产品时,一般采用密集性市场策略,使用强有力的推销手段,组成营销队伍,直接向消费者推销或委托代理商销售。

4. 竞争对手

银行的营销渠道受竞争对手所使用的渠道的限制。在金融市场上有些银行往往采用与竞争对手相同的渠道,而有些银行则避开竞争对手所使用的渠道。此外,还要看竞争对手的强弱,如果竞争对手不强,也可不予考虑。

5. 交通状况

随着金融全球化和经济金融一体化的发展,不仅一国国内各地区的经济联结为一个

有机的整体,而且各国经济也日益联结为世界经济整体。交通运输的规模、方向和距离对金融产品的营销会产生重要影响。交通运输在沟通城乡、地区经济联系的同时也促进了城乡、地区的经济发展,带动交通干线密集的地方发展各种购物中心,进而需要发展各种金融机构以满足人们对金融产品的需求。

6. 金融产品寿命周期

当金融产品处于引入期和上升期时,可采用无差异性市场策略选择营销渠道来扩大市场占有率;而当产品进入成熟期后,则应改为差异性市场策略选择营销渠道,以便开拓新市场,也可采用密集性市场策略选择营销渠道,以保持原有的市场。

四、银行产品营销渠道的调整与定位

为了更好地制定营销渠道策略,必须先对营销渠道进行准确的定位。银行营销渠道的定位应该从以下几个方面着手。

1. 加快传统网点的功能改造和职能调整

要在网点实行高低柜分开。在高柜方面要大力推广集对公、对私业务于一体的综合柜员制操作模式,建立前台综合交易平台。在低柜方面要配备专职的客户关系管理和产品营销人员。在大中城市,部分规模较大的网点建立专门服务于中高端客户的理财中心,而一些日常的现金或转账等简单的业务则交由 ATM 机或电话银行等自助设备来完成。

2. 实现营销渠道的多元化

从国际领先银行的发展实践来看,在高科技手段的基础上发展起来的新兴营销渠道对业务处理的能力要求较强而运行成本低。可以考虑建一个集人工服务网点、自助银行、ATM 机、POS 机、电话银行、网络银行、电视银行等现代化营销渠道于一体的多元化的立体营销渠道网络,以便各类营销渠道的配备数量和服务功能可以基本满足业务发展的需求。

3. 实施客户、产品与营销渠道的差别整合

全面分析不同层次的客户需求、不同产品的功能和特点及不同地区的经济发展状况,同时对人工营业网点、ATM 机、POS 机、自助银行、网上银行、电视银行等不同营销渠道进行成本、效益、效率、效能分析,制定科学合理的营销渠道总体建设发展方案。

通过对客户、产品与营销渠道的差别整合,最终将最合适的产品通过最合适的渠道销售给最合适的客户,使银行营销渠道体系实现成本低、效率高、功能强、效益好的最终目标。

4. 营销渠道的专业化和产业化

银行营销渠道的电子化、网络化的发展趋势,使银行在各类现代化营销渠道的建设中需投入大量资本金及系统开发和日常运行维护费用,客观上要求银行强化对这些营销渠

道的经营管理,加强成本核算,提高经营效益。同时,现代化的营销渠道也需要配备一支强大的专业科技人员队伍和一批懂技术会经营的高级专业管理人才,专门从事营销渠道的维护和管理。

五、银行产品营销渠道的拓展

(一) 拓展代理营销渠道

银行要扩大金融产品的销售,就必须建立自己的代理网络,包括寻找更多的代理商和信用卡的特约商。银行也可以与其他金融机构结成战略联盟,形成长期的战略合作关系。通过这种合作,双方能更有效地利用资源降低成本和分享客户,扩大产品服务范围。

(二) 通过并购进行渠道拓展

并购是银行拓展营销渠道最为快捷和有效的手段,尤其在新开发的区域,跨地区和跨国经营更是如此。并购按其目标和行业主要有两种模式:一是银行之间进行的并购,这也是目前最具影响的模式;二是银行、保险公司和证券公司之间的并购。

(三) 建立共享合作渠道

1. 银银合作渠道

(1) 与中央银行的合作。有效利用央行提供的再贴现服务、短期再贷款服务、资金转账服务和代理业务。

(2) 中小银行与大银行的业务合作。包括互相利用对方的客户资源、资金实力、营业网点和结算网络等优势实现优势互补;现金管理方面的合作;融资业务领域的合作;信息网络连接与技术沟通的合作;法人清算方面的合作;会计结算方面的合作等。

(3) 与政策性银行的合作。包括结算业务方面,如立项、代办现金、同城和异地结算、质押收款等;协助政策性银行监督贷款资金的合理使用;协助政策性银行回收贷款本息,反馈相关信息。

(4) 中资银行与外资银行的合作。包括银行之间直接的业务合作,相互代理、相互融资等;共同为客户服务,重点是银团贷款领域;战略上的合作,主要是外资银行利用中资银行的销售网络和人才发展业务。

2. 银证合作渠道

银证合作是指投资者直接利用在银行各网点开设的活期储蓄存款账户卡、折,在银行与券商联网的基础上直接使用银行账户作为证券保证金账户,通过券商的交易系统进行证券买卖及清算的一项业务。

银证通是金融服务营销渠道的一项创新,实现了证券产品交易的非现场化。银证通利用信息网络技术在政策允许的范围内共享资源,银行在合作中往往充当"代理""代销"的角色。这么做既可以充分发挥银行网点的优势,又可以绕开一些政策障碍。

3. 银基合作渠道

银基通是指投资者直接利用在银行各网点开设的活期储蓄存款账户对应的卡、折下设的"基金理财专户"作为基金交易的保证金账户，通过网上银行、电话和柜面等渠道进行多种基金的选择和交易的一种业务模式，是银行与基金管理公司合作推出的一种金融服务。

4. 银保合作渠道

银保通系统是专门针对银行保险代理业务开发的一套"保险代理业务处理系统"。银行现成的网点优势及良好信誉为保险公司的业务推广提供了一条事半功倍的捷径，银行兼营保险代理业务的交叉渠道营销模式能够稳定存款来源，培育新的效益增长点。

（四）建立开发新技术渠道

近年来，随着互联网的快速发展，网络银行已基本得到全面推广和使用，商业银行必须建立属于自己的网络银行体系，以不断拓展客户群体，为消费者提供更大的便利。

随着金融科技的不断发展，各种新型的银行营销渠道层出不穷，如人脸识别技术、VR技术（虚拟现实）、AR技术（增强现实）、人工智能技术的运用。银行为客户服务的形式越来越多样化，无人值守的银行网点已经出现，将来甚至银行不需要网点，就可以为客户提供全方位、全天候的服务。

第五节　银行产品营销策略

一、银行存款营销

1. 创新存款产品

银行对影响存款的各种因素进行详尽分析后，设计出更加符合存款客户需求的存款产品，如可以对存期、存款金额、可转让性、利率形式、计息方法、提款方式等要素进行组合，满足不同客户对存款的不同需求。

2. 存款客户差异化

存款客户差异化是指银行在环境分析和市场细分的基础上，对存款客户进行有效的区分，准确进行市场定位，针对不同的客户群体采用不同的策略。不同类型的客户对存款需求和利益的核心诉求点是不同的，如便利性、安全性、保值增值、服务、得到银行尊贵的服务等方面各不相同。

3. 锁定战略客户资源

银行要区分出哪些客户属于自己的战略资源，以重点对待，提供优质的服务。银行应密切关注以下几类客户的资金动向：重大建设项目资金、政府性资金、各类企事业单位及机构资金、居民基本的缴费账户、重要的个人账户。

4．提供高效优质服务

金融产品的无差异性，决定了银行间的竞争很大程度上取决于服务的质量，谁能为客户提供高效优质的服务，谁就能在激烈的竞争中占得先机。因此，满意服务策略就是要求银行在服务方面多下功夫，在解决客户对服务的基本要求之外，再加上一些温馨的个性化、特色化服务，尽可能让客户满意。

5．加强战略合作

加强战略合作，就是在合规的情况下，寻找一些战略合作伙伴，采取一些共赢的措施，使多方利益最大化。例如，可以加强与信托公司、证券公司、保险公司的合作，广泛开展资金结算业务、现金代理业务、代收代付业务、资金存放业务等方面的全面合作，推动存款不断增长。

6．提高存款稳定性

提高存款稳定性就是提高活期存款的稳定性和延长存款的平均占用天数。就波动程度来说，银行存款可分为易变性存款、准变性存款和稳定性存款。提高存款稳定性就是提高易变性存款的稳定性，而这既取决于银行存款客户的多少，也取决于银行能否提供优质高效的服务。要延长存款的平均占用天数，就要做好存款的安全保值。

二、银行贷款营销

1．选择优质的客户资源

银行应根据成本、效益和风险状况，在原有客户群的基础上，明确自己的目标客户。在选择目标市场时也要遵循三个标准，即企业选择、效益选择和行业选择。其中，企业选择指的是要选择管理水平高、体制新、机制活、顺应市场经济发展的企业；效益选择指的是不管客户规模大小，重点考虑客户最终的经济效益；行业选择指的是尽可能选择重点行业、具有垄断经营的基础行业等实力强的行业。支持优势行业和优质客户，对预期要衰退的行业，银行要及早布防、尽早退出、循序渐进，争取不留后遗症。

2．存贷挂钩

（1）试行以存定贷，视其信用程度，商定信用比例，贯彻多存多贷原则，以调动银行和客户两方面的积极性。

（2）坚持主办行制度，对多头开户、只贷不存的客户，主动退出并收回贷款。这些措施的跟进，有利于银行与客户之间建立更为密切的联系，也有利于加深银行对客户的服务。

3. 分层营销

总行从全行经营出发,统筹兼顾,保证重点,选择直接经营的重点客户。一、二级分行要针对本地实际,走参与大市场、面向农工商、支持好项目、获得高效益的路子;基层行要着力县域经济,支持城乡一体化,主攻经济发展的新增长点。

4. 重点客户专人营销

银行应当在信贷业务上实施客户经理制,对大客户和重点客户由专人负责跟进。对不同的客户应选派不同级别、不同待遇、不同权限的人员实行分级管理。

5. 差异化营销

银行面对已经细分的市场,选择两个或两个以上的细分市场作为目标市场,分别对每个子市场提供针对性的产品和服务以及相对应的销售措施。银行根据目标子市场的特点,分别制定产品策略、价格策略、分销策略和促销策略并予以实施。不同的客户的受教育水平、收入、生活方式、消费习惯等都不一样,因此采用差异化营销策略势在必行。

三、银行卡营销

1. 精准地满足客户需求

在充分开展调研的基础上,可以根据客户的消费水平、习惯偏好、年龄层次,把客户分为高端客户、年轻族群。例如,中国银行针对高端客户推出的一种信用卡:3 600 元年费的至尊版白金卡,具体增值服务包括可享受国内机场贵宾厅不限次、国际机场贵宾厅每年三次的礼遇,每年可享受价值千元的体检一次及不限次数的导医、咨询服务,白金私人秘书服务,每年 12 次的高尔夫练习,24 小时免费道路救援,高达 1 000 万元的航空意外保险、航班延误险等。

2. 各种灵活的价格手段

可以通过豁免年费、消费积分、馈赠礼品和刷卡抽奖、现金回馈等各种灵活的方式给予客户相应的优惠,让客户感受到价格的优惠或折扣,从而激发其对银行卡的获得欲望。

3. 提高服务水平

可以为客户提供免息分期购物、附赠相应的保险、旅游服务和紧急救援等方面的服务,使客户感受到在持有银行卡的同时,获得了很多额外的服务。

4. 多渠道推广策略

各营业网点是银行的传统营销渠道。在如今市场竞争激烈的环境下,依靠传统的渠道,坐等顾客上门,必然会丧失市场份额。银行要深入挖掘自身资源,将各个网点、直销与交叉销售进行有机结合,并以内部渠道与现有客户资源为主,通过各种途径,深入挖掘渠道潜力,逐步建立全方位的销售体系。建立银行卡直销队伍,通过本行现有分支机构代理,借助外部力量营销,通过电话银行中心、手机、互联网等中介进行电子营销等,都是当前发展信用卡可以选择的营销方式。通过与商场、超市、医疗机构、网络运营商、保险公司、旅行社等行业的捆绑合作,以发行联名银行卡的形式,实现一张银行卡成为一张贵宾卡、优惠卡、积分卡、消费卡,充分发挥每一张卡应有的作用和价值。

四、银行中间业务营销

银行中间业务是指银行以中间人的身份为客户提供各类金融服务而收取一定手续费的业务。也就是银行在资产业务和负债业务的基础上,利用技术、信息、机构网络、资金和信誉等方面的优势,不运用或较少运用银行的资产,以中间人和代理人的身份替客户办理收付、咨询、代理、担保、租赁及其他委托事项,提供各类金融服务,并收取一定费用的经营活动。

1. 中间业务应以客户需求为导向

银行应时刻关注客户的需求,紧跟客户需求的变化,适时推出能满足客户最新需求的中间业务产品。例如,光大银行与中国航空信息网络公司共同推出的"航旅通"业务,与中国人寿合作开发的"储寿保"业务,为客户带来了极大的便利。

2. 中间业务应采用差异化营销方式

中间业务种类繁多,人们对中间业务的需求千差万别,个性化的需求也要求银行采取差异化策略来营销产品。

3. 不断进行产品创新,满足客户不断变化的需求

中间业务一直是国内银行的短板,目前的中间产品还不足以满足银行和个人的所有需求,产品创新的空间和余地还很大,因此只有坚持产品创新和服务创新才能把银行做得更好。

4. 制定合理且有竞争力的产品价格

银行的品牌与其美誉度密切相关,而人们评价银行的一个很重要的依据是银行的收费标准,所以银行要想获得更佳的效果,应制定合理的价格,再辅以适当的促销方式。

五、理财产品营销

1. 搞好理财产品研发与组合

(1)加强产品研发,满足客户需求。目前,理财产品作为吸引客户资金的重要工具,正逐步成为客户理财的一大选择。在金融产品同质化趋势越来越严重的情况下,银行应该深入调查,充分了解客户需求,结合区域特点,向上级行申请定向开发设计新产品,开展有针对性的营销活动,综合提高理财产品的研发和营销能力,在竞争中掌握更大的主

动权。

(2) 建立产品组合,对客户进行资产介入。对客户进行资产介入,能够有效提高客户与银行的黏合度,也才能进一步稳定客户群。客户购买了有一定存续期的固定期限理财产品后,资金即被锁定。如果客户中途出现紧急资金需求,则会面临难题,也会给银行增加客户投诉的风险。

2. 对客户进行细分,提供差异化服务

不同的客户具有不同的理财需求和价值贡献。只有细分理财市场客户,才能加强客户关系管理与维护,全面掌握客户资料,准确考量客户贡献,落实差异化服务策略。

3. 优化创新营销渠道,精准地满足不同客户的需求

(1) 优化营业网点布局。营业网点是银行最重要的营销阵地之一,因此其选址非常重要。随着经济的发展和城镇化步伐的加快,有必要将部分不再处于"繁华地段"的营业网点搬迁到新的更具竞争优势的地段,优化营业网点的整体布局。

(2) 加快金融科技建设步伐。一方面,在银行网点增设各种智能化的终端设备,包括VR、AR、人脸识别等,逐步向无人银行过渡;另一方面,加强网上银行、手机银行的建设,通过各种新的方式为客户提供高效便捷的服务。

(3) 增设离行式银亭。在高档住宅区、繁华商业区、大中型银行等人流、资金等资源密集的地段,增设离行式银亭,满足不同人群的需求。

4. 创新促销方式

(1) 加强产品及业务宣传。在外部宣传上,规范辖区内营业网点的视觉标识,以统一的形象传递一致的信息,树立银行的专业形象;充分利用电视、广播、报纸、LED等渠道和媒介,加大在当地电视台、主流报纸、户外广告上的宣传力度,培育广大客户的理财观念,让更多客户及时了解理财信息。在内部宣传上,甄选典型案例,通过营销快报等方式在行内宣传营销推广成果,激励更多的员工积极参与营销工作。

(2) 丰富活动载体。以举办贵宾客户活动等为载体,采取理财沙龙等形式,组织开展金融投资、理财规划活动,宣传营销理财产品,起到拉近客户距离、促进产品营销的双重目的。

(3) 加强外部合作。探索提高高端客户价值贡献度的新路子,加强与当地珠宝、养生、教育、医疗、户外等知名商家、商业联盟的联系沟通,利用有纪念意义的时机组织举办以客户答谢、美容养生、捐资助学、亲近自然等为主题的高端客户活动,聚敛理财人气,与客户建立稳固、长久的关系,增强客户忠诚度和价值贡献度。

5. 加强对营销人员的管理与培训

(1) 完善营销组织架构。支行领导班子合理分工,担任首席客户经理,联合上级行有关部门加强公私联动,重点针对银行高管、财务人员等潜在客户进行重点理财渗透和攻关。加强与其他部门及营业网点的联动,构建全方位的营销平台,形成强有力的营销合力。

（2）加强基层营销队伍建设。在营业网点组建理财工作室，在授权范围内专职负责理财产品的营销服务及客户管理工作，协助营业网点拓展、管理和维护客户，全面协调与客户的关系，建立与银行内部人员沟通的桥梁。加强理财师队伍管理，在发展理财顾问业务上有所突破。公开选拔业务素质较高的人员担任营业网点大堂经理；发挥大堂引导员的客户分流功能，充分利用柜台、自助设备、电子机具等多种业务资源；加强厅堂宣传，科学布设理财产品宣传专栏，滚动播放相关产品动态信息，给客户以视觉、听觉等立体化的体验，营造良好氛围。

（3）加强对营销人员的培训。重点加强业务产品知识、操作流程及营销技能培训，定期对营业网点大堂经理、理财经理、客户经理等营销人员开展产品及业务学习培训，解读理财产品信息特点，传授产品营销话术和营销技能，解决营销过程中遇到的问题和困难。

（4）制定便于执行和操作的激励约束机制。只有重激励、硬约束、严考核，才能充分调动各层面对理财产品营销的积极性。为科学评价营销人员的营销维护成效，按照"凭贡献挣工资、多劳多得"的原则，加快制定激励为主、约束补位的有效考核机制，不断提高营销人员的工作积极性和主动性，促进理财业务稳健发展。

第六节　银行客户经理制的推广

一、银行客户经理制的含义

银行客户经理制是指银行为了开拓市场、争取目标客户、规避资金风险、实现利润最大化而为客户配备专职经理的制度。

银行客户经理制集中体现了银行经营思想和服务手段的转变。客户经理制改变了传统银行一对多的专业化服务模式而建立了一对一的全能化服务模式。银行客户经理制不是一种简单的管理模式，而是一种崭新的业务经营机制。这种机制包括组织机制、经营机制、人力资源机制、客户服务机制、市场研发机制等，集中体现为"以市场为导向、以客户为中心"。

银行客户经理是银行与客户交流的桥梁，工作主要是以客户为中心，处理客户存贷款及其他中间业务，并负责维护客户关系。要想成为出色的银行客户经理，需要有较强的公关能力、系统的营销策略和强烈的服务意识，能够积极调动银行的各项资源，为客户提供全方位、一体化的服务。

银行客户经理是在银行内从事市场分析、客户关系管理、营销服务方案策划与实施并直接服务于客户的专业技术人员。在内涵丰富的金融行业，对外业务代表通过集中银行内部各种可用资源向目标客户大力营销金融产品，提供优质金融服务，搭建银企双方沟通联系与关系发展的桥梁。银行客户经理是银行战略决策和产品创新的源泉，是实现银行整体发展战略与目标的主要执行者。

银行客户经理制已被西方银行证明是能够带来巨大管理效应的金融创新，它的一个重要作用在于有效地控制银行的经营风险。我国1997年年底开始引入银行客户经理制。银行客户经理成为银行市场拓展的重要人力资源,其素质及技能的高低,直接关系一家银行的市场营销的成败。客户经理是银行服务的关键人物,是银行服务窗口中的窗口。

二、银行客户经理制面临的风险

由于银行客户经理制在我国实施时间不长,存在许多方面的不足,使客户经理制在执行中存在较多的风险,主要表现在以下几个方面。

1. 道德风险

道德风险是与客户经理的职业道德相关的风险。由于客户经理对外代表银行进行业务营销和客户维系,其营销和维系的客户比较固定,一般是几个或多个优质客户。因为长期代表某家银行与这些客户打交道,客户经理与其所服务的客户建立了一种十分密切的关系,经过长期的交往,银行对客户经理往往充满信任,同时客户经理与银行部分管理人员之间将会建立较为牢固的友情关系或利害关系。如果某个客户经理的职业道德差而银行又未能及时发现,就存在较大的风险。

2. 素质风险

素质风险与客户经理的个人素质有关。客户经理是银行业务的直接营销人员,如信贷客户经理通常还是信贷业务直接调查人员,因此客户经理的政策水平、业务水平、调查能力、分析判断能力等个人素质的高低决定了某些银行业务风险的高低。例如,信贷客户经理如果对信贷政策、产业政策了解不够,贷前调查不够深入透彻,分析判断能力不强,就会给信贷资金带来风险。在发放贷款时客户经理的调查结论往往对贷款的发放起决定性作用,如果客户经理调查不全或对有关政策了解不透,可能会让领导层作出错误决策从而形成风险。

3. 形象风险

客户经理对外代表银行进行业务营销和客户维系,并直接面对客户。如果客户经理在与客户打交道的过程中存在以权谋私、怠慢客户、言行粗俗等影响银行形象和银企关系的行为,会给银行带来客户流失风险。

4. 操作风险

操作风险是指由于信息系统或内部控制缺陷导致意外损失的风险。引起操作风险的原因包括人为错误、电脑系统故障、工作程序和内部控制不当等。实施客户经理制度之后,银行经营管理体系被重组,原来的部门设置和职能分工被打破,新的机构设置和部门分工会造成一定时期的混乱,突出的表现就是营销部门内部缺乏明晰的业务运转线路报告和负责体系紊乱,营销部门与产品部门及风险控制部门之间的运转不畅,相互推诿扯皮的事情时有发生,存在若干管理真空,容易出现业务操作上的风险。

5. 挖转风险

客户经理是各行的营销精英,与优质客户关系十分密切,也是他行挖转人才的重点对象。如果某位客户经理与某一大客户关系十分密切,而这位客户经理又被他行挖走,则该客户也可能随之转户,造成客户流失风险。

三、银行实施客户经理制的对策

1. 转变观念,正确把握客户经理制度的科学内涵

客户经理制作为银行的一种制度创新,是稳定优质客户群体的基础。尊重客户、以客户为中心、主动为客户服务是市场经济条件下对银行的基本要求。因此,应正确把握客户经理制度的科学内涵,真正体现以市场为导向、以客户为中心的服务理念,变客户围着银行转为银行围着客户转。

2. 整合流程,实现银行运作机制再造

从客户的需要看,银行传统的职能分工人为分割了业务流程,方便银行自身的内部管理,而忽视了对客户需要的满足。为此,应对银行传统的工作结构和工作方法从根本上进行重新思考和设计。应根据客户需求将分散在各个职能部门的工作按照最有利于顾客价值创造的营运流程重新组装,建立以客户为中心的流程组织,以期在客户满意、成本、质量和对市场的反应速度方面有较大突破,从而获得银行的持续竞争优势。重新整合业务流程特别强调一些业务流程设计应尽量采取并行方式提高效率。同时,在设计业务流程时还应区分不同客户和不同场合,在业务处理上应有灵活性而不是一概以标准化的流程来应付多样化的消费者。

3. 统一管理,建立客户经理服务中心

根据市场分析和客户分类,银行内部可以专设客户经理部门,进行统一管理,让客户经理能专注于产品宣传营销,专注于受理客户提出的需求。

4. 实施激励,构建市场化人才约束机制

建立银行客户经理激励约束机制的基本原则是:按照责、权、利相匹配的原则将客户经理的收入与工作绩效紧密挂钩,合理拉开分配差距,克服平均主义,吸引高素质人才,以实现现代银行的发展目标。在业绩考核方面,一是要依据贡献度为核心的考核指标评价体系;二是要加大对客户经理业务经营的授权力度,但要注意授权有限;三是要根据绩效决定报酬。

5. 加强培训,全方位提高客户经理综合素质

客户经理是未来银行的精英,但是目前很多客户经理因工作经验、知识结构、分工机制等因素的制约,离真正能提供综合化的服务还有一定的距离。因此,应加强客户经理综

合素质的培训,造就一批不仅全面掌握银行业务知识,同时也熟悉市场营销技巧的复合型客户经理。通过培训和鼓励员工自学使其具有相当学历和资历,了解相关的经济金融政策和产业政策,熟悉本外币存贷款业务及相关制度和办法,基本熟悉银行财务会计知识和法律知识,掌握一定的外汇、结算、出纳、储蓄、信用卡、理财等银行业务知识,能进行基本的计算机操作,从传统业务知识到金融产品创新,从单纯的业务技能到独当一面,提高综合素质。

第七节　银行客户管理

一、银行客户的开发

客户开发具体是指公司的营销工作者将公司实力强的潜在客户发展成为真正客户的一个过程。对于公司来说,客户是最重要的一项资源,若没有客户,再优秀的产品、再高水平的服务,也无法为公司创造效益。

客户开发的具体流程如下。

1. 寻找客户

寻找客户是客户开发的第一步。企业需要通过主动探寻市场,来寻找自身业务或者产品的潜在客户。这一步往往是营销环境最重要的开端,也是营销人员取得市场开发成功的关键。

2. 了解客户

了解客户是企业客户开发的第二步,也是企业能否寻找到客户的重点,以及更加准确地把握客户特征和需求特点的关键。了解客户的过程中,企业需要对客户的各个方面进行深入分析,充分掌握客户的特征信息。需要了解的既有客户的个人信息,还有客户的偏好信息,这些信息都能帮助企业实现成功的营销。

3. 展开营销

展开营销是客户开发的实践环节,也就是真正进入客户营销的重要环节。展开营销意味着企业的营销工作步入正轨。根据寻找客户和了解客户所获得的信息,企业已经形成了比较具有针对性的营销方案,可以针对客户的具体情况实施具体的营销计划。

4. 达成协议

经过一段时间的工作,客户开发是否成功将非常明了。在成功开发客户之后,双方会签署一份协议以确立合作关系。企业会为新客户提供高质量的业务服务,旨在培养与提高客户的忠诚度。若客户开发不成功,则要积极寻找失败的原因并进行经验总结,为下次开发客户提供参考。

【链接 4-2】

二、银行客户服务管理

(一)客户服务的概念

客户服务是在与客户交互过程中对客户有关信息的收集、整理和加工,特别是明确客户需求,解决客户面临的主要问题,为客户提出一套具备可行性的意见和方案。客户服务贯穿产品研发、设计、销售、售后等方面,可以说,只有客户需求得到满足,客户的满意度才会提高,客户的忠诚度和信赖度也才会提升,企业才能实现更多的盈利。

在研究银行客户服务体系的过程中,所阐述的客户服务概念与传统意义截然不同。传统模式下,客户服务仅仅是客户服务部门的一项工作;而现代意义模式下,客户服务是银行所有职能部门、全体工作人员的核心工作。银行与客户之间的业务往来、金融性交易是客户服务的一种常见形态,银行为客户提供的是一种服务,客户给银行带来的是一种经济效益,只有二者相互建立起成熟、稳定、持续的服务关系,才能达到双赢的目的。客户服务概念是以客户价值为核心,面向客户提供优质产品和高效服务,以此来满足客户基础需求,切实维护合作关系。

(二)客户服务的基本内容

按照阶段来划分,可以将客户服务内容分为售前服务、售中服务和售后服务三种。在不同的客户服务阶段,所表现出的需求和特征存在明显差别。

一般而言,银行在开发市场潜在客户资源的过程中,所需投入的成本远远大于维护老客户关系所产生的成本。因此,在新客户发掘阶段,银行需要收集、整理市场潜在客户的需求信息,全面了解和掌握市场动态信息,对各种商业机会做到即时、全面的掌控。

在产品研发、设计和市场运营过程中,银行需要针对不同客户,根据不同客户需求,分别提出有针对性的产品和服务,整个过程需要开展直接的接触式服务,也是相互交流、沟通的关键环节。在售中服务阶段,银行客户经理及工作人员的服务能力、工作水平和综合素养直接影响客户对银行的整体感受。因此,银行需要不断加大人力资源管理力度,做好专业化、技能型、高素质人才的教育和培养,确保售中服务全面、到位。

售后服务阶段,主要是对客户服务情况进行维护、跟踪和监测,并及时解决产品及服务供应过程中存在的投诉、举报等问题。售后服务的质量和水平直接关系到客户的满意度和忠诚度。因此,在售后服务环节,银行要积极应对、耐心辅导、全程参与、及时化解危机和消除风险,从而维护自身形象,提高客户忠诚度和满意度,为客户服务体系的健全和完善提供基础保障。

银行客户服务管理体系构建过程中,需要确保售前服务、售中服务和售后服务及时、全面,将各项服务准确分配给各部门、各岗位,确保为客户提供高效、优质服务。售前服务环节要加大基础设施建设力度,确保产品服务齐全、及时;售中服务环节要注重客户需求信息的准确把握和客户服务方案的科学制定;售后服务环节要做好客户信息及问题反馈的解决、处理,在分析问题成因的基础上,提出具备可行性、符合实情的解决方案。整体而言,银行客户服务管理体系的构建和完善,需要做到科学设置、合理划分和准确定位,只有依靠健全和完善的客户服务体系,才能提高客户满意度和忠诚度。

(三) 客户服务体系

客户服务体系的宗旨是"客户永远是第一位",从客户的实际需求出发,为客户提供真正有价值的服务,帮助客户更好地使用产品。这体现了"良好的客服形象、良好的技术、良好的客户关系、良好的品牌"的核心服务理念,要求以最专业的服务队伍,及时地、全方位地关注客户的每一个服务需求,并通过提供广泛、全面和快捷的服务,使客户体验到无处不在的满意和可信赖的贴心感受。

在银行与客户互动的过程中,要想留住客户,需要有一定的特色,使潜在客户慢慢发展为固定客户。要想在了解客户需求的同时,确保在任何环节提供给不同客户一致的且令客户满意的服务,银行需要拥有一套完善的标准来规范客户服务,使客户服务水平得到有效提升。客户服务体系是银行的重要组成部分,是由明确的客户服务理念、稳定的客户服务团体、规范的客户服务流程等内容作为依托;以客户为中心,以树立企业形象、提升银行服务质量、增强客户满意度和忠诚度为目的,进一步吸引潜在客户。

【链接 4-3】

三、银行客户满意度管理

(一) 客户满意度的内涵

客户满意是近年来兴起的一种新的管理思想。大量银行发展的事实表明,为客户提供优质的产品和服务以使客户满意是决定银行竞争力的关键因素。合理的客户满意战略是银行在复杂多变的市场形势下获得竞争优势的制胜法宝。客户满意度是客户对银行提供的产品与服务的实际感受与其预期值进行比较的结果。若客户的实际感受低于预期,客户就会感到满意;若实际感受大大超过预期,客户就会比较满意;若实际感受低于预期,客户就会不满意。银行通过对客户满意度的调查,可以了解客户的需求、银行存在的问题及与竞争对手的差距,从而有针对性地改进服务工作,提高客户的满意度。

(二) 客户满意度的重要性

1. 商业银行实施客户满意度管理,可以树立良好的形象

客户通过银行的产品和服务宣传、广告媒体、个人经验和他人介绍等多种方式获取银行的产品和服务信息,从而形成自己的期望价值,然后做出购买决策和行动。因此,银行必须以客户的需求为中心,所提供的金融产品和服务应与客户的期望相符,最大限度地满足客户的需求,从而树立良好的形象,使银行拥有忠诚的客户群体并不断地扩大这个群体的范围。

2. 实施客户满意度管理,可以使商业银行获取长久的利润

客户满意度与银行的经营业绩相关,而客户是银行利润的来源,因此银行是否具有较高的客户满意度是银行获取利润的关键。银行营销实践表明:客户对银行的满意度每提高5%,可以使客户忠诚度提高75%;而客户忠诚度每提高5%,又可以使银行利润上涨85%。银行利润与客户满意度之间存在线性因果关系,而且银行利润与忠诚客户之间存在正向相关关系。有研究表明,在银行利润90%以上的来源中,一般客户带来10%,满意客户带来30%,忠诚客户带来60%。银行客户关系管理的主要目的就是通过使客户满意来增加客户的忠诚度,最终提高银行的利润水平。

3. 实施客户满意度管理,可以提高银行的市场竞争能力

银行通过对客户满意度的定期调查,可以了解银行当前客户满意度的现状、客户的期望,发现客户关系管理方面存在的问题等,进而寻求解决问题的方法和途径,以及为提高客户满意度,制定相应的改进产品和服务质量的措施。银行应确立新的经营发展战略与目标,明确为使客户满意,银行在今后必须做什么,紧随市场的变化而变化。这样就可以进一步提高银行的市场竞争能力和盈利能力。

(三)如何提高客户满意度

客户满意度管理是我国银行在金融全球化趋势下的必然选择。为了提高银行的持续竞争力,各银行采取多种措施不断满足客户需求,提升客户的满意度水平,进而促进银行竞争力的提高。

1. 转变经营管理观念,真正树立"以客户为中心"的服务理念

以客户为中心是指围绕客户的需求开展银行的经营管理活动。客户需求的满足是银行利润的来源。客户满意度管理的目的是不断提高客户的满意度,进而提高客户的忠诚度,使银行与客户之间能够建立并维持良好的关系,从而获得可持续的竞争力。因此,我国银行要改变过去的被动服务与服务方式的单一化,根据客户的需求来设计开发金融产品与服务,提供不同的产品与服务组合。围绕客户的需求进行金融服务的设置与开发,加强客户的交流和沟通,建立深层次的客户关系。定期对客户进行调查分析,了解客户满意度的现实情况与实际需求,从而可以根据客户需求调整银行的产品和服务。从被动服务转向主动服务,真正体现以市场为导向、以客户为中心的经营服务理念,拥有更多的高端客户,不断提升金融服务质量与水平,增加核心竞争能力。

2. 建立合理的客户满意度评价与考核体系

银行建立合理的客户满意评价与考核体系,有助于了解客户满意度的现状,发现客户关系管理方面存在的问题,从而寻找解决问题的方向和途径。为了更好地提高银行的客户满意度水平,各银行应从客户的角度构建客户满意度评价指标体系,准确掌握客户的需求,把客户认为最重要的因素作为评价指标;对影响客户满意度的因素进行系统分析,建立综合的评价指标体系;由于客户需求呈现多变性的特点,因此应连续跟踪研究客户期望和需求的变化,掌握客户需求变化的趋势,相应地调整客户满意度评价考核体系。

3. 对银行的业务流程进行再造

目前我国银行的业务流程效率低,流程中信息传递的速度也比较缓慢。对银行业务流程进行再造,可以促进银行的经营业务持续发展,使其管理水平和工作绩效不断提高,进而实现银行客户满意度的提高。当前我国银行业务流程的再造主要包括对信息流程的再造、组织结构的再造与客户关系的再造。

(1) 信息流程的再造。首先是整合数据源和数据通道,利用先进的数据库管理技术,把整个银行的数据汇集成一个集中统一的数据源;其次是有效整合信息标准与管理制度,银行要建立统一的数据采集、信息服务与信息需求标准,实现银行内部数据管理及服务的制度化和标准化;最后是对银行内部各业务处理系统进行整合,为了使银行各业务部门共享数据和信息,银行的数据管理中心需要对各业务部门的信息系统进行集成,能够提供一致的信息并在各个部门之间共享。

(2) 组织结构的再造。首先,要减少银行的管理层次,建立扁平化的组织结构,使银行内部信息传递的速度加快;其次,建立矩阵制的组织结构形式,对银行内部机构进行调整,重新设置各分支机构,提供全方位的客户服务;最后,建立一个标准化的管理平台,建立统一的规章制度,实现管理的规范化、程序化。

(3) 客户关系的再造。银行首先必须对现实和潜在的客户需求进行预测,然后利用信息技术实施客户关系管理,采用先进的数据处理与分析技术对客户信息进行整理,并存放在信息中心的服务器上,使银行各个部门之间能够共享信息。

(四)根据客户的需求,进行产品和服务的创新

银行所提供的金融产品和服务是获得客户满意度的关键。针对不同客户的多样化、个性化需求,银行应加快对产品和服务的创新,满足客户不断变化的需求。银行需要不断完善客户关系管理体系,以客户为中心,进行产品服务的设计与开发,加强与客户的联系。通过调查分析,了解客户的不同需求,从而针对不同的客户提供个性化服务,增加客户的满意度。同时,银行还应对客户的需求和动机进行研究,对客户进行细分并进行准确的市场定位,针对不同的客户实施差异化战略,不断进行金融服务和产品的创新,开发和设计满足客户不同需求的产品和服务,不断提高客户的满意度水平,增加银行的获利能力。

【链接4-4】

四、银行客户忠诚管理

(一)衡量客户忠诚度的指标

客户忠诚理论实际上是在客户满意度理论的基础上逐渐发展而来的。在中国经济发展进入新常态后,随着经济增速的下降,宏观环境的不确定性大大提高,在激烈的竞争下,作为银行获取利润的关键,如何吸引客户并留住客户,提升客户对银行服务、产品、品牌的忠诚度,对银行利润的增长和未来长足的发展具有关键的作用。

客户忠诚理论主要包含以下概念:企业只有努力满足客户的需求和预期才能赢得客

户的信赖,同时在客户不满和投诉发生时要第一时间解决以挽回客户,提高客户的总体满意度,从而实现客户忠诚度的逐步建立,提高客户的终身价值。当形成需要与客户建立长期稳定的关系观念时,就增加了客户进行重复购买和进一步消费的可能性,其对应的营销策略也逐渐从消耗一定资源不断发展新的但不具有持续性的客户变为利用较少的资源去维持稳定的较为忠诚的客户。

用来衡量客户忠诚度的三个主要指标是:客户整体的满意度(有很满意、较满意、满意、不满意、极不满意五个层次);再次购买的可能性(有70%以上、30%~70%、30%以下三个等级);推荐给他人的概率(很大可能、有可能、不可能三种)。

(二)客户忠诚度的类型

根据客户对企业的感知态度及其在产品服务选择中的行为特征,可以将忠诚度划分为由浅入深的四个层次:认知忠诚、情感忠诚、意向忠诚和行为忠诚。

认知忠诚是客户在只考虑自身可获利益或可享受的服务质量的情境下,考虑选择银行某种产品或服务的可能。客户认知忠诚度源自客户对银行最初的感知,这种感知最具有冲击力的便是银行可为客户带来的最大效用。客户会通过银行产品或业务营销宣传信息形成对该类产品或业务的预期体验质量,并与自己消费过的同类产品或服务体验的最佳水平或平均水平进行比较,确定预期体验质量能带来最优效用后才能形成对银行的认知忠诚度。

情感忠诚是客户基于先前积累的产品或服务体验的满意度而形成的对银行的偏好。客户情感忠诚度基于客户自身的消费体验,只有实际消费体验满足和超过最初期望时,客户才会对银行产生偏爱。

意向忠诚是客户会对银行的某些产品或服务产生未来时间消费的倾向或承诺,并有对他人推荐该银行的意愿或行为。客户意向忠诚度以客户对银行的信任为前提。在长期的消费体验中,客户对银行服务能力及态度有所了解并逐步加深对银行的信任,之后客户才会有继续选择该银行的产品或服务,乃至向他人推荐该银行某类产品或业务的意愿。

行为忠诚是指客户忽略其他银行的各种营销活动,只在同一家银行购买理财产品或办理各类业务。这类行为具有极大的惯性。客户行为忠诚度是客户忠诚度的最高层次,表现为客户形成持续选择某一银行的惯性行为。客户满意度、客户信任也是客户行为忠诚度的重要前提。

(三)客户忠诚度的影响因素

客户忠诚度的四个维度具有各自的特征表现,受各种满意因素和约束因素的影响也不同,因此可从认知忠诚、情感忠诚、意向忠诚、行为忠诚四个层次逐一分析客户忠诚度形成与培养过程中的影响因素。

1. 客户认知忠诚度的影响因素分析

除了自身具有满足客户需求的能力外,银行的营销宣传策略也是培养客户认知忠诚度的重要因素。银行应针对不同年龄人群选择不同渠道进行银行品牌的宣传,使银行的产品质量和业务能力深入人心,从而培养客户的认知忠诚度,并在后期宣传及客户自身实际体验中不断维护这种认知忠诚度。

2. 客户情感忠诚度的影响因素分析

客户满意度是客户情感忠诚度的最大影响因素。客户满意度是客户购买银行产品、办理日常业务等活动后的评价,其形成机理是客户通过比较,认为自身接受的实际服务质量达到预期。客户满意度可分为两个方面进行培育维持:一个方面是银行在前期形象塑造、产品宣传中应该实事求是,不能蓄意夸大,使客户最初期望与实际体验的落差过大;另一个方面是银行提供产品和服务的过程中,要合理配置人力和物力(如各司其职的员工、齐备健全的硬件设施、全面广泛的服务范围等),让客户在接受服务的流畅过程中感受到银行的实力和真诚,形成对某产品或某次服务体验的满意感,并在后续的消费体验中不断积累,从而形成较高的客户满意度。只有以较高的客户满意度为基础,客户才会在长期的消费选择中形成对银行的偏爱,即形成一定的客户情感忠诚度。

3. 客户意向忠诚度的影响因素分析

客户对银行的信任一般取决于三个方面:银行的诚信、善意和能力。首先,银行必须保证实现对客户的承诺,这样客户购买产品时才不会担心未来利益的实现。其次,银行必须以客户利益为重,即使银行与客户利益冲突仍然应以客户利益为先,这样客户才能相信银行并将业务交给其代理。最后,是银行的能力,客户肯定了银行对客户的忠诚度之后,充分考虑银行的实力,才有信心选择该银行的产品或服务。

客户信任是银行保持客户源的关键,也是银行拓展客户源的基石。只有银行给予客户的正式利益承诺或者无形中让客户形成的预期真实实现了,客户才会对该银行形成继续选择的倾向并为银行引入其他客户。

4. 客户行为忠诚度的影响因素分析

客户行为忠诚度除了受到客户满意度、客户信任影响外,还受到转换成本这一约束因素的影响。转换成本一般包括财政成本、风险成本、时间精力成本等。客户对某一银行的产品或服务不满意、打算考虑其他银行时,要承担搜集其他银行信息的财政成本,并在判断其他银行可靠性的过程中投入额外的时间和精力,同时还要面临未知情况下其他银行兑现承诺的能力风险。如果客户转换银行的代价太高,客户就很有可能放弃原先转换的考虑,继续选择接受原先银行的产品或服务;反之,若转换成本较低,客户则极有可能流失到其他银行。转化成本是客户行为忠诚度的重要影响因素之一。

【链接4-5】

五、银行客户流失管理

(一) 客户流失的概念

客户是企业最为重要的资产,但是由于客户群体的不稳定性,以及企业营销手段的实施,因利驱使,或其他原因,客户会选择与企业终止合作,不想或不再使用企业的服务,这种现象即为客户流失。一定时间范围内的客户流失率是客户流失常用的一种衡量指标,银行业通常以月流失率来判断客户流失的情况。银行客户月流失率为月初总用户数与月内新增客户数之和减去月末的总人数,再与月初总人数相比,所得比率即为银行客户月流失率。月流失率较高会对银行的市场运作产生极大的影响。

在银行业,客户流失主要表现在以下四个方面。

(1)客户从本银行退办业务转向其他银行办理业务。即客户由于自身流动原因、逐利原因或银行营销手段等原因,退办在本银行内的业务,转向其他银行。

(2)客户理财套餐的改变。即客户选择将该银行高资费的理财业务套餐转为低资费的理财业务套餐,这种情况下,即便客户数量没有减少,但银行也要承担一定的损失,这也是客户流失的重要表现,但经常会被忽略。

(3)客户每月的平均消费量降低。客户消费量的降低往往是由于客户选择了较低资费理财业务或者是来办理业务的频率及金额降低导致的,究其根源,多是银行服务或营销手段不足。

(4)客户直接放弃已有的理财业务。一般情况下,客户很少会放弃理财业务,因为理财产品中途放弃通常会损失一定比例的本金。不过随着金融市场情况的变化,一些客户会对原有的理财业务产生质疑,并迫切希望银行提供新的理财方案或理财业务。如果银行没有在金融市场变化内推出适当的理财业务,客户质疑度将加深,极有可能直接放弃已有的理财业务。

(二)客户流失类型

1. 依照客户流失的程度,通常将客户流失区分为离网流失和业务流失

离网流失是指基于客户关系生命周期的一种客户流失。客户关系生命周期指的是企业与客户的关系所维持的时间。通常情况下,生命周期比较长的关系比较牢固,企业在这种较长的生命周期里拥有更多的机会采用更多的营销手段来巩固、发展关系。随着客户关系生命周期的结束,客户在自己认知的基础上考虑是否继续在该企业办理业务以满足自己的需要。有些客户在综合评价及对比的基础上,选择在该企业的竞争对手处办理业务。这种流失程度较高的客户流失即为离网流失,或显性流失。

业务流失是指客户在该企业内虽然没有完全停止办理业务,但是部分业务选择该企业竞争对手处的业务或者替代业务,表现在银行的理财业务上便是理财替代产品价值的高低造成客户选择替代产品的改变,导致该企业客户的消费量降低或业务选择减少,这种情况即为业务流失,也称为隐性流失。

2. 从客户流失的原因上看,通常将客户流失分为自然流失、恶意流失、竞争流失和过失流失

自然流失是指非人为因素造成的客户流失,比较典型的例子是客户的搬迁。对于自然流失,企业并没有有效的措施来干预。自然流失对企业造成的损失相对来说比较小。

针对客户搬迁造成的客户自然流失,典型的做法是建立分公司或者连锁服务网点。建立支行或者在各地多设 ATM 机等可以在一定程度上减少自然流失。

恶意流失通常是客户为谋取私利而选择不在该企业继续办理业务。比较典型的例子是客户拖欠企业大量的费用,为了不缴费,选择离开该企业。企业与客户建立双赢的关系,保障客户的忠诚度,可以最大限度地减少"恶意流失"现象。银行建立详细的用户档案,针对不同的用户采用不同的服务措施,可以最大限度地减少恶意流失。

竞争流失是从竞争对手的角度出发来分析的。当下市场竞争日趋激烈,各个行业内的企业都处在不断的竞争中。随着科技及网络的不断发展,各企业的竞争结果通常是产品的价格、业务的类型及产品的质量逐渐趋向于等同,此时,服务质量的重要性就充分体现出来。因为竞争对手的竞争手段造成的竞争流失占客户流失总量的比例较小,客户选择离开的主要原因还是客户对该企业有不满情绪。各银行的理财业务虽然让人眼花缭乱,但从本质上说,类型相差无几,所以针对这种竞争流失,银行首先要考虑的应是如何保留现有客户,其次才是争取新客户。然而,很多企业将关注点放在如何获取新客户、扩大销售额上,忽略了留住老客户。事实上,老客户才是公司最具吸引力的群体,而且保持老客户的成本远低于开发新客户的成本。

过失流失是除以上三种情况外的客户流失。从企业的角度来看,过失流失通常是由于企业工作中的过失造成的。过失流失在客户流失中所占的比例最高,对企业影响也最大。银行对客户的反馈置之不理、对企业形象关注度不高、对客户不闻不问、在理财业务方面的营销理念不够新颖、思想消极等,都会使客户的需求得不到满足,使客户对该银行的满意度下降,从而选择放弃继续在该银行办理业务。针对过失流失,银行的最佳措施是提高服务标准,与客户建立朋友关系,多推出一些新的理财方案。

(三)客户流失的主要因素

客户流失的主要因素有价格、产品、服务、技术和便利度。从银行个人理财业务的角度来说,主要因素包括银行产品或服务的价格、银行理财业务的类型、银行员工服务的质量、银行相对软件设施的配套程度、客户办理业务的便利度。

从银行产品或服务的价格的角度看,市场竞争日趋激烈,各银行为开拓客户会采取价格战,客户的忠诚度如果不高,则有极大的可能转向价格更为低廉的竞争对手处。

在日益激烈的竞争中,各家银行的理财业务及价格逐渐等同化,银行员工对于客户的服务质量就显得十分重要。提升服务质量,对保证客户的满意度、提升客户的忠诚度有重要意义。具体来说,银行员工的业务熟练度、素质、对客户的态度都是重要的因素。

银行是否有专业的软件或系统对客户进行分类,对客户的忠诚度和满意度进行分析,是否针对这些分析采取了措施来维持客户,均是对客户流失率有一定影响的因素。

银行是否为客户办理业务提供相应的硬件设施,如 ATM 机及其他机器,银行所在地理位置是否方便客户前来办理业务,银行员工对业务的熟练程度,都会影响客户流失率。

（四）客户流失的应对策略

对于银行来说，研究客户流失，更重要的是通过分析流失的原因找到自身在管理方面的不足。因为部分客户流失是由于银行对产品的宣传不到位，客户无法了解自己所需要的产品。因此，银行在自身的管理上要做好以下工作。

（1）注重客户的需求，以客户利益为重，不要因为银行的利益而损害客户的利益。加强客户经理使用客户关系管理系统的频率，要求客户经理及时关注理财客户资金动向，时刻做好客户日常维护工作，增进员工和客户的交流，提高客户忠诚度，用优质的服务留住客户。

【链接 4-6】

（2）通过多种渠道加强对产品的宣传力度，让更多的客户了解银行的产品。通过向客户推荐合适的理财产品，提高客户的收益率，用产品留住客户。

（3）加强对员工的管理和培训，增强员工的工作责任心，提高员工对产品的熟悉程度，从而提高员工的营销能力和工作的积极性。

本章小结

银行营销是银行以金融市场为导向，利用自己的资源优势，运用各种营销手段，把可盈利的银行金融产品和服务销售给客户，以满足客户的需求，从而实现银行盈利最大化目标的一系列活动。

银行营销注重营销战略、营销策略、银行产品定价、渠道选择、客户管理。推广银行客户经理制，有利于银行及时把握市场机会，建立稳定的客户关系，提升银行运营水平，树立良好的社会形象，提升自身影响力和客户吸引力。

银行正面临互联网金融的冲击，银行营销的重要性凸显。银行应注重行业实务营销、特色营销，坚持"以人为本"的经营理念，重视线上线下联合营销，运用 VR 技术、AR 技术和人工智能技术等，增加为客户服务的方式，改善客户的服务体验，注重市场定位和客户选择，提高服务水平、服务质量和客户的满意度。

思 考 题

1. 怎样理解银行营销的内涵？
2. 银行营销的战略有哪些？
3. 银行营销的策略及选择方法有哪些？
4. 银行营销的渠道选择有哪些？
5. 讨论银行客户管理的重要性及手段。

案例分析

招商银行零售战略解析及对城市商业银行的启示

案例描述：

近年来，国内城市商业银行（以下简称"城商行"）一直在加快赶超步伐。自2014年推进以"轻型化、零售化"为核心的转型战略以来，招商银行（以下简称"招行"）主动降低对规模扩张的路径依赖，资产增长速度逐步放缓，更加注重结构优化，零售业务规模及利润贡献持续提升，在夯实自身在零售银行领域发展优势的同时带动全行实现更加有质量、有效益的增长。

1995年7月招行率先在深圳推出了集本外币、定期活期、多储种、多币种、多功能服务于一身的电子货币卡"一卡通"。"一卡通"采用了当时较为先进的客户号管理方式，对储户的账户实行全面的覆盖和系统管理。截至1998年年末，"一卡通"累计发卡337万张，吸存168.4亿元，占招行当时储蓄存款余额的69.9%。

继"一卡通"之后，招行陆续推出信用卡、一网通等产品和业务。随着金融与科技的深度融合发展，招行又顺势而为，推出了"云按揭""闪电贷""刷脸取款""摩羯智投"等创新业务，而这些产品和业务都是在围绕客户搭建符合用户体验的服务与产品体系。

招行在零售银行财务业绩方面的优秀表现不仅源于其先人一步的零售战略转型理念，也在于其优质的客户服务。同时，基于这两点，招行零售业务在产品、渠道、IT系统、营运、品牌等方面都建立了内生能力体系。这种体系化的优势一旦形成，就在一定时期内奠定了其零售业务在国内商业银行的领先优势：清晰的战略定位，带来后期爆发性的增长；"因您而变"的客户服务，积聚大量忠实客户；"一小一轻"的渠道建设，移动优先；先进的管理体系，构建突出的竞争优势。

案例评析：

通过对招行零售战略的分析，城商行零售转型取决于城商行能否在一个不断变化的环境中洞察零售银行业发展的本质，并遵从市场的规律，持续不断地变革转型，提升零售业务发展的内生能力和发展动力。为此，城商行必须从以下四个方面进行转型。

（1）统一思想认识，形成战略合力。零售转型背后，对应的是城商行对传统商业模式的重新认识和把握，也是对全行资源配置的重新布局与优化。这关乎城商行的长远发展和竞争力的提升。只有统一相关部门的思想认识，在总行层面形成合力，才能在具体实践中取得应有的成效。

（2）围绕"客户立行"，重塑发展理念。随着居民个人财富的快速积累，居民财富管理意识也在不断提升，加之资管行业逐步发展壮大，居民资产配置从存款类产品为主，发展为包括银行理财、信托、保险、基金、券商资管等在内的多种资产管理类产品，资产配置日益多样化。与过往"存款立行"时代相比，"客户立行"才是城商行零售业务发展理念转变的根本。因此，客户是根本，抓住客户就抓住了零售业务持续增长的"命门"，城商行应致力于与客户建立新型的关系，在为客户创造价值的同时实现自身业务的发展，与客户构建双赢关系。

(3) 深化客群经营,夯实客户基础。城商行零售战略转型的最大痛点在于"客户",客户基础薄弱、有效客户占比小成为制约众多城商行零售业务发展的瓶颈。目前,在客户拓展方面,多数城商行还基本依赖关系营销、传统物理网点渠道,客户开发渠道较为单一,新的获客模式尤其是基于互联网的新兴渠道尚未实现真正突破,缺乏场景嵌入能力,客户识别和挖潜能力不足。因此,城商行应充分把握商业银行渠道和技术变革特点,以及客户对资金流动性、便捷性、安全性的需求,充分利用移动互联等新兴渠道,通过开展移动互联网平台合作,构建零售客户的批量式吸纳模式,强化客户获取与经营。城商行也可与当地交通、医疗、旅游、文教等行业合作,尤其是利用这些行业从线下向线上转变的重要窗口期,从行业的商业模式和交易链条出发,在对交易场景的构建和融合的基础上,创造业务机会,实现批量获客。同时,城商行应建立客户分类、分层、差异化经营管理体系,通过强化客户经营与挖掘,尤其是深化中高端客户综合金融服务,不断增强零售客户价值贡献。

(4) 推进服务升级,构建差异化优势。对城商行而言,过去"以产品为中心"的零售文化导致重产品、轻服务的理念根深蒂固,服务质量与客户及市场需求仍有较大差距。这些严重影响了客户的满意度和忠诚度,也影响了城商行零售业务的快速健康发展。为了跟上客户的需求,城商行必须尽快提升服务质量,推进服务升级,努力打造符合城商行发展特点、具有差异化优势的服务品牌。城商行应加快对现有网点的改造,科学划分网点服务区域布局,把空间资源向客户倾斜。同时,强化网点分层分区服务,推行高低柜、销售、自助区域交叉服务,促进网点由交易型向销售及咨询服务型转变。在加强物理网点面对面线下服务的同时,城商行要把握客户行为习惯变化特点及金融服务线上线下融合的趋势,依托信息科技加快网点智能化建设,构建包括 Wi-Fi、二维码、蓝牙、智能大屏等在内的基础环境,以社区、商区等不同类型网点为阵地,根据网点区域地理、客户资源等属性,打造互联网金融与泛金融线下体验店,实现线下网点与线上平台业务联动及体验提升的有机融合。

第五章 保险营销

【教学目标】

1. 理解保险营销的含义与特征
2. 了解保险营销的理念
3. 明确保险需求的概念及其影响因素
4. 掌握保险产品策略
5. 掌握保险分销渠道的含义与功能
6. 了解保险促销的作用及策略
7. 了解保险优质服务的特点及其基本要求
8. 了解保险客户关系管理的内容与技能

【知识结构图】

保险营销
- 保险营销概述
  - 保险营销的含义
  - 保险营销的特征
- 保险营销理念
  - 保险营销理念的发展
  - 现代保险营销理念
- 保险需求分析
  - 保险需求的概念与特征
  - 保险需求的分类
  - 影响保险需求的因素
- 保险产品策略
  - 保险产品组合策略
  - 保险产品品牌策略
  - 保险产品开发策略
  - 保险产品生命周期策略
  - 保险费率策略
- 保险分销渠道
  - 保险分销渠道的含义与功能
  - 保险分销渠道的类型
  - 保险分销渠道选择的影响因素
  - 保险分销渠道的选择原则与控制方法
  - 保险分销渠道的维护与拓展

保险营销
├─ 保险促销
│   ├─ 保险促销的作用
│   └─ 保险促销策略
├─ 保险优质服务
│   ├─ 保险优质服务的含义与特点
│   ├─ 保险优质服务的影响因素
│   ├─ 保险优质服务的基本要求
│   └─ 保险优质服务策略
└─ 保险客户关系管理
    ├─ 客户关系管理的含义
    ├─ 客户关系管理的内容
    └─ 客户关系管理技能

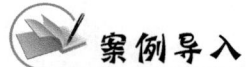

案例导入

"互联网+保险"新探索：养老保险一元起保、随时缴费、按月分红

2018年8月9日，中国人保寿险联合蚂蚁金服保险服务平台推出一款名为"全民保·终身养老金"的创新型保险，将商业养老险起保门槛降低至1元，并通过全线上流程让用户随时随地投保，按月领取分红。目前，这款产品已上线支付宝平台，用户可通过支付宝首页搜索"全民保"购买。

商业养老险在人们生活中并不少见，但目前市面上有售的养老险多为定期定额，每月几百元至上万元不等，这对部分工薪族来说是一笔不小的支出。另外，寿险产品保险条款通常专业性强，用户往往要到线下找专人咨询，才敢放心购买。

"全民保·终身养老金"基于互联网消费的场景化、碎片化特点，有效解决了这些痛点。据蚂蚁保险相关产品负责人文娇介绍，"全民保"产品设计的初衷就是普惠，打破传统定期定额的投保方式，将用户起保金额降低至1元，且不设保费缴纳时间和次数限制，让用户可以根据自身资金情况和需求，随时随地投保。

此外，用户购买保险时最关心收益问题。以往不少人会觉得养老险"不划算"，固定利率的养老金在高利率时代比不上银行储蓄，遇到通货膨胀，还有贬值风险。为了解决这一问题，"全民保"将保险收益分为两部分，一是按照固定比例领取的养老金，二是根据保险公司投资收益情况进行的分红。

打开"全民保·终身养老金"投保页面，可以看到一个醒目的计算器，用户输入投保金额后便可看到未来的累计养老金与预估累计分红。另外，购买成功后，用户还能进一步定制投保规划，用定投计算器来设置退休后的养老金目标，按周、月、年办理自动投保。

文娇介绍说，购买产品的用户达到法定退休年龄后，即可自选按年或一次性领取养老金，而分红收益则在购买后次月开始享有，随时提取，保障至终身。不同于传统养老险年度分红、线下领取的方式，"全民保"还首次实现了按月分红，复利生息，可通过支付宝快速查询、在线提取。这对用户来说，相当于个人保险账户里也有了个"余额宝"。

业内人士认为，"全民保"投保门槛低，缴费方便不强制，资金安全有收益，不仅为工薪、白领阶层职工群体养老提供了有益补充，更解决了灵活就业群体的养老难题。低门槛、碎片化的投保方式,让类似个体商户、进城务工人员等缺乏社保保障的群体也能积少成多,实现老有所养。"全民保·终身养老金"的推出,是保险公司与互联网从销售渠道转向创新盟友的过程,可以使用户体验不断得到提升。

资料来源:凤凰网,http://finance.ifeng.com/a/20180809/16438996_0.shtml。

思考题:

1. "全民保·终身养老金"产品满足了人们哪些方面的需求?
2. "全民保·终身养老金"产品具有哪些竞争优势?
3. "全民保·终身养老金"在销售渠道方面可以怎么做?

第一节 保险营销概述

一、保险营销的含义

保险营销是以保险产品为客体,以消费者对保险产品的需求为导向,以满足消费者转嫁风险的需求为中心,运用整体营销或协同营销手段,将保险产品转移给消费者,以实现保险公司长远经营目标的一系列活动。具体而言,它包括如下几方面的内容:

(1)保险营销是一种交换过程,是以保险产品为客体,保险营销主体(包括保险公司和保险中介)与保险营销对象(消费者)为实现各自的目标而进行的交换过程。

(2)保险营销是对保险产品的构思、开发、设计、费率厘定、推销及售后服务等的计划与实施过程,是一个险种从设计前的市场调研,最终转移到保险消费者手中的动态管理过程。

(3)保险营销的起点是发掘消费者的保险需求,终点是满足消费者的保险需求,因而是一个循环往复的过程。

二、保险营销的特征

保险产品是一种特殊的产品,它具有不可感知性、不可分离性、稳定性和不可储存性等特点,这些决定了保险营销相比其他行业营销具有不同的特点。与其他产品的营销相比,保险营销更注重主动性、人性化、顾客关系和服务。离开了主动性,保险营销就会陷于盲目和停滞;脱离了人性化,保险营销就会变得缺乏活力;忽视了顾客关系,保险营销就会成为无源之水、无本之木。概括起来,保险营销具有如下特征。

1. 主动性

保险营销的最大特点之一就是主动性。因为如果没有主动出击和主动性营销活动的开展,许多营销活动将难以顺利进行。

2. 以人为本

保险营销是以人为出发点并以人为中心的一项活动。保险营销要时刻面向自己、面向员工、面向顾客,实现三者利益的统一。

3. 注重关系

现代企业的营销是一个与消费者、竞争者、供应商、经销商、政府机构、社区及社会组织发生相互作用的过程。在此过程中,建立与发展同相关个人及组织的关系是营销的关键。保险营销作为一个蓬勃发展的事业,更要注重关系。

此外,保险营销更适合非价格竞争。保险价格是根据对风险、保额损失率、利率、保险期限等多种因素的分析,通过精确的计算而确定的,不能轻易提高或降低。而且,为了保障保险人的偿付能力,规范竞争,国家有关部门对保险价格进行统一管理。价格竞争在保险营销中并不占有重要地位,非价格竞争更适合保险营销活动。因此,保险营销人员要善于从险种开发、促销及渠道上寻求竞争优势,从而更好地实现企业目标。

【链接5-1】

第二节 保险营销理念

保险营销理念是指保险公司经营管理的指导思想。现代市场营销学将这种经营管理思想称为营销管理哲学,它是保险公司经营管理活动的一种导向、一种观念。经营管理思想正确与否对保险公司经营的兴衰成败具有决定性意义。保险公司的营销理念在不同的经济发展阶段、不同的市场形势下,表现出不同的时代特点。

一、保险营销理念的发展

(一)生产理念

生产理念又称生产导向,流行于20世纪20年代前,是一般工商企业的经营思想的沿用。这是一种指导保险公司行为的传统的、古老的理念。生产理念认为,消费者可以接受任何买得到和买得起的保险险种,因而保险公司的任务就是努力提高效率,降低成本,提供更多的保险险种。当一个国家或地区保险市场主体单一,许多险种的供应还不能满足消费者需要,基本上算是"卖方市场"时,这种理念较为流行。随着保险市场格局的变化,当独家垄断保险市场的局面被多家竞争的市场格局取代后,这种理念的适用范围越来越小。

(二)产品理念

产品理念是一种与生产理念类似的经营思想,曾流行于20世纪30年代前。这种理念认为,消费者最愿意接受高质量的险种,保险公司的任务就是多开发设计一些高质量有特色的险种。"只要险种好,不怕没人保;只要有特色险种,自然会顾客盈门""酒香不怕巷子深"。产品理念会导致"营销近视症",即公司把注意力放在险种本身,而不是放在消费者的真正需要上。这在商品经济不太发达的时代,在保险市场竞争不甚激烈的形势下,也许还有一定的道理。在现代商品经济社会,在多元化的保险市场上,保险公司之间竞争激烈,没有一家保险公司,更没有一个险种能永远保持独占地位。即使再好的险种,没有适当的营销,通向市场的道路也不会是平坦的。

(三) 推销理念

推销理念是生产理念的发展和延伸,这一理念流行于20世纪30年代至40年代末。推销理念假设保险公司若不大力刺激消费者的兴趣,消费者就不会向该公司投保,或者投保的人将很少。因此,很多公司纷纷建立专门的推销机构,大力施展推销技术,甚至不惜采用不正当的竞争手段。

(四) 营销理念

营销理念产生于20世纪50年代初,是商品经济发展史上的一种全新的经营哲学,是作为对上述诸理念的挑战而出现的一种企业经营哲学。它以消费者的需要和欲望为导向,以整体营销为手段,来让消费者满意,实现公司的长远利益。营销理念是保险公司经营思想上的一次根本性变革。传统的经营思想以卖方的需要为中心,着眼于把已经"生产"出来的险种推销出去。而营销观念则以消费者的需要为中心,更注重售后服务。

(五) 社会营销理念

社会营销理念的基本要求是,保险公司在提供保险产品和服务时不但要满足消费者的需要和欲望,符合公司的利益,还要符合消费者和社会发展的长远利益。对于有害于社会或消费者的需求,不仅不应该满足,还应该抵制性反营销。由此可见,社会营销理念是一种消费者、公司与社会三位一体的营销理念,是保险公司营销理念发展的最高、最完善的阶段。

二、现代保险营销理念

现代营销理念,按照美国营销专家菲利普·科特勒的解释,就是以整体营销活动为手段,来创造使消费者满意并达到企业目标的消费者导向型的企业经营哲学。现代保险营销理念包含三个关键的要素,即消费者导向、整体营销和保户满意。

(一) 消费者导向

消费者导向就是把消费者的保险需求作为保险营销活动的起点。具体包括以下五个方面。第一,识别、确认消费者的保险需求。保险公司应明确消费者转嫁疾病、伤残、死亡、投资回报等方面的期望。第二,对保险市场进行细分,选择保险目标市场。保险公司应对保险市场进行细分,从中选择适合本公司、产品、价格、促销及分销渠道的一个或数个细分市场作为为之服务的目标市场。第三,实行差异化营销。在市场细分的基础上,保险公司应当针对不同的目标市场提出不同的产品设计、服务特色、促销手段和分销渠道,形成差异化的营销策略与行动方案,以求各个击破。第四,进行消费者行为研究。了解与掌握消费者的保险消费行为特征及规律,采取最佳营销手段,以使营销努力有的放矢。第五,采取具有实际价值的策略与行动。为了争取更多的消费者并充分满足其保险消费需求,保险公司应随时寻找真正有价值的行动并投入相应的资源。

(二)整体营销

整体营销包括以下两方面的含义。

(1) 各职能部门配合一致。保险公司内部精算、核保、客户服务、理赔、投资、会计、法律、人力资源等职能部门应配合销售部门争取客户。这是一种协同销售。

(2) 营销组合要素配合一致。发挥产品、定价、分销、促销四大组合要素的整体效应,配合一致,与消费者建立有力的交易联系。同时,还要注意保险公司所有的营销努力必须在时间与空间上协调一致。

(三)保户满意

整体营销活动力求达到"保户满意"。满意的消费者会成为忠实的保户,成为公司最好的广告。为达到保户的满意应遵循以下原则:第一,让消费者买而非保险人卖。保险营销应是一种顾问式营销,是为消费者设计一个切实可行的风险管理方案,从而形成购买保险而非推销保险的局面。第二,"双利"行为。保险营销应通过满足消费者的需求而使保险公司获得利润。第三,进行市场研究。保户的满意决不能主观臆测,而要进行市场研究,只有那些惠顾型客户才能给公司带来长期利润。第四,社会利益与公司利益的统一。保险公司的利益不但应建立在直接保户的即时满足上,也应建立在社会大众的长期利益上。因此,应以"社会营销理念"为经营指导思想。

【链接 5-2】

第三节 保险需求分析

一、保险需求的概念与特征

(一)保险需求的概念

保险需求是指对某些特定保险产品而言,人们有缴费能力且有投保意愿,即在一定时期内消费者愿意并且能够购买的保险产品量。当有足够的缴费能力时,保险欲望就变成了保险需求。因此,从营销的角度出发,保险公司不仅要预测消费者的保险需要,更要掌握消费者的保险需求,即到底有多少人愿意并且能够购买保险。

(二)保险需求的特征

1. 保险需求的客观性

保险需求源于风险的存在。风险的存在是客观的,不以人们的意志为转移。风险存在的客观性决定了保险需求的客观性。保险需求的客观性是指人们在一定的现实条件下必然产生一定的保险需求,不管人们是否认识到它,它都是存在的。

2. 保险需求的多样性

危及人类的风险是多种多样的，在自然风险中，有水灾、火灾、飓风、海啸、冰雹、地震等；在人身风险中，有生、老、病、死、残等。风险的多样性，决定了保险需求的多样性。保险需求的多样性具体表现为：①对保险产品的多种需要。为了满足各种保险需求，需要各种保险产品与之相适应，目前世界上已有的险种达几千种，对于人身险，已经能够量身定制，即根据保险需求设计险种。②同一保险需求主体对保险有多种需求，如某人既需投保意外伤害保险，还需投保医疗保险和养老保险；某企业既需投保财产保险，还需投保利润中断险。

3. 保险需求的差异性

保险需求的差异性是由保险标的所遭受风险的种类和程度、经济状况、地域、文化程度、性别、年龄、对保险的感知程度、道德水平等差异造成的。保险需求的差异性表现为人们对保险的种类、强度和数量等方面的不同需要。每个人都对人身保险有需求，但身体健康者和体弱多病者对医疗保险的需求程度不一样。先富起来的居民保险需求较为旺盛，尚未解决温饱问题的居民则希望保险能给予扶持；普通的工薪阶层参加人身保险的金额不会很高，而一些收入颇丰的个体从业者、明星的保险金额则可能很高，甚至对身体的某一个部位投保金额就高达数十万元。经济条件好的企业可能选择几种保险来投保，经济条件差的企业可能只投保基本财产保险。总之，保险需求主体之间的保险需求千差万别，表现出明显的差异性。

4. 保险需求的层次性

既然人们参加保险源于安全的需要，那么保险的需求也可以安全为标志划分层次。例如，就人身保险而言，保险需求可以分为五个层次：一是生理安全保险需求，包括基本生活衣食住行等方面的保险需求；二是劳动安全保险需求，包括劳动工具、意外事故等方面的保险需求；三是职业安全保险需求，包括失业、待业等方面的保险需求；四是经济安全保险需求，包括财产、养老、医疗等方面的保险需求；五是心理安全保险需求，包括婚姻、教育、社会交往等方面的保险需求。

5. 保险需求的渐进性

人类的保险需求具有渐进性，在低层次的保险需求得到满足之后，就会向高层次的保险需求迈进。由于人们的收入水平、文化程度、面临风险大小等因素的不同，决定了他们对保险需求的差异，而且随着收入水平的提高、所面临风险的增加、保险意识的加强，他们对保险的需求也不会停留在原有的水平上。例如，一个人最关心的是老有所养、病有所医的问题，当这些基本保险需求得到满足之后则会转向子女教育保险、婚姻保险等更高的层次。当然，高层次保险需求的发展并不排斥低层次保险需求的存在。例如，企业最先考虑的必定是有形财产的保险问题，而当企业的经济承受能力加强后，又会在此基础上把目光投向利润损失、产品责任等高一层次的保险上。

6. 保险需求的波动性

保险需求总是受经济大环境的影响，呈现某种形式的动态变化。在经济繁荣、物价波动较小的时期，保险需求增长较快；在经济萧条、通货膨胀时期，保险需求也呈疲软状态。保险需求的动态变化还体现在险种的寿命周期上，一个险种从设计到受益直到退出历史舞台，一般都要经过准备期、试办期、扩大销售期、稳定期、衰退期五个阶段。

7. 保险需求的选择性

同其他商品的买卖不一样，保险产品的销售将永远是买方市场。人们根据自身的保险需求，选择自己认为合适的险种投保，特别是人们掌握越来越多的保险知识和信息后，这种选择就变得更加明显。在保险需求中，有机会选择、险种选择、价格选择、标的选择、责任选择、信誉选择等。保险需求的选择性，促使保险公司不断推出适销对路的新险种，也促使保险公司不断提高自身管理水平，以便得到更多投保人的认可。

8. 保险需求的隐蔽性

安全需要的产生是以风险存在为前提的，风险难以识别，从而导致与未被风险识别联系在一起的安全需要无法显露出来，而只是一种潜在需要。保险营销的一项重要工作，就是将这种潜在的保险需求转化为现实的保险需求，把保险需求变为购买动机，并采取购买行为。方法是站在保户立场上，运用系统的观点和方法，帮助他们识别其所面临的各种风险，同时诱发他们的购买动机。

9. 保险需求的非迫切性

保险需求的非迫切性表现在两个方面：一是保险需求可能是若干年以后的事情，也就是说购买保险是为了满足相当长一段时间之后才产生的需要。以养老保险为例，年轻时投保缴费，老了以后才开始享受，这种未雨绸缪的事情并不迫切。二是风险的发生具有偶然性，发生的概率毕竟很小，所以买不买保险并不是十分要紧的事情，人们常有"这些年没买保险，不也过来了吗"这样的想法。

保险需求的非迫切性需要保险营销人员多做解释工作，让人们有危机意识、有紧迫感。要年轻时为年老时着想，健康时为有病时着想，平安时为有难时着想，成年人为孩子着想。

二、保险需求的分类

（一）按需求存在的表现方式划分，可分为现实保险需求和潜在保险需求

现实保险需求是指人们已经意识到，并有支付能力的保险需求。潜在保险需求是指人们尚未认识到或虽已认识到，但无法实现的保险需求。潜在保险需求在一定条件下可以转化为现实的保险需求。

（二）按需求持续的时间长短划分，可分为长期需求和短期需求

长期需求是指保险需求主体从出生到死亡，一生中一直存在保险需求。短期需求是保险需求主体仅对某些标的或只有从事某些特殊活动时才会存在的保险需求。

（三）按需求的层次划分，可分为低层次保险需求、高层次保险需求和特殊保险需求

低层次保险需求也可以说是基本保险需求，它包括满足人们基本生存条件的各种保险需求。在低层次保险需求得到满足之后，人们就会开始追求高层次保险需求。特殊保险需求往往发生在人身保险中，某些人为了显示自己的富有和高贵，以自己的生命或身体的某一部位，投保高保险金额就属此例。

（四）按保险需求的内容划分，可分为财产保险需求、人身保险需求、责任保险需求、保证保险需求

财产保险需求是人们由于担心所拥有的或所占有的或有保管义务的物质财富遭受风险损失而产生的保险需求。人身保险需求是人们因生老病死残的风险产生的保险需求。责任保险需求是人们担心自己造成他人财产损失或者人身伤害所引起的民事损害赔偿责任而产生的保险需求。保证保险需求是在投资、贸易等活动中，因义务人不履行合同义务而遭受经济损失引起的保险需求。

（五）按保险需求的主体划分，可分为团体保险需求和个人保险需求

团体保险需求主要存在于人身保险中，以学生平安保险最为典型。个人保险需求的特点是量小、分散，但若把其集中起来，积少成多，总额是相当可观的。

三、影响保险需求的因素

（一）风险因素

风险是保险存在的前提和基础，无风险亦不需要保险。保险需求总量与风险总量之间存在正相关关系。随着科技的发展、经济的发展和社会的进步，不确定因素也会大大增加，对保险的需求将不断扩大。

（二）经济发展水平

经济发展水平从两个方面影响保险需求：一是经济发展引起了风险的增加，使人们对保险的需求增加；二是经济发展水平的提高增加了人们的收入，进而促进了保险需求。经济越发展、产业结构越复杂，各种风险就越大，人们对保险的需求就越强烈，保险业也就越发达。

（三）人口及其构成

1. 人口数量与保险需求

一个国家的人口总量是保险尤其是人身保险的潜在市场。人口总量越大，对保险需求的总量也就越大。

2. 人口结构与保险需求

人口结构包括人口的年龄结构、职业结构、文化结构、性别结构、地区结构，它们都从某一侧面影响保险需求。

（四）政策因素

一国的收入分配、金融财政及社会保障政策等都会对保险需求产生影响。以税收政策为例，在其他因素不变的情况下，如果税收政策对人们购买保险具有鼓励的作用，保险需求就大，反之则小。

（五）保险价格的变化

保险产品价格即保险费率，保险价格与保险需求成负相关关系。保险价格上升，则保险需求下降；保险价格下降，则保险需求上升。

【链接5-3】

（六）利率

因为大多数寿险产品都带有储蓄的特性，人们在购买时，无疑要与其他储蓄和投资工具进行比较，因此利率对保险特别是寿险产品需求的影响是很明显的。

第四节 保险产品策略

保险产品策略是根据目标市场需求、自身经营能力和市场竞争等因素制定的有利于保险营销的手段。保险产品策略直接影响保险营销的成败。

一、保险产品组合策略

（一）保险产品组合的概念

保险产品组合是指保险公司根据保险市场需求、保险资料、公司的经营能力和市场竞争等因素，确定产品保障机制的组合方式。保险产品的组合关系到保险公司险种开发的计划与保险资源利用，关系到保险公司的经济效益和发展前途，必须给予足够的重视。保险产品组合以满足顾客需求为基础，以提供基本安全保障为主题，以提高保险公司效益为目的，并且要有利于保险产品促销。

（二）保险产品组合的因素

保险产品组合包括组合广度、深度、密度（关联性）三个因素。确定保险产品组合就要有效选择其广度、深度和密度。保险产品组合广度是指保险公司有多少种保险产品和保险产品线。保险产品组合深度是指保险公司经营的每种保险产品线内所包含的保险险种有多少。如果保险公司经营的险种多、保险产品线广，则说明其保险产品组合深度深；反之，则说明保险产品组合深度浅。

（三）保险产品组合的方法

大部分保险公司推出的保险产品的保险责任趋向单一化，为产品的组合提供了广阔的空间。对不同的险种可进行多种组合，这样不但有利于营销，也有利于充分体现营销人员的专业水平。保险产品可以通过功能的互补、时间的搭配、需求的分析、层次的确定等，形成具有不同特色的组合方案，满足客户的不同需求。

1. 按条款功能组合

针对不同的保险条款所提供的不同保险责任进行组合，突出不同功能的互补作用，既注重保障面的拓展，又突出主要保险责任的比重。例如，组合年金保险＋意外伤害险、重大疾病险＋定期寿险＋健康险等结合顾客具体情况的保险产品。

2. 按时间段组合

针对不同年龄段的不同需求，设计既阶段鲜明又连贯互补、重点突出的组合方案。例如，单身期间（20～30岁）的年轻人，主要以保障自身为主，最好的组合是保险费不高，但保障高的产品，如终身寿险＋定期寿险＋意外伤害险、重大疾病险＋健康医疗险等。又如，进入退休规划期（40～50岁）的中年人，主要面临的是退休后生活水平的保障，最佳组合是养老保险＋终身寿险＋意外险＋医疗险。

3. 按家庭责任组合

根据家庭成员在家庭中所扮演的角色、承担的责任进行组合。不同角色的家庭成员发生意外给家庭带来的影响程度是不同的。非经济支柱的家庭成员如发生不幸所带来的主要是精神打击，而经济支柱的家庭成员如发生不幸，整个家庭将陷入严重的困境。营销人员在设计保险产品组合方案时，对家庭中的主要经济支撑者要注重保障责任，以定期寿险＋意外伤害险为主，对非经济支柱的家庭成员则以疾病＋养老险为主。例如，丈夫是家庭中的主要经济支撑者，为他定做的保险套餐可以是定期寿险＋意外伤害险＋重大疾病险；妻子是家庭中的非经济支撑者，其保险套餐可以是终身寿险＋重大疾病险；子女则以教育储蓄险为主。

4. 按需要层次组合

保险消费者的需求是多层次的，不同的经济水平、不同的文化素养、不同的性格都会表现出对保险需求的差异性。马斯洛的需求理论对我们仍有一定的启示。依据保险需求的层次性原理,险种组合也应遵循这种分层组合的原则,适应由低到高的需求渐进规律,由浅层组合转入深层组合。目前我国居民的总体收入水平还不高,大部分人的保险需求仍处于低层次,传统的保障型产品组合仍大有市场。但也要注意到,大中城市的高收入者购买保险的目的不仅是满足生命和身体的保障需求,而且是凸显自己地位、身份、责任心的一种表现,这时的保险产品组合应该是高层次的"身份组合"或"责任组合"。

二、保险产品品牌策略

保险是一种特殊的商品,作为商品,就应该有自己的品牌。保险企业品牌在市场上的知名度和拥有的品牌忠诚者的数量,决定着保险企业保险产品的竞争力、市场占有率、企业规模和经济效益。要在众多的同类产品中凸显自己,必须形象突出,让人们知道你与众不同,这就必须创出自己的品牌,并不断创新以维系在人们心目中的地位,即你的"不可替代性"。

(一)品牌宣传

品牌战的第一步棋是宣传,宣传不是无中生有,而是宣传实实在在的东西,但要富有亲切的感染力。品牌宣传包括保险消费观念的宣传、险种宣传、服务方面的宣传、理赔信誉方面的宣传等。总之,宣传是一面旗帜,贯穿产品提供的始终。

保险对于很多中国人而言还是个陌生的新名词,人们的保险观念比较淡薄。因此,不失时机地加大宣传力度,是树立形象的有效手段,如每年的特大水灾,灾后有的保险公司及时理赔,受到了当事人的好评。同样受损失,被保险人的遭遇大不一样,公司可抓住这一点大做文章,从而在其他省、市扩大影响。另外,通过电视、广播专题节目,印发精美的宣传手册、宣传单,开办咨询等灵活多样的手法,可将触角深入社会生活的各个角落。从更长远的角度看,注重大中小学生的保险基础知识教育乃是百年大计。

(二)全面顾客服务

保险业是服务业,属于服务业中投入和消费明显时空分离的类型,服务态度、服务质量是竞争的重点。一方面,以"真诚"为核心,想人之所想,急人之所急,只有最了解客户期望的公司,才能提供最受欢迎的服务。对代理人和推销员采取有效的激励措施,使他们自觉地肩负起维护公司形象、真诚为客户服务的责任;建立详细的客户档案,包括家庭结构、经济状况、兴趣爱好、健康及子女教育等;建立定期拜访制度,和客户交朋友,密切关系,及时了解并反馈情况,让客户在满足需要的同时增加对公司的信赖。另一方面,以"便利"为核心,开展电话咨询、网上查询、信函往来等多种服务方式,以方便不同的客户。

(三)做好理赔,重信誉

一位保险界名人说过:"我们唯一的资产就是我们的承诺。履行承诺,否则,我们的信誉就会受到影响。"这里的履行承诺,指的是及时、准确、科学地执行保险合同。我国保险公司保费收入低与客户抱怨"理赔难"大有关系。保险业内确实存在严重的"重展业,轻承保;重保费,轻管理"现象,这种短视行为已严重影响保险公司的形象。对此,国内保险公司应改变传统的"单兵作战",注重合作,拿出解决方案。

(四) 关键是人才

保险市场全面开放后,国内保险公司面临的最大挑战要算人才流失的尴尬了。外国公司不缺资金、技术,缺少的是熟悉国内保险业情况的人才。同时,我国保险公司本身也存在"两多两少"的现象:机构人员多,业务工作少;新员工多,专业骨干少。解决这个问题的途径包括:在经济上加大对人才培养的投资,如支持大专院校正规化保险教育;建立保险行业统一的培训教育基地;建立优秀保险人才库,打造职业化的保险人队伍;实施国际和国内双轨并行的各种资格考试制度;加强国际保险人才培训交流活动,培养理论过硬、实务能力强的精兵强将。

三、保险产品开发策略

随着科学技术的飞速发展,市场竞争日益激烈,企业如果不能适应消费者需求变化而不断更新产品,将难以在市场竞争中生存。在竞争的保险市场上,除价格、质量、服务等竞争手段外,新险种开发设计是极为重要的竞争方法。

新险种可分为完全创新的险种、模仿的新险种、改进的新险种和换代新险种。

(1) 完全创新的险种。完全创新的险种是指保险人利用科学技术进步成果研制出来的能给消费者带来崭新需求的产品。

(2) 模仿的新险种。模仿的新险种是指保险人借用外国或外地的险种,移植学习的、在本地区推广的新险种。

(3) 改进的新险种。改进的新险种是指对原有险种的特点、内容等进行改进的险种。这实际上是老险种的发展,赋予老险种新的特点,以满足消费者的需要。

(4) 换代新险种。换代新险种是指针对老险种某个突出的特点,重新进行改装,并题以新的名称,使其特点有显著提高的新险种。这种做法比研制完全创新的险种容易得多,向市场推广的成功率也更高。

开发新险种有利于充分利用公司资源,可以降低营销成本、提高经济效益;可以及时采用新技术,不断推陈出新。增加险种有利于公司的经营稳定,减少风险,稳定利润,还可以提高保险公司的声誉,增强公司竞争力,从而建立和保持公司在市场上的领先地位。

新险种的开发是一项难度大而又细致的工作,它直接关系到保险公司经营的成败。因此,每家保险公司在确定开发新险种时要精心组织,不能闭门造车,要从市场需要出发,立足保户,并根据自身条件,进行全面系统的分析研究。从营销观点出发,新险种的开发可以分为新产品构思、筛选、市场分析、新险种设计、市场试销、新险种上市推广几个阶段。在实施新险种开发策略时,要注意推出时机、营销手段和险种服务等方面的问题。

四、保险产品生命周期策略

保险产品生命周期是指一种新的保险产品从进入保险市场开始,经历成长、成熟到衰退的全过程。保险产品的生命周期包括投入期、成长期、成熟期和衰退期四个阶段。

（一）投入期的营销策略

投入期是指保险产品进入保险市场的开始阶段,此时,保险消费者对新的保险产品尚未接受,销售额增长缓慢,利润为负。在保险产品投放保险市场的初期,保险消费者对新的保险产品有一个接受的过程。从保险公司的角度看,该阶段的特点包括：消费者对保险产品不甚了解,保险费收入低；由于对承保风险缺乏了解,所积累的风险资料极为有限,价格的制定不合理；由于承保的保险标的数量有限,风险分散程度较低；由于保费收入低,而投入成本高,保险公司利润很少,甚至亏损。该阶段,保险公司要强化广告宣传,诱导保险消费者的需求。

可供保险公司选择的策略有：高价格、高营销费用的快速掠取策略；高价格、低营销费用的缓慢掠取策略；低价格、高营销费用的快速渗透策略；低价格、低营销费用的缓慢渗透策略。采用何种策略要根据保险产品的市场规模、保险消费者对商品需求的强烈程度和价格敏感度、市场上竞争对手的多少而定。

（二）成长期的营销策略

进入成长期的保险产品经过宣传促销,销路已打开,销量迅速增长,利润大大提高,竞争者此时介入的可能性较大。在该阶段,保险公司已掌握出险规律,该险种保障条款的设计日趋完善,价格更加合理,保险需求日益扩大,承保成本不断下降。保险公司要尽可能保持该险种在保险市场上长久的增长率,使这一时期尽可能地延长,主要应采取以下策略：第一,不断完善保险产品,使之更适应保险需求和业务需要,并提高保险产品的竞争能力；第二,按保险需求展开广告宣传,提高保险产品的竞争力；第三,为吸引更多层次的、对价格敏感的保险消费者,在适当时候调整保险价格；第四,开拓新的保险营销渠道,以适应保险需求多样化的需要；第五,做好售后服务,人寿保险公司在与被保险人签订保险合同后,还应提供保健、安全和经营方面的全方位服务,从而树立良好的企业形象,赢得企业信誉。

（三）成熟期的营销策略

进入成熟期的保险产品的销售量增长率下降,此时,保险产品已被大部分购买者所接受。为了竞争,保险公司要适当增加营销费用,巩固市场占有份额,利润稳定或略有下降。成熟期是保险产品销售量最高的阶段。此时保险产品的利润达到最高峰,销售额的增长速度开始下降,市场呈饱和状态,潜在的消费者减少,更完善的替代品开始出现。而且,保险市场上出现承保能力过剩的情况,承保能力过剩又会引发保险市场更加激烈的竞争。

在维持和巩固现有市场的同时,应尽可能地扩大和占有新的市场。具体来说,有三种策略：第一,市场改进,即开发新市场,寻求新客户；第二,险种改进,通过对险种的改进,使推向市场的险种更加完善；第三,营销组合改进,通过对险种、费率、保险金额、销售方式、促销手段等的综合调整,进一步寻求延长市场成长期和成熟期的途径。

（四）衰退期的营销策略

衰退期的保险产品已不适应保险市场的需要,竞争力衰弱导致销售量大幅萎缩,销售额严重下降,利润降低。大部分保险产品的销售量最终都会下降。该阶段的特点是:保险供给能力大而销售量降到最低,保险公司利润急剧下降,保险消费者的需求发生转移。此时保险公司可以迅速舍弃该产品而开发更符合市场需要的保险产品,或对原保险产品进行改进和创新以重新占领市场。具体来说,可采用如下策略:第一,收缩策略,尽可能减少一切销售费用,如广告费用、人员推销费用等,以最大限度地赚取利润;第二,放弃策略,为了合理地安排资源,取得较好的综合效益,对于那些明显没有前途且不盈利的险种进行清理淘汰。

五、保险费率策略

保险费率策略是保险营销策略的一个重要组成部分,它直接关系保险市场对保险产品的接受程度,影响保险市场需求和保险公司的利润,涉及经营者和消费者等各方面的利益。

（一）厘定保险费率的策略

保险费率厘定的策略为保险企业的经营提供明确方向,是企业确定整体营销策略时考虑的一项重要内容。保险费率厘定的策略一般包括以下几种。

1. 低价策略

低价策略是指以低于原价格水平确定保险价格的策略。这种定价策略主要是为了迅速占领保险市场,打开新险种的销路,更多地吸引保险资金,为保险公司的资金运用创造条件。实行低价策略时,保险公司既要从自身利益出发,考虑保险险种的促销作用,又要考虑公司的社会利益,如保险公司为支持政府发展农业的政策,对农业保险实行低价策略。实行低价策略要建立在提高管理效率、加强成本与管理费用控制、降低保险推销成本的基础上。实行低价策略是保险公司在保险市场上竞争的手段之一,但若过分使用则会损害保险公司的信誉,导致在竞争中失败。

2. 高价策略

高价策略是指以高于原价格水平而确定保险价格的策略。保险公司实行高价策略时,一般是因为保险标的风险程度太高,尽管对保险有需求,但保险公司都不愿经营,这或者是因为投保人有选择地投保其部分风险程度高的标的,或者是保险需求过剩等。实行高价策略,保险公司可以凭高价获得高额利润,以提高自身的经济效益,同时也可以利用高价杜绝高风险项目的投保,以保证自身经营的稳定性。但是保险公司要谨慎使用高价策略,保险价格过高会使投保人支付保险费的负担加重而不利于开拓保险市场,同时定价高、利润大极易诱发激烈竞争。

3. 优惠价策略

优惠价策略是指保险公司在现有价格基础上，根据营销需要给投保人以折扣与让价优惠的策略。保险公司运用优惠价的目的是刺激投保人大量、长期投保，及时支付保险费和加强安全工作，进而提高市场占有率。保险公司经常采用的优惠价策略主要有以下几种：①统保优惠价。如果某个大公司所属的分支机构全部向一家保险公司投保，保险公司可按所交保险费的一定比例给予优惠。②续保优惠价。通常用在财产保险中。保险公司对现已投保的保险人，如果在保险责任期内未发生赔偿，期满后又继续投保，可按上一年度所交保险费的一定比例给予优惠。③趸交保费优惠价。在长期保险中，如果投保人采取趸交方式，一次交清全部保险费，保险公司也可给予优惠。④安全防范优惠价。根据保险条款规定，保险公司对于那些安全措施完善、安全防灾工作卓有成效的企业，也可以给予一定安全费返还，即按保费的一定比例给予优惠。⑤免交或减付保险费。在人身保险中，有些险种规定，如果投保人在保险期限内丧失交保费的能力，保险公司允许免交末期保险费或减少保险费的数额，而保险合同继续有效。

4. 差异价格策略

差异价格策略包括两个方面：①地理差异，是指保险公司对同一保险标的，在不同地区采取不同的保险费率的一种策略；②险种差异，每个险种的保险价格标准、计算方法都有一定的差异，但保险公司在实务中常将一些险种组合在一起，以满足不同投保人的需要。

（二）调整保险费率的策略

保险企业在厘定了保险费率后，在具体执行过程中，还要根据实际情况进行适当的调整，使保险费率更趋合理。保险企业调整保险费率的策略主要包括以下几个方面。

1. 保险心理策略

根据保险消费者购买保险时的心理对险种的费率进行调整，使之成为消费者可接受的保险费率。例如，利用保险公司良好的信誉和强大的实力来调整保险费率，这种做法又称声望调价。尤其像保险这种不易鉴别质量的商品，消费者只有靠这种崇尚信誉的心理来识别，因此即使调高价格，也会吸引消费者的注意力。

2. 促销策略

针对不同消费者的需求和不同竞争者的策略，保险公司要适当调整保险费率，以利于促销。常用的方法有普遍下调保险费率和调整个别险种的保险费率。普遍下调保险费率，实际上是采用薄利多销的方法来争取更多的客户以获取整体保险费的增长，同时还可以提高保险公司的市场占有率。但是要注意，如果保险公司的规模较小，资金实力不强，不要轻易采取这种策略。对个别险种费率的调整，是为了适应保险标的的风险情况、需求情况和市场竞争情况的变化。例如，保险公司在汽车盗窃风险显著增加、市场需求增大时,将汽车盗抢险的费率适当调高。再如,航空人身意外伤害保险的赔付率降低了,保险公司将调低其费率,以适应市场需求和竞争的需要。

3. 竞争策略

保险公司在竞争中,调整费率时采取的策略主要有:①与竞争者同时进行调整。当获悉竞争对手要下调保险费率时,保险公司应立即研究对策,调整费率。根据保险公司的具体情况,可以将费率调整到与竞争者同一幅度或不同幅度,以确保自己在保险市场上占有的份额。②保持费率不变,虽然竞争者已调整了费率,但是保险公司维持原来的保险费率不变,这种策略可维护保险企业的声誉和形象,并可以获得较高的利润。③采取跟随策略。当知道竞争者调整保险费率时,先不急于调整保险公司的保险费率,静观其变。如果竞争者调整后的费率对保险公司造成威胁,保险公司要考虑跟随竞争者调整相关的费率;如果经营者调整费率后,对市场的影响不大,保险公司可不调整费率。

【链接5-4】

第五节 保险分销渠道

保险产品只有通过一定的流通渠道才能到达投保人手中,满足投保人的保险需求,从而实现保险企业的目标。保险营销渠道选择直接制约并影响其他营销策略的制定和执行效果。营销渠道选择不当,不仅会增加保险公司经营费用的支出,而且会影响保险产品销售。从经济体系的角度来看,保险营销渠道的基本作用在于,将本质上原是异质的各种保险险种转变成顾客所需要的有现实意义的保险组合,以及将保险公司生产的多量少样的保险险种分解组合成为不同顾客群所需的少量多样的保险险种搭配。因此,保险营销渠道决策就成为保险机构管理层最主要的决策之一。

一、保险分销渠道的含义与功能

保险分销渠道是指保险产品从保险公司向保险消费者转移时所经过的路线和环节,即保险产品从保险公司转移至投保人的过程中所有帮助转移的组织和个人。换句话说,保险分销渠道就是保险产品从保险公司向保户转移过程中所经过的途径。

保险营销渠道所执行的功能是将保险产品由保险公司转移至保户,它消除和克服保险公司与保户之间在时间、地点、所有权等方面的各种矛盾,承担着沟通信息、促销、资金融通、实际销售等功能,使保险公司可以集中财力搞好自己的主要业务。中间商凭借自己的专业知识、经验和活动规模,常常能比保险公司干得更为出色。具体而言,保险营销渠道所执行的功能主要有以下几种。

(1)沟通信息。搜集与传递有关营销环境中各种力量和因素变动的信息,并加以分析、研究和整理,以供参考并达成保险交易。

(2)促销。利用各种可能的渠道,通过生动、活泼的宣传,发布与传播保险产品的各种信息。

（3）接触。主动寻找潜在的保险消费者，并与之保持经常性的联系和沟通。

（4）配合。营销渠道使所提供的保险服务能最大限度地满足客户需求，包括在数量上与险种上的组合等。

（5）双向选择。保险营销既是保险公司对保险客户的选择过程，也是保险客户选择最满意的保险公司和最佳保险服务的过程。保险营销渠道的所有成员必须善于并尽最大努力促成这种双向选择的达成。

（6）实际达成，即购买和销售功能。实际达成功能主要完成保险产品所有权的转移。

（7）资金融通。不论是佣金，还是手续费，资金的取得或周转都满足了销售工作的各项成本支出。

（8）风险承担。承担保险营销所带来的直接风险，其中主要是责任风险。

前五项功能主要是为了促成保险交易的达成，后三项功能则是帮助交易得到切实履行。总的来看，不论是哪项功能，都必须由人完成。在保险分销渠道中可以取消某一个环节的中间商，但不能取消任何一项功能，而且谁能以最低的费用支出完成，就应该由谁承担此功能。发达国家的实践证明，保险公司往往愿意借助保险中介实现以上功能，这样保险公司就可以集中财力发挥好自己的功能。保险中介凭借自己的专业知识和经验，常常能比保险公司干得更出色，特别是在寿险营销和财产保险的分散性业务中，中介的作用表现得尤为突出。

二、保险分销渠道的类型

按照有无中间商参与，可将保险分销渠道划分为直接分销渠道和间接分销渠道。

1. 直接分销渠道

直接分销渠道即直销制，是指保险公司利用由其支付薪金的专属员工向保险需求者直接提供各种保险险种的销售和服务，即保险公司派出专职人员直接向目标顾客推销、销售保单的方式。这种方式的优势在于：第一，在保险公司的营销人员完成和超额完成预期任务的前提下，该营销系统的成本较低。第二，营销人员到保险市场上直接推销保单，代表的是保险公司，易在客户中建立公司良好的外部形象。第三，直接营销最大限度地限制了欺诈行为的发生，有利于保险公司加强对营销人员的控制。现在这种方式在西方保险业发达国家已不多见，但在经济不发达国家，直销制仍是保险营销的主要手段。从长远来看，直销不利于公司争取更多的客户，不能将保户的潜在保险需求转化为现实需求，而且营销人员工作效率低下，积极性差，难以适应现代经济发展的需要。

2. 间接分销渠道

间接分销渠道也称中间人制，是指利用保险代理人和保险经纪人等中介机构推销保险产品的方法。保险中介人虽然也是中间商的一种，但它又不同于其他行业的中间商。在保险公司、保户与保险中介人之间，不发生任何所有权的转移。保险中介人只是参与或代办、推销、提供专门技术服务等各种保险活动，协助或促成保险经济关系的发生。间接分销渠道主要有保险代理人制、保险经纪人制等。

（1）保险代理人制。保险代理人是从事保险代理活动的人。保险代理人制是代理保险公司招揽和经营保险业务的一种制度。保险代理人按授权范围不同,可分为总代理人、地方代理人和特约代理人;按代理性质不同,可分为专职代理人和兼职代理人;按代理对象不同,可分为独立代理人和独家代理人。在欧美国家,保险代理人制十分完善,尤其是在美国,保险代理人是整个保险市场的中心角色。目前在一些国家,保险代理的从业人员在数量上已远远超过了保险公司自身的业务人员。在我国,保险代理人队伍随着国内保险业务的恢复得到了迅速的发展。保险代理人制的优势在于:①有利于提高保险公司的供给能力,增加保险业务销售量;②可以降低保险成本;③有利于提高保险公司的服务质量,增强保险公司在市场竞争中的实力;④保险代理人与保户联系紧密,使其更易获得投保人的信任,便于开展保险宣传,也便于经常检查和了解保险标的的安全状况及投保人履行保险合同的情况;⑤有利于保险公司迅速建立健全更为有效的保险信息网,提高保险企业的经营水平等。

纵观国际保险营销制度可以看出,代理制度是各国普遍采用的一种主要保险分销渠道。随着保险业的发展,对专兼职的机构代理已积累了一定的经验,个人保险代理市场近年发展非常快,保险代理人已成为保险业充满活力和不可或缺的生力军。

至于对保险代理模式的选择,从近期看,我国应主要采取隶属保险公司的专用代理人形式。这是因为:①我国现有保险代理人员业务素质不高;②保险代理制度不健全;③缺乏对保险代理人员严格的管理和培训。

从长远看,代理公司形式的独立代理人是我国保险代理人的发展方向。这是因为:①独立代理人具有独立的法律地位,与保险人之间仅存在委托代理关系,更能考虑被保险人的利益;②代理公司形式的独立保险代理人,业务素质高,技术力量强,机制和制度健全,不仅易于保险主管部门监管,而且有利于代理公司强化内部管理;③这种方式与国际通行的保险代理人相吻合,有利于我国保险公司顺利迎接挑战。

借鉴西方各国的保险代理人制度,我们还应该做到:①进一步完善保险代理人登记注册制度和教育培训制度;②建立佣金酬劳制度;③建立等级保险代理人制度。这样才能使我国的保险制度更加完善,从而更好地参与世界竞争。

（2）保险经纪人制。保险经纪人是代表投保人参与保险活动的人。按险种可分为人身保险经纪人、非寿险经纪人和再保险经纪人。保险经纪人制是保险公司依靠经纪人争取保险业务、推销保单的一种保险营销方式。在国际保险市场,英国的保险经纪人制影响最大,保险经纪人的力量最强。

保险经纪人是经纪人的一种,具有为委托人提供信息、代办相关手续的作用。然而,保险经纪人又是一种特殊的经纪人,对于投保人或被保险人来说,鉴于保险经纪人是风险识别及保险选择方面的专家,因此,投保人和被保险人可以借助保险经纪人以最低的保费获得最优的保险保障。当客户需要分散巨大的风险时,经纪人有办法在广阔的市场上替其分散,避免客户到保险市场上寻找承担全部风险的承保人。保险经纪人由于具有保险方面的丰富经验,可以帮助委托人及时发现潜在风险,并在对其认知和分析的基础上,提出消除或减少这种风险的各种可能的办法。保险经纪人根据代理法,有义务利用其所掌握的知识和技能为委托人以最合理的条件争取到最优保障。另外,保险经纪人分布面广,不受代理网点的地区限制,哪里有保源就活动在哪里,因此,利用保险经纪人对于保险人是相当经济的。

从东西方各国保险营销渠道的分析可以看出,保险经纪人在各国保险市场上发挥的作用是不同的,但仅在少数国家占主流地位。保险经纪人在财产保险方面,特别是在大企业或大项目保险领域发挥的作用更大一些。

在中国发展保险经纪人,既要借鉴国外的经验,又要结合中国的国情。发展保险经纪人需要一定的条件,我国目前这些条件尚未完全成熟,主要表现在投保人的保险意识比较淡薄,保险市场主体仍然有限,缺乏从事保险经纪的人才,缺乏与保险经纪相配套的法规等。随着我国保险经营者保险意识的提高和现代企业制度的建立,随着保险市场的完善和法规的健全,随着保险市场主体多元化的形成,特别是民族保险业实力的增强,随着外资保险机构的增多和保险市场的进一步开放,我国保险经纪人制必将进一步发展,特别是在财产保险领域。

三、保险分销渠道选择的影响因素

保险公司应该仔细选择营销渠道,以最短的时间、最低的成本把保险产品最有效地送达目标顾客,满足市场需要,实现企业的营销目标。因此,在制定保险营销渠道决策时,一般要考虑如下因素。

1. 保险产品因素

保险公司提供和销售什么样的保险产品,将直接影响保险公司对营销渠道的选择。产品因素主要包括保险产品的类型(险种)、保险产品的服务对象、保险产品的价格(保险费率)等。保险公司设计营销何种保险?保险价格是多少?面对什么样的目标顾客?这些因素是保险公司在选择保险营销渠道时必须首先考虑的主要问题。

2. 市场情况

市场情况应考虑的是保险消费者的服务需求。保险营销渠道的设计者应充分了解消费者所要求的服务水平,以选择最有效率的营销渠道。但是要提供所有的服务是不可能的,也是不切实际的,保险公司及其渠道成员未必有必备的资源和技术来提供所有的服务;而且提供较高水准的服务将导致渠道成本增加,对消费者而言意味着价格将提高。保险公司必须在消费者的服务需求、符合需求的成本及消费者对价格的偏好三者之间找到平衡。

3. 企业自身的条件

由于直销制具有明显的优点,所以保险公司大都有直销的愿望,但是开展直销必须有一定的人力、物力和财力。保险公司对市场是否熟悉、有无营销人才和财力大小,决定着完成渠道功能的效率。如果条件不好,完成渠道功能的效率还不如中间商,就不应采用直销方式。

4. 中间商的合作意愿

选择什么营销渠道并不是保险公司单方面的问题,还要考虑中间商的态度和意见。中间商态度是否积极、是否愿意合作,对渠道效率必然会产生重大影响。例如,有些新险种,保险代理人或保险经纪人对其销路没有把握,不肯轻易接受委托,在这种情况下,保险公司只能自己推销。

5. 环境因素

从微观环境看,企业应尽量避免采用与竞争对手相同的营销渠道;从宏观环境看,经济形势有较大的制约作用,如在经济萧条时,保险公司的营销侧重点只能是控制和降低保险产品的营销成本,因此必须尽量减少中间环节,取消非必要的附加费率。此外,政府有关保险营销的各种政策、法规也会限制保险营销渠道的选择范围。

6. 营销成本和效益的评价

这是决定渠道选择的最终因素。保险公司在做出选择前,对可供选择的若干渠道的费用、风险和利润,应进行详细的分析、评价和比较,以确保所选择的营销方案是最佳方案。

四、保险分销渠道的选择原则与控制方法

(一) 保险分销渠道的选择原则

保险分销渠道的选择是保险公司销售工作中最重要的决策之一。分销渠道的选择是否合理、中间环节的数量是否恰当,会直接影响保险产品的销售成本,从而会影响保险产品的价格和在市场上的竞争力。任何保险公司都不能随心所欲地选择分销渠道,因为分销渠道的选择要受到多方面因素的制约。要选择合适的分销渠道,必须遵循以下原则。

1. 客户导向原则

保险公司要在激烈的市场竞争中生存发展,必须将客户需求放在第一位,建立客户导向的经营思想。通过周密细致的市场调查研究,不仅要提供符合投保人需求的险种,所选择的分销渠道还必须为准投保人和投保人的购买提供方便,满足投保人在购买时间、购买地点及售后服务方面的需求。

2. 最高效率原则

不同的分销渠道,针对不同险种的营销过程的效率是有差异的。保险公司选择合适的分销渠道,能够提高营销效率,不断降低营销成本和费用,使分销渠道的各个阶段、各个环节、各个流程的费用合理化,从而取得竞争优势并实现效益最大化。

3. 发挥优势原则

保险公司在选择营销网络时,要注意发挥自己的特长,确保在市场竞争中的优势地

位。目前保险市场营销的竞争是整个规划的综合性分销渠道的整体竞争。依据自己的特长，选择合适的分销渠道，能够达到最佳的成本经济和良好的顾客反应。保险公司还要注意通过发挥自身优势来保证分销渠道各成员的合作，贯彻保险公司的分销渠道策略。

4．利益分配原则

除了保险直销制度外，其他分销制度一般都涉及利益，涉及独立的中介机构成员间的分配问题。合理分配利益是分销渠道的关键，利益分配不公常常是分销渠道中内部矛盾冲突的根源。保险公司应该设置一整套利益分配制度，根据各成员负担的职能、投入的成本和取得的绩效，合理分配在保险营销中所取得的利益。各保险中介成员在追求自身利益的同时，要充分考虑其他中介成员的利益及分销渠道的整体利益。

5．协调合作原则

保险中介成员之间不可避免地存在竞争，保险公司在选择分销渠道时，要充分考虑竞争的程度，一方面鼓励保险中介人之间的友谊竞争，另一方面要积极引导保险中介人之间的合作，加强保险中介人之间的沟通，确保分销渠道的畅通和有序运行，实现既定的销售目标。

（二）保险分销渠道的控制方法

保险公司建立了合理的分销渠道，其正常有效的运转离不开保险公司对其实施有效的管理和控制。保险公司对分销渠道的控制方法主要有以下三种。

1．激励

对保险中介成员在代理某些险种时给予较高的代理手续费和各种促销津贴等优惠措施以激励其销售活动。激励必须针对受控制的中介人的真正需要，这样效果才显著。

2．强制

包括制裁和处罚等手段，如减少保险中介成员销售某险种的代理手续费比例，取消其对某险种的代理销售权等。激励和强制是相辅相成的，但激励是一种常用的积极的手段，而强制是一种不常用的消极的手段，只有在运用其他手段无效的情况下才运用它。若保险公司的实力非常雄厚或险种在市场上备受欢迎，而受控制的保险中介机构实力较弱，又热衷于销售这些险种，则运用强制手段更为有效。

3．改进和调整

保险公司对分销渠道的改进和调整需要在三个层次上进行：①增加或剔除个别中介机构；②增加或剔除个别分销渠道；③变更整个分销渠道。第一个层次的调整是结构性调整，后两个层次的调整是功能性调整。

五、保险分销渠道的维护与拓展

根据我国保险营销渠道的发展趋势,保险公司对分销渠道的拓展与维护可以从以下几个方面进行。

(一)稳步调整直销渠道

一方面,我国保险市场仍然处于初级发展阶段,广大国内企业的风险管理意识和管理手段还非常落后,企业参保率还很低,在团体寿险和企业财产险营销上有优势的保险直销模式还有广阔空间和很大的必要性。保险公司开展直销,有利于提升参保企业的风险管理水平。另一方面,目前国内出现了实业资本与保险资本融合的趋势,即生产性企业投资设立股份制保险公司,在这种情况下,直销制更有优势,即保险公司派内勤人员直接为股东公司设计风险管理计划,并直接为其提供所需保险,再视情况转分保。各保险公司仍需要保持适当的直销渠道,确保对团体寿险和企业财产险的控制权。

(二)加强调整中介人制

以保险代理人为代表的中介人制为我国保险业过去十多年的迅速发展作出了巨大贡献,但也造成了严重的负面影响——诚信危机。导致这种严重后果的主要原因有下面几个。

(1)一些公司招收个人代理人时不注意所招人员素质,让一部分低素质的人混进代理人队伍,其保险诈骗、恶意竞争等行为损害了保险业的形象。

(2)保险公司重增员轻管理,所招大量代理人专业素质不适合我国保险业发展的需要,普遍存在误导保险消费者的行为。

(3)代理人激励机制过于依靠实时物质激励,缺乏长效激励机制。

(4)保险需求方的保险知识严重缺乏,相对于保险人存在严重的信息不对称。

中介人制依然是保险市场成熟国家的主要营销渠道之一,我国保险业的发展依然需要中介人制。因此,压缩保险个人代理人规模,加强独立保险代理人和保险经纪人建设与管理,实施保险中介人资质等级晋级制度,提升社会公众的保险知识水平,将有助于保险中介人制的健康发展。

(三)深化发展银行保险

当前银行保险因为银行的强势地位导致代理佣金过高,同时缺乏新型高附加值的银行保险产品阻碍了银行保险的进一步扩张。我国的银行保险需要升级换代、深化发展。一是推动保险和银行的合作关系走向深入,随着监管和法律上放开混业经营限制,银行与保险公司的产权结合将为银行保险的再次腾飞奠定坚实基础;二是在银行与保险公司加强战略合作的基础上,通过充分的客户资料共享开发高附加值的银行保险产品,深度挖掘银行客户的保险价值。

（四）积极推动网络保险渠道建设

网络保险是以互联网为基本手段营造网上经营环境的一种保险营销新渠道。与传统的营销方式相比，网络保险以互联网为媒介，借助电子商务工具来支持保险的经营管理活动，实现24小时在线销售，克服了时间和空间限制，已经成为保险销售的一个重要渠道。网络营销减少了保险推销的中间环节，有效地降低了保险公司的运营成本，提高了企业运作效率。同时，客户能够根据自己个性化的需求，随时从网站获得大容量、高密度、多样化的保险产品信息，轻点鼠标即可选择并实现自己的投保意愿，避免投保的盲目性、局限性和随意性，实现理性投保。我国已颁布的《国务院关于保险业改革发展的若干意见》明确提出"运用现代信息技术，提高保险产品科技含量，发展网上保险等新的服务方式，全面提升服务水平"。

【链接 5-5】

对于这些营销渠道，各保险公司必须根据自身目标市场、产品特点来灵活选择，并适时调整和整合所有营销渠道，以降低营销成本、提升营销效率，确保公司营销战略和发展战略的实现。

第六节　保险促销

一、保险促销的作用

保险促销在保险营销组合中居重要地位，尤其在当今竞争异常激烈的市场背景下，保险促销更是备受重视。其作用大致可以分为以下五个方面。

(1) 传递保险信息。保险公司通过促销活动，可以让更多的投保人和准投保人了解保险公司及其险种方面的信息，提高知名度。保险公司在新险种推出之前通常会先采取广告宣传、媒体推介等促销手段，将有关信息传递给潜在的投保人。

(2) 突出险种特色。在同类险种的激烈竞争中，投保人往往不易发现险种间的细微差别，保险公司的促销活动可以使其险种与众不同的特色得到突出，让潜在的投保人认识到本公司的险种能带来特殊利益，从而有利于加强本公司在竞争中的优势。现阶段，我国绝大多数人保险意识淡薄、保险知识匮乏，突出险种特色的促销手段尤为必要。

(3) 刺激险种需求。保险促销活动的目的是刺激投保人的投保欲望，激发他们的保险需求，甚至创造保险需求。当某种保险产品的销售量下降时，保险公司通过适当的促销活动，可以在某种程度上使保险需求得到恢复和提高，从而延长该险种的市场寿命。

(4) 提高声誉，巩固市场。企业形象和声誉的好坏直接影响销售。企业声誉不佳，会使企业销售量滑坡，导致企业市场地位的不稳定。保险公司通过促销，可以在投保人心目中形成良好的社会形象，使潜在的投保人对该保险公司及其险种从熟悉到亲切再到支持信赖，从而巩固其险种的市场地位。保险公司在树立社会信誉时应注重"让事实说话"，通过媒体向公众展示一些真实的理赔案件，增加保险服务的透明度，让公众通过事实来感知保险所能带来的好处。

(5) 扩大销售。保险促销最直接的表现是保险费总量的增长和市场占有率的提高。

二、保险促销策略

（一）保险人员促销

1. 保险人员促销的特点

（1）信息获得的直接性。营销人员可以面对面地向准投保人介绍条款内容、险种的特性和功能、保险公司的经营状况等信息，并通过当面解答准投保人的疑问打消他们的种种疑虑，从而激发他们的购买欲望。同时，也可通过与投保人的接触，直接取得有关投保人的各种信息，为保险公司承保工作提供第一手资料。因此，从某种意义上说，营销人员肩负了第一次风险选择的任务。

（2）信息反馈的迅速性。保险营销人员通过与投保人建立良好的关系，确保交流信息反馈的通道畅通，投保人对保险公司营销策略、险种的评价、服务质量的优劣等都可以通过保险营销人员迅速及时地反馈给保险公司，以便保险公司及时根据投保人反馈的信息调整公司的营销策略。

（3）人员促销的亲融性。保险营销人员可以用真诚的微笑、亲切的话语、优雅的举止，表达对投保人的关心与关怀，减少广告或其他促销方式给人们造成的距离感。

（4）保险服务的人性化。保险这种特殊的服务性商品决定了保险公司的竞争最终体现在服务的竞争上。保险营销人员通过提供咨询、送达保单、代办理赔、代送赔款等人性化的服务，传递保险信息，帮助投保人排疑解难，被誉为保险公司的"形象大使"。

2. 保险营销员的素质要求

优秀的保险营销员的标准是：你的客户认为你根本不是一名营销员，而是其生活中不可缺少的值得信赖的理财顾问，甚至是他不用支付工资的雇员。要达到这个标准，需要保险营销员从各个方面锻造自身的素质修养。

（1）仪表修养。一是保持良好的仪容。比如要注意保护皮肤，选择合适的发型，时刻保持服装的整洁，养成朴素而不浮华的穿着习惯，注意衣着搭配的技巧，避免穿短暂流行的衣服。二是保持优雅的风度。必须做到"站有站仪，走有走态，坐有坐姿，吃有吃相"。谈吐文雅，用词得体，语言生动，活泼而富有幽默感。举止典雅，仪态大方，行为礼貌而不失风度。三是注意基本礼仪。拜访客户时，要遵守约定的时间到达约定的地点，以示对客户的尊重，见面前一定要预约，不要贸然前去打扰。见面问候时要落落大方、亲切自然，面带真诚的微笑。在对方讲话时，眼睛应平视，表示认真倾听。对于客户的疑问应尽可能采用专业的语言回答，并且尽可能给予肯定的答复，切忌吞吞吐吐、模棱两可。

（2）品德修养。一是讲信用，尊重人。讲信用对于保险营销员来说尤其重要。一流的保险营销员都有一个明显的特点：他们善于发现别人的优点，而不喜欢挑别人的毛病。二是热爱你的公司。慎重地选择了一家保险公司后，你就应该爱护自己的公司，因为爱公司，你才会希望公司繁荣昌盛，才会感到为公司努力推销是一件幸福而有意义的工作。三是热爱你的家。幸福的家庭能使你养精蓄锐；不幸的家庭会使你精神萎靡，士气低落。家庭是否和睦，取决于你对家庭的付出、对家庭的关爱程度。四是热爱你的产品。相信你推销的险种能给别人带来益处,你才会充满热情地去推销,才会有信心把它推销出去。五是关爱你的保户。只有对保户心存关怀之情,才会把服务做到家,才会真正对保户负责。主要表现在为保户设计投保方案时,要设身处地为保户着想,尤其要以保户的经济承受能力为前提。六是实事求是,言行一致。展业时一定要如实传递保险信息。切忌为达成交易,不惜采用欺骗和利用的手段进行推销,如夸大保险的保障作用,隐瞒除外责任等重要事项,对条款作虚假的说明,片面强调有利于自己推销的保险条款中的某几条。这样做会断送你与保户的交情,你的推销之路会越走越窄,最终走上绝境。

(3)心理素质。一是对自己充满信心。一定要充满自信,知难而进,热情诚恳,富于创新,具有积极的心态。自信可以帮助我们克服困难,消除恐惧,战胜自卑,最终取得进步和成功。但自信心要建立在精通专业、熟悉业务的基础上,千万不能盲目自信。二是培养坚韧不拔的精神。保险营销员上门拜访客户一次成功的概率是微乎其微的,特别是在进行陌生拜访时,经常会遭到拒绝。这时如果没有百折不挠、勇往直前的韧劲和勇气是绝对不可能取得成功的。三是勤于思考,勇于创新。保险营销员每天都面对新的环境、新的客户,要迎接新的挑战,所以保险营销是一项需要创新精神的事业,一定要养成勤于思考的习惯。四是培养应变能力。应变能力是指保险营销员面临意想不到的突发事件,导致自己的心理失调、情绪紧张的情况下,稳定情绪、随机应变的一种能力。因此,要重视情绪控制训练和思维训练,不断培养自己的应变能力。

(4)业务素质。一是具有丰富的专业知识,包括保险公司知识、保险知识、客户知识、保险市场知识、公共关系知识等。二是具有娴熟的推销技巧。保险营销员要善于选择适当的时机与客户洽谈,并善于接近和说服客户,取得客户的信任,最终使客户投保。三是具有高超的业务技能,包括敏捷的思维能力、吸引客户的能力和较强的市场调研能力等。

(5)社交技能。一是不要直接指出或暗示客户的错误。因为每个人都有很强的自尊心,当面指出他的错误会使他难堪,伤害其自尊。二是不要炫耀自己,尤其是在那些由于背景不同,容易产生自卑感的人面前。三是不要与客户辩论。良好的修养和忍耐力一定会为你赢得客户。四是不要打断对方的谈话。如果你善于让别人把话讲出来,那别人也会允许你畅所欲言,而且别人讲得越多,你了解的情况就越多。要记住客户一般都喜欢那些不仅善于讲话,而且善于听别人讲话的人。

3. 保险人员的促销技巧

在保险营销活动中,在与准保户沟通交流的过程中,应学会使用各种促销技巧。

(1)接近客户的技巧。接近客户是营销成功的第一步。营销人员经过一定的专业培训,掌握了一定的专业知识及技巧后,在接近客户时如果能恰到好处地应用一些技巧,一定会取得事半功倍的效果。

一是沟通的技巧。一个人的沟通能力可能比他的知识水平、分析能力和智力程度更为重要。与客户进行有效的沟通,要注意以下几个方面:要厘清思路,表达要井井有条;沟通中要能随机应变,设法提起别人的兴趣;与人沟通必须充满自信,自信会增加你的人格魅力;活泼自如的态度,对于沟通的成功也是至关重要的;沟通中一定要以诚待人,切忌使用欺诈的手段;对客户的兴趣爱好、关心焦点、好恶要敏感;要保持适当的幽默感。

二是聆听的修养。在保险推销过程中,有时听比讲更重要。如果能认真地倾听,可能会让客户有一种找到自己的感觉,拉近与客户的距离,赢得客户的好感与信任。

三是赞美的艺术。大多数人都喜欢被人欣赏,人们通常认为欣赏是一种肯定,是能引起对方好感的交往形式。因此,保险营销员在与客户沟通的过程中,要给予客户真挚而热情的赞美、具体而确切的赞美,赞美对方引以为傲之处。

(2)处理拒绝的技巧。在保险营销过程中,随时都可能遭到拒绝,所以拒绝是必然的、正常的,要有遭到拒绝的心理准备。保险营销员要弄清被拒绝的真正原因,然后才能对症下药来处理拒绝。客户拒绝的理由可分为两类:一种是借口。当他拿不定主意或还不想购买时,会找出各种各样的借口加以拒绝。另一种是真实的理由。有些客户确实有购买意愿,但他的确是有问题需要解决。

了解了客户拒绝的原因之后,对第一类拒绝不要轻率处理,待找出真正原因后,再进行处理;对第二类拒绝要发现客户真正的问题所在,并妥善加以解决,促使其做出购买的决定。

(3)应答的技巧。客户可能用种种理由拒绝你的访问或拒绝投保。面对种种尴尬局面,保险营销员应掌握一定的技巧来应对客户的拒绝甚至刁难。

一是要做好充分准备。针对不同的险种、不同的对象,先设想客户将会做出什么类型的拒绝,然后针对问题,斟酌出较为得体的应答,碰到客户类似的反应时,就能应答自如了。

二是要用较为专业而又易懂的语言来应答客户。这样客户会认为你很专业,从而会增加对你的信任度。

三是应答时要有确凿的依据。可以收集一些相关资料的复印件作为你应答的佐证。

四是在应答时切忌批评客户的观点,避免与客户争论。只要客户不讨厌你,你永远有机会和他谈,但如果你在辩论中成为胜方,则很有可能会失掉这个客户。

(4)促成的技巧。保险营销员经过一系列的保险推销工作之后,在条件成熟的情况下,应向准保户提出投保建议,引导准保户投保。在促成签约时应遵循下面几个最基本的原则。

一是让准保户自愿投保。要让准保户感到投保是他的自愿选择,对即将拥有的保险产品非常满意。

二是让准保户感到投保是值得的。因为他通过缴纳很少的保费,就能使自己不确定的风险获得较高的保障。

三是让准保户感到你是站在他的立场上为他设计保险。

四是在促成时,要在准保户接纳的基础上向前推进,在适当的时候提出签约,一定要把握好时机,切忌操之过急。

五是在促成时,切忌使用刺激性语言,或带有胁迫性的意味,否则准保户即使当时由于不得已而勉强签了单,也容易后悔而退保。

六是切忌随意承诺。保险营销员不可为了促成签单,而承诺保险责任中没有的保障内容,以免造成理赔纠纷。

(二)保险广告促销

从保险营销学的角度看,广告是保险公司支付费用,通过大众媒介向目标顾客传递公司保险产品和服务信息并说服其购买的活动。广告是保险促销组合中的一个重要方面,是寻找保险对象的有效手段,是保险营销过程中的一种巨大的加速力。

保险广告具有传递信息、沟通需求、激发需求、增加销售、介绍知识、引导人们投保、鼓励中介机构经营保险的作用。它是以告知顾客保险产品信息、说明险种特色、提高企业声誉为目标,对提高公司的知名度、塑造良好的企业形象及促进企业的业务发展有着极大的作用。

1. 保险广告媒体

广告媒体是指在广告主与广告对象间起媒介作用,传递广告信息的物质基础。随着商品经济的发展和科技的进步,广告媒体发挥的作用越来越大,形式也越来越多。

(1) 新闻媒体。通常以报纸、杂志、广播、电视等手段作为保险广告的媒体,其传播遍及国内外,具有迅速、及时、影响面广等优势,人们常称之为"四大新闻媒体"。

(2) 户外媒体。包括路牌广告、招贴广告、灯箱广告、橱窗广告、霓虹灯广告、海报广告、气球广告等。其特点是色彩鲜艳、图文醒目、闪烁诱人、传播面广、形式灵活。

(3) 交通媒体。是指利用汽车、火车和轮船等人们经常搭乘的交通工具,在车厢内外设置精巧的广告标志和广告牌等。地铁和高铁是做广告很好的媒介物,其特点是影响面广、针对性强。

(4) 文娱媒体。在电影院、剧场、体育场等场所做广告,其最大的特点是寓广告于娱乐之中。

(5) 赠品媒体。以"小商品"加上简单的广告图文,使用奖品、礼品、纪念品赠送的方式。这类广告可以激发人们的感情,从而增加广告效果。

(6) 网络媒体。利用国际互联网载体,通过图文或多媒体方式发布的盈利性商业广告,是在网络上发布的有偿信息传播。

2. 广告媒体选择策略

正确选择广告媒体的目的是以最广泛、最准确、最节约成本的媒体传播形式,把保险信息传递给公众,发挥保险广告的宣传作用,实现保险广告的目标。广告媒体的选择策略有如下四种。

(1) 根据保险信息的特点选择媒体。保险公司是信誉企业,为客户提供的是各种险种。保险广告传递的主要是有关保险公司信誉、财力、服务、险种方面的信息。对公司信誉性信息的传递应选择覆盖全国的大众传播媒体,对险种的宣传可以选择地方性的印刷媒体。

(2) 根据保险公众接受媒体的习惯选择媒体。保险企业所面临的公众不管是法人组织还是个人,接受信息的都是人。人们具有不同的性别、年龄、职业、收入和文化程度,其兴趣、爱好、生活习惯不同,对媒体的接触习惯也不同。例如,老年人爱静、爱听广播、看报纸;青年人好动,喜欢看电视、电影及杂志;年轻女性爱看画报、逛街。保险公司可针对公众接受媒体的习惯,选择公众易于接受的媒体。

(3) 根据传播时间选择媒体。广告媒体传播信息的时间也会影响广告效果。例如,电视在"黄金时间"即每晚7—10时,收视率高、广告效果好;在报纸上做广告,月初见报优于月底。因此,根据信息传播时间选择媒体,有利于发挥保险广告的作用。

（4）根据保险公司的支付能力选择媒体。利用广告媒体传播保险信息的费用较高。一般来说,媒体覆盖面广、黄金时间播出的广告费用高,地方性媒体或非黄金时间播出的广告费用低。保险公司可根据自己的需要和支付能力选择媒体。

（三）保险公关促销

保险公关是指保险公司为刺激投保人的保险需求,树立保险公司良好的形象,建立与公众的良好关系,而向公众提供保险信息和交流的一系列活动。它有助于树立保险公司的良好形象,赢得公众的理解和支持,帮助保险企业实现营销目标。

1. 保险公关促销的职能

（1）沟通信息。这是保险公关的基本职能。可以将保险公司的服务宗旨、服务特色、成就和发展前景等信息,通过各种形式向公众传播,取得公众的理解、信任和支持。

（2）塑造形象。这是保险公关的中心职能。保险公司良好的信誉和形象是公众对保险公司的谅解、信任和支持的基础。保险公司的公关部门应主动参与各项社会活动,承担各项社会责任,使公众对保险公司产生信任感。

（3）争取谅解。这是保险公关的重要职能。保险公司在经营过程中,难免有些服务会不尽人意,一旦与公众发生纠纷,公关部门要协助有关部门妥善解决,争取公众谅解,避免误解和不满扩大。

（4）增进效益。这是保险公关的实质性职能。这里的效益包括保险公司的经济效益和社会整体效益。保险公司的公关部门通过提高服务质量,树立保险公司形象,促进险种销售,以增强保险公司的经济效益。同时,保险公司通过为社会各种公益活动提供财力等资助,认真履行社会职责,使公众更多地受益。

2. 保险公关的主要手段

（1）制造和利用新闻。在保险营销活动中,保险公司可以通过公共关系发现或创造有关公司、人物及险种的新闻,并通过媒介尽快公之于众。利用新闻传播公司的信息,往往比保险公司自己宣传效果更好。因此,通过制造和利用新闻来达到保险公司对外宣传的目的,是非常有效的一种手段。

（2）适时演说。保险公司通过精心挑选出来的"对外发言人",定期或不定期地在电视和广播中接受采访,回答观众或听众的问题,对加强保险公司与外界的联系,树立保险公司的良好形象,有着极其重要的作用。

（3）利用特殊事件。保险公司可以安排一些特殊事件,引起人们对保险公司、保险公司服务及险种的关心。保险公司可以利用新险种推介会、保险研讨会、保险知识竞赛、保险公司周年纪念,对外宣传保险公司的形象。

（4）发行出版物。保险公司可以通过编写各种书面与视听材料来宣传和普及保险知识,为提高全民的保险意识和保险素质做出不懈的努力。同时,好的出版物能引起社会公众对保险公司的关注,有助于树立公司形象。

（5）赞助和支持社会公益事业。保险公司可以通过对社会公益事业的赞助与支持，通过赠送保险、为希望工程捐款、为抗洪抢险捐资出力等活动，提高保险公司的知名度和在公众心目中的形象。

（6）设计保险公司标识。保险公司为了在当前日益加剧的市场竞争环境和日益增多的竞争主体中突出本公司的形象，必须创造和强化保险公司的标识，设计新颖、醒目、富有内涵且便于记忆的保险公司标识，达到人们见到它就会联想到保险公司的效果。

【链接 5-6】

第七节 保险优质服务

一、保险优质服务的含义与特点

（一）保险优质服务的含义

保险服务是指保险企业为顾客提供的满足其经济保障等需求的各项活动，包括宣传咨询服务、承保核保服务、防灾防损服务和定损理赔服务等。

保险优质服务是指保险企业向顾客全面提供高质量保险服务的一种经营方法。保险服务质量的高低取决于顾客感觉到的服务质量与他们所期望的服务质量对比。如果顾客对服务感知符合或高于其预期水平，就会获得较高的满意度，从而会认为保险服务的质量比较高；反之，则认为保险服务质量比较低。

（二）保险优质服务的特点

保险服务是否属于优质服务取决于顾客的评价。一般来说，顾客评价服务质量时主要考虑可靠性、反应性、保证性、同情心、有形化五个方面：可靠性即保险公司能保质保量地完成所承诺的服务；反应性即保险公司随时准备提供快捷有效的服务；保证性即保险公司员工的友好态度和工作的胜任能力；同情心即以"感同身受"的情怀为顾客提供个性化的服务，真诚地关心客户；有形化即将无形的服务以实体设施、设备、服务人员及各种传播材料呈现和反映出来。

二、保险优质服务的影响因素

保险服务是否优质取决于两个方面：一是保险公司外部因素，即客户的感知；二是保险公司内部因素，即全体员工的表现。

（一）保险公司外部因素

1. 顾客对服务的期望与对保险公司感觉的差距

顾客到保险公司投保，总是抱有一定的期望，如服务项目多、服务态度好、保险范围广、手续简便等。保险公司对客户的这些期望很难准确进行预测，如在保险理赔中，客户普遍比较低调,保险公司却会借机炒作,导致客户反感,而保险公司还茫然不知。

2. 保险公司对顾客期望的认识与所能提供的服务质量的差距

有时保险公司可能认识到了顾客的期望,但受到各种条件的制约,很难实现这些期望。

3. 提供服务过程与外部沟通之间的差距

保险公司在开展广告宣传时,不可避免地会提升客户对保险公司服务的期望,但保险公司在广告中宣传的很多服务项目实际上很难长期保持,从而使客户产生不满情绪。

(二)保险公司内部因素

保险公司的服务质量最终取决于顾客的评价,而顾客的评价则取决于保险员工的表现。

1. 管理者的原因

一是是否真正了解顾客的愿望。管理者很难再与顾客打交道,自然也就无法掌握顾客最新的信息。二是是否把对顾客期望充分体现在所制定的服务质量标准上。三是对员工的要求是否恰当,如着装要求。四是员工对管理者的要求不清楚。

2. 员工素质

一是团队精神,员工是否将个人利益放在集体利益之下,是否团结一致,真诚相待。二是员工是否胜任,是否接受过持续培训,是否掌握了新的工作技术。三是员工控制力,保险公司的员工应学会控制自己的情绪,创造愉快的工作环境,让顾客得到满意的服务。

3. 服务项目和手段

更多的服务项目和手段选择通常会提升顾客的满意度。

三、保险优质服务的基本要求

(1) 牢固树立服务意识。全体员工应在思想上牢固树立服务意识,充分认识到服务既是竞争需要,也是生存和发展需要,是一项工作,也是一种责任与义务。做到保户至上,服务周到。

(2) 充分认识服务内涵。例如,主动、热情、周到、和蔼等姿态,上门收费,主动赔付,和谐、友好的气氛等。

(3) 建立规章制度,规范员工行为。保险公司应建立一整套服务操作规范,将每位员工应该具有的工作标准用科学的方法、准则的形式固定化,以指导和约束员工的行为,并以此作为监督检查的根据。

(4) 保险险种齐全,应有尽有,能满足不同顾客的要求。

(5) 机构网点设置合理,查勘定损及时,赔付迅速合理。

(6) 服务手段先进,管理方法科学。

（7）向竞争对手学习，提升自身服务水平。分析竞争对手在经营的各个环节做了哪些工作，有无值得学习借鉴的地方。

（8）健全组织机构，明确工作责任。随着业务的发展，建立健全专职的客户服务部门越来越重要。

四、保险优质服务策略

1. 创新服务策略

这是指保险企业通过开发有别于竞争对手的新服务、新险种或运用新的服务方式，树立自己的市场形象，赢得市场竞争的一种策略，包括保险产品的创新、服务方式的创新、服务内容的创新。

2. 顾客满意服务策略

这是指保险企业为顾客提供全方位、高质量及特色化服务，赢得顾客首肯和赞誉的一种服务策略。为此，要坚持定期拜访或召集顾客座谈会，听取顾客的意见和建议，妥善处理顾客投诉，强化公关宣传，让更多的人了解本公司的优质服务及其特色。

3. 保险服务形象策略

保险企业通过提供各种保险服务给公众留下良好印象，主要包括服饰着装，服务态度、方式和手段，服务人员的专业素质和能力。

4. 保险服务品牌策略

【链接 5-7】

保险服务品牌包括公司标识产品、服务管理、企业文化、价值标准、道德规范等因素，通常以司徽、司歌、职工制服、电视广告等媒介以及员工服务质量展示给社会公众。在这方面要做到以人为本留住人才，以顾客为中心提供完美服务，强化品牌建设与维护管理，加强媒体宣传，扩大品牌影响，加强员工培训和服务创新。

第八节　保险客户关系管理

一、客户关系管理的含义

客户关系管理（customer relationship management，CRM）是指保险公司充分利用客户的信息资料，获得客户的忠诚，并在已有业务的基础上，保持长期客户关系，将客户的需求、利益和成本与保险公司自身的成本效益结合在一起，带动保险公司的产品开发，引导保险公司营销渠道和营销组合的变化，不断挖掘新的营销服务机会，从而最大限度地满足客户需求，获得更深层次的利润。

1. 客户关系管理思想

（1）客户关系管理重新诠释"客户"的概念。客户不仅是已经与保险公司发生业务往来的现有客户，还应该包括保险公司的目标客户、潜在客户、业务伙伴等。

（2）客户关系管理重新定义客户管理范畴。客户关系管理除了包含传统的客户管理内容外，还包括相应的市场管理、营销管理、服务管理、分析决策、营销机会挖掘、合作伙伴管理、竞争对手管理、产品管理和员工管理等。

（3）客户关系管理强调业务进程管理。业务进程管理包括业务产生、业务跟踪、业务控制、业务落实和业务评价等环节。业务进程的管理是实现市场、营销、服务的协同工作，确保保险公司目标达成的有效手段。

（4）客户关系管理的核心是客户价值管理。对保险公司来说，客户的价值是不同的。保险公司80%的利润来自20%的价值客户。客户关系管理通过对客户价值的量化评估，能够帮助保险公司找到有价值的客户，将更多的关注投向他们。

2. 实施客户关系管理的意义

客户关系管理是一种旨在改善保险公司与客户之间关系的新型管理机制。通过客户关系管理，保险公司可以清楚地了解和掌握客户的状态和特征。它主要实施于管理公司的市场营销、服务和技术支持等与客户有关的领域。客户关系管理一方面通过提供更快速、更周到的优质服务吸引和保持更多的客户，另一方面通过对业务流程的全面管理降低保险公司的成本。

（1）由于客户关系管理提供了数据分析，保险公司可以有效地找到自己的客户，避免到处撒网以寻找客户带来的资源浪费。

（2）对保险公司来说，重要的是能够给保险公司带来盈利的客户，而不是客户规模的大小。在资源有限的条件下，保险公司应该更加关注能让自己盈利的客户，而剔除服务成本太高，甚至给保险公司带来亏损的客户。

（3）客户关系管理可以帮助保险公司找出最忠诚的客户，并分析他们的特点，以此为标准可以寻找到新的忠诚客户。

3. 客户关系管理的认识误区

客户关系管理体系是一种新的经营模式，目前我国保险公司对其存在下列认识上的误区。

（1）客户关系管理能取代一切。这种观点将客户关系管理体系神化，认为保险公司只要注重客户关系管理就行了，无须在其他环节花费力气。其实客户关系管理的实质是保险公司应以客户关系为核心和出发点，但这并不意味着其他环节不重要。

（2）客户关系管理只是营销部门的事。实践证明，只靠营销部门是难以建立保险公司客户关系管理体系的。客户关系管理实质是一种整合营销，需要保险公司各部门的支持和配合。

（3）将客户关系管理等同于"客户第一""服务第一"。客户关系管理是保险公司新的经营理念、新的运营模式,它不同于"客户第一""服务第一"。后者是"点"式经营,专注于营销的各个具体环节;前者是"体"式经营,专注于保险公司供应链的整个过程。保险公司引入客户关系管理将改造原有的流程,推动整个保险公司运营模式和流程的变革,其所有部门必须变革原有的思维和模式。

总之,客户关系管理关心的是我们给客户提供了什么产品,客户对我们的产品和提供服务的过程是否满意。由此产生客户与我们的接触是否足够让客户心动,开始对我们忠诚,并将我们的产品和服务推荐给别人;我们在服务过程中提供的交流渠道是否有效,是否对客户的投诉和建议给予了特别关注,并据此改进我们的产品和服务。最重要的是,我们是否有足够的数据和分析工具辨别哪些是最有价值的客户,哪些客户具有再营销的潜力;我们是否将更多的精力放在这些有价值的客户身上;对不同类别的客户,我们是否提供有所区别的服务和产品。客户关系管理还关心,在了解客户的基础上,我们是否运用专业知识正确引导客户的购买行为;我们的业务覆盖模式是否合理;我们的市场活动和营销策略是否达到预期的目的。总之,客户关系管理的最终目的是客户的利润最大化、保险公司的利润最大化、保险公司与客户共同成长。

二、客户关系管理的内容

从国内保险行业客户关系管理发展的情况看,保险公司的客户关系管理主要包括以下几个方面的内容。

1. 根据已有的客户信息,建立完整的客户信息档案

充分发挥客户服务中心的信息收集功能,收集客户的抱怨和建议、客户的基本资料、偏好与关心的议题等信息,并定期整理分类。在此基础上对客户实力进行评价,根据客户的性质,对客户的深度需求进行评估,确定公司的险种开发及产品组合营销方向,寻找突破口或客户与保险公司的利益的连接点,并以此作为指导下一步营销主攻方向的依据。

2. 留住老客户,提高续保率,以获得客户的长期忠诚

让客户了解公司,同时公司也了解客户的真正需求,借此留住老客户。有调查表明,吸引新客户的成本可能是保持现有客户满意成本的7~10倍,这说明进攻性营销明显比防守性营销成本高,因为需要花更多的努力和成本将满意的客户从竞争对手那里吸引过来。因此,留住老客户、提高续保率、提高客户忠诚度,是客户关系管理的基本内容。

要留住老客户,首先可以利用客户关系管理系统提供的完整的客户资料,对客户进行差异化分析,制定差异化服务策略。首先,必须清楚老客户的特征、行为习惯和偏好,导致老客户离开的缘由。在办理老客户的业务时,要尽量按照老客户喜欢的方式和意愿提供服务。其次,要与客户保持良性的接触,在推出新的服务项目时及时通知客户。这样一来,老客户通常会选择这家保险公司,除非出于搬家、工作调动等特殊的原因才会选择其他保险公司,因为他们已经习惯了这种服务方式,做出改变需要付出精神和心理上的成本。再次,要建立对客户需求的快速响应机制,即要快速回应客户的抱怨,迅速协助解决客户的困扰,让客户感受贴心的服务。最后,一定要推出适合客户真正需求的产品和服

务,找到客户与保险公司业务的利益结合点。

3. 细分客户,识别重点

有关公司利润与客户结构之间关系的一项数据表明,在保险公司的客户构成中,占客户群20%的金牌客户所实现利润往往占保险公司利润总额的80%以上。而保险公司的成本—利润分析证明,许多客户实际上并未给保险公司带来直接的利润,甚至造成了亏损。客户关系管理所要做的事情,是根据对客户的成本—利润分析,找出金牌客户,并对市场进行细分,重点处理,合理利用公司的资源。

4. 积极进行市场的二次开发,提高保单附加值

利用公司现有的产品,合理满足客户的潜在需求,在续保的基础上引导客户深层次的需求,进行市场的二次开发。具体做法是:分析客户信息,包括对客户的服务历史、营销历史进行分析,并针对客户的收入、人口统计学资料和生活方式等方面的数据进行统计分析,建立一个完整的客户信息数据库。一旦客户的信息被综合成为反映产品购买、收入、服务历史、人口统计学资料和生活方式的信息,即可将客户的行为和收益率进行归类,开发一个能预知客户行为的客户关系管理模块。

三、客户关系管理技能

(一) 客户分类管理

客户是保险公司的安身立命之本,但是不同的客户经营能力是不同的,而服务客户要付出成本。因此,保险公司应该对客户进行分类管理,将有限的资源配置到盈利产出最大的客户身上。通过对客户进行差异分析,识别保险公司的金牌客户。

1. 客户分类管理的内容

(1) 哪些客户导致了保险公司成本的发生?
(2) 保险公司本年度最想和哪些客户建立关系?如何选择出这些客户?
(3) 上年度有哪些大宗客户对保险公司的产品和服务多次提出了抱怨?列出这些客户。
(4) 上年度最大的客户今年是否也继续投保?找出这些客户。
(5) 是否有些客户从你的保险公司只选择了一两种保险产品,却从其他地方选择了很多种保险产品?
(6) 根据客户对于本保险公司的价值(如市场花费、保险收入、与本公司有业务交往的年限等),对客户进行分类。

2. 客户分类管理模型

下面介绍一种客户分类管理的四层层级划分的客户层级模型。
(1) 铂金层级。铂金层级客户代表盈利能力最强的客户。他们对价格不太敏感,愿

意花钱购买,对保险公司比较忠诚。

(2) 黄金层级。黄金层级客户没有铂金层级客户的盈利能力强,他们对保险公司也没有那么忠诚,往往与几家公司合作,以降低自身风险。

(3) 钢铁层级。钢铁层级包括的客户数量很多,但他们的消费支出水平、忠诚度、盈利能力不值得保险公司特殊对待。

(4) 重铅层级。重铅层级客户不能给保险公司带来盈利。他们的要求很多,超出了他们的消费支出水平和盈利能力对应的要求。有时他们会成为问题客户,向他人抱怨,消耗保险公司的资源。

3. 客户分类管理的意义

(1) 能让保险公司更有效地分配资源。因为许多客户挤占了保险公司的时间、精力和员工的情感,而对保险公司的回报很少或对保险公司无益,所以保险公司不应该在所有客户上花费相同的时间。

(2) 通过为顶级客户提供优质服务,保险公司的声望可以提升,保险公司的竞争地位将随口碑的提升而提升。

(3) 因为不同层级的目标不同,所以为不同的客户提供不同的服务更能满足客户的需求。如果能清楚地划分客户需求,就能为不同层级开发新的服务,为目标市场提供更有针对性的产品,从而保险公司在市场上成功的机会更大,更能满足客户的要求。

(二) 客户忠诚度管理

客户忠诚是指客户始终忠于一家保险公司,购买其产品和服务,并帮助保险公司改进形象和经营。客户忠诚能够刺激保险公司的收益和业务增长。客户不仅会续签保单,而且会从该保险公司购买额外的产品,并可能将其产品介绍给其他消费者。一般情况下,保险公司可以通过两个指标分析客户忠诚度。

(1) 保持率。保持率是指始终坚持购买一家保险公司的产品的客户的比率。客户的保持率越高,表明该客户的忠诚度越高。

(2) 购买份额。购买份额是指客户已购买的产品占公司拥有的特定产品种类或产品系列的比例。客户的购买份额越大,客户的忠诚度相对也越高。

(三) 新客户的开发

对于保险公司来说,老客户并不是唯一重要的,新客户也绝非可有可无。美国著名的经销商波库克曾根据多年积累的经验,提出了一个观点——新客户是招揽生意的有力来源。他认为:"新客户对于刚买到的商品既是喜又是爱,如果产品使用后确实很方便,他们会赞不绝口,乐于向好友推荐。从这些新客户,你就可以开发出许多潜在客户。"因此,保险公司的营销人员必须不断开发新客户。进行新客户开发之前,首先应搜集新客户的相关资料,然后将客户资料归档,实施建档管理。客户档案通常包括客户的特征、客户的需求、客户的交易能力等信息。

日本保险大师原一平对准客户进行分类管理的方法就是其成功进行新客户开发的助

推器。原一平从事推销保险工作50年,积累了近3万个准客户。他依成交的可能性,把这些准客户分为A到E级,建立了准客户卡。A级是在投保边缘的准客户。这一级的准客户,经奉劝可随时投保。B级是因各种原因而不能立刻投保的准客户。但这一级的准客户,只要假以时日,都会晋升到A级。C级的准客户与A级的相同,原来都属随时会投保的准客户,但因健康上的关系,目前被保险公司拒保。D级的准客户健康没问题,不过经济状况不太稳定。由于收入不稳定,长期支付保费就成了问题。这类准客户有待他们的经济状况改善后再行动。E级的准客户对保险的认识还不够,还须再下功夫进行深入调查。原一平一旦与每一级准客户接触,就会将获得的信息资料记录在相应的卡片上,最后形成较完整的客户档案,针对不同客户的特点进行开发。

应该注意的是,在开发新客户时,一定要考虑新客户的"质"。通常保险公司在开发新客户时,都因过多地考虑客户的数量而忽略其质量。例如,不能为了提高客户的数量,将所提供的险种的档次降低。这样虽然短时间会吸引更多的新客户,但从长远来看,会损害公司的盈利,使原来的老客户产生不满,因为开发过多的客户可能会分散维系现有客户的精力。

(四)客户信息资料的管理

客户关系管理可以通过先进的信息与通信技术、数据仓库和数据挖掘技术,分析现有客户和潜在客户相关的需求、模式、机会、风险和成本,从而最大限度地提升保险公司整体的经济效益。就保险公司来说,基于信息技术的客户关系管理系统通过对积聚保险公司的大量数据进行综合分析,识别在市场竞争中最有利可图的客户群,确定目标市场,将客户通过多种指标进行分类,针对不同的客户实施不同的策略,为目标客户群提供一对一的符合客户心理的服务。同时,通过分析各种数据之间的关联,衡量客户的需求、忠诚度、满意度、盈利能力、潜在价值、信用度和风险等指标,为保险公司管理层提供正确的决策支持,提升保险公司的竞争能力和盈利能力。

【链接5-8】

本章小结

保险营销是关于保险产品的构思、开发、设计、费率厘定、推销及售后服务等的计划与实施过程,也就是保险公司以保险为商品,以市场为中心,以满足被保险人需求为目的,实现保险公司目标的一系列整体活动,或者说是一个险种从设计前的市场调研,最终转移到保险消费者手中的动态管理过程。

现代保险营销理念包含三个关键的要素,即消费者导向、整体营销和保户满意。

保险需求是指对某些特定保险产品而言,人们有缴费能力且有投保意愿,即在一定时期消费者愿意并且能够购买的保险产品量。影响保险需求的因素有风险因素、经济发展水平、人口及其构成、政策因素、保险价格的变化、利率等。

保险营销的核心是营销策略,主要有保险产品组合策略、保险产品品牌策略、保险产品开发策略、保险产品生命周期策略和保险费率策略。

保险分销渠道是指保险产品从保险公司向保险消费者转移时所经过的路线和环节，即保险产品从保险公司转移至投保人的过程中所有帮助转移的组织和个人，包括直接分销渠道和间接分销渠道。

促销是促进销售的简称，是指以人员或非人员的方法，及时准确地向用户或消费者传递有关信息，让用户和消费者认识到商品或服务所能带来的好处和利益，以激发他们的购买欲望，并最终使其实施购买行为。主要的保险促销策略包括保险人员促销、保险广告促销、保险公关促销。

保险优质服务是指保险企业向顾客全面提供高质量保险服务的一种经营方法。保险服务质量的高低取决于顾客感觉到的服务质量与他们所期望的服务质量对比。如果顾客对服务感知符合或高于其预期水平，就会获得较高的满意度，从而会认为保险服务的质量比较高；反之，则认为保险服务质量比较低。

客户关系管理是指保险公司充分利用客户的信息资料，获得客户的忠诚，并在已有业务的基础上，保持长期客户关系，将客户的需求、利益和成本与保险公司自身的成本效益结合在一起，带动保险公司的产品开发，引导保险公司营销渠道和营销组合的变化，不断挖掘新的营销服务机会，从而最大限度地满足客户需要，获得更深层次的利润。

思 考 题

1. 怎样理解保险营销的内涵？
2. 保险营销的主要特征有哪些？
3. 保险需求的特征是什么？
4. 保险产品策略有哪些？
5. 保险分销渠道的功能是什么？有哪些类型？
6. 保险产品促销的作用是什么？
7. 保险优质服务的基本要求是什么？
8. 保险客户关系管理的技能有哪些？

案例分析

步入严冬的电销车险

案例描述：

中国保险行业协会最新发布的2018年上半年电销财险业务数据显示，受到市场环境的直接影响，电销财险业务呈现持续性的断崖式下滑。

具体来看，上半年累计电销财险保单为996万单，同比负增长60.72%，保费收入173.89亿元，占财险公司上半年所有渠道累计原保险保费收入6 024.18亿元的2.89%，较同期下降6.59个百分点，同比负增长65.2%。这主要源于占比最大的电销车险业务遭遇滑铁卢。

上半年,电销车险保单为635万单,同比负增长68.13%,保费收入162.28亿元,同比负增长66.71%,在电销财险业务中占比高达93.32%;电销非车险业务保单为361万单,同比负增长33.54%,保费收入11.61亿元,同比负增长5.55%,业务占比6.68%。

与此同时,电销坐席人员的人均产能及人员存留也受到较大影响。截至2018年6月底,财险电销坐席人员共计4.8万人,较2017年12月底减少0.74万人。电销车险呼入业务人均产能为7.04万元/月,较2017年12月底下降57.54%,呼出业务人均产能3.5万元/月,较2017年12月底下降41.29%,续保业务人均产能9.63万元/月,较2017年12月底下降30.23%。

随着市场环境的变化,各公司相应调整市场战略,市场份额位居第一位的平安产险累计保费收入仅为62.67亿元,较2017年同期负增长76.5%,业务占比为36.04%,较2017年同期下降17.3个百分点。市场份额位居前三位的平安产险、太保产险和人保财险,累计保费收入为118.36亿元,市场份额为68.07%,较2017年同期下降20.77个百分点。电销财险的行业集中度明显减弱。

案例评析:

第一,网络营销的崛起。近年来,网络作为一种全新的经营管理工具应用于保险业,保险公司完全可以在网上提供核保、核赔和远程保险服务,这无疑对电销业务模式提出了严峻的挑战。

第二,商业车险费率市场化改革。自2015年6月开始试点,商车费改目前已经进行了三轮改革。商车费改后,网销和电销的价格优势不再。此前,电销车险价格可以比传统车险下浮近三成,商车费改对于电销车险的冲击是有目共睹的。

第三,电销渠道面临强化监管。保监会曾多次发布关于电话销售业务监管规定,对电销业务行为进行规范,限制主动呼出的范围、时间、次数等,电销业务的优势不断减弱,影响延续至今。例如,"除客户主动要求外,电销中心每日21时至次日9时不得呼出销售,并应通过电话销售系统建立禁止拨打名单,设定不少于6个月的禁止拨打时限"。

证券服务营销

【教学目标】

1. 理解证券服务营销的含义与特征
2. 了解证券营销人员的职责
3. 了解证券营销人员的职业素质
4. 能够对证券客户的行为进行分析
5. 了解证券营销渠道的拓展
6. 掌握证券经纪业务的营销策略

【知识结构图】

证券服务营销
- 证券服务营销概述
  - 证券服务营销的含义
  - 证券服务营销的特征
- 证券营销人员的职责
  - 证券营销人员的定义和类型
  - 证券营销人员的工作职责
  - 证券营销人员的工作流程
  - 证券营销人员的工作管理
- 证券营销人员的职业素质
  - 证券营销人员的基本要求
  - 证券营销人员的知识要求
  - 证券营销人员的能力及素质要求
- 证券客户行为分析
  - 证券客户的含义
  - 证券客户的分类
  - 证券客户购买行为的影响因素
  - 证券客户购买决策过程分析
- 证券营销渠道的拓展
  - 银行渠道拓展
  - 社区渠道拓展
  - 商超渠道拓展
  - 运营商、开发商渠道拓展
  - 市民休闲娱乐场所拓展
  - 各种俱乐部或协会拓展
  - 网络渠道选择
- 证券经纪业务营销
  - 影响证券经纪业务营销的外部环境因素
  - 证券经纪业务营销策略

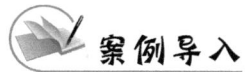

案例导入

广发证券广州沿江西营业部丽江花园远程小区开发

针对广州地区宽带网运营商竞争激烈、相互争夺校区资源、部分小区网络客户数量庞大,适合开展网上交易和非现场服务的情况,广发证券广州沿江西营业部主动联系了多家宽带网运营商,并签订了捆绑推广协议。为提早圈地,营业部重点考察联系了住户在3 000户以上、收入水平较高、附近没有券商的小区前期合作,重点选定了丽江花园。

为更好地推广业务,营业部通过各种关系联系了该小区发展商的一名总经理及中国银行番禺支行行长,获得其支持。营业部还理顺了与小区网络推广部门、小区唯一银行的合作关系,以"通过提高小区宽带网络使用率""提供小区证券增值服务"为切入点,开始启动小区营销。前期采取的营销方法是与中国联通、小区网络中心联合搞露天演示、联欢会,广发证券进行现场证券行情演示、提供证券网上交易问答比赛奖品,开户赠宽带开通费。活动宣传单由小区统一发放给每户居民,中国联通做的大量小区彩旗、横幅广告中要求包含广发证券的内容。启动前期开发的客户以享受开户优惠的客户居多。

为长期进行推广,营业部在小区内安排一名营销员进行推广和客户联系,并在网络中心、中国银行分别放置两台电脑演示行情,电脑旁放置宣传单,电脑屏幕上方贴广发标志及服务热线。同时,每1~2个月组织一次社区的股评活动。营业部与负责小区网络布线的工程队合作,由工程队在为客户装电脑或网络布线时向客户介绍广发品牌或派发宣传资料;在小区免费向业主发放的月刊上刊登软性宣传文章;在银行门口或小区出入口做若干宣传灯箱;在银行摆放宣传单;周末派发印有广发标志和服务口号的气球;将银行的员工开发为兼职经纪人以介绍高端客户;提供电话预约上门装软件、教软件使用、指导交易等便民服务……广州沿江西营业部在丽江花园进行小区推广当年,吸引市值1 500余万元,两年内高峰值达近3 000万元。目前资产及客户量仍保持稳定的增长。

资料来源:侯东东. 证券营销社区活动操作实务及案例. http://www.doc88.com/p-348627689840.html.

思考题:

1. 对于社区渠道的建设,广州沿江西营业部前期都做了哪些准备工作?
2. 在社区营销活动中,广州沿江西营业部初期的效果好不好?为什么?
3. 在社区营销活动的后期,广州沿江西营业部采取了哪些措施?效果如何?

第一节 证券服务营销概述

一、证券服务营销的含义

证券服务营销是指证券公司向客户销售证券类金融产品或相关服务的活动,包括品牌推广、客户招揽、产品推介和销售、客户服务等。证券公司在开展营销活动时,需根据客户需求设计产品或提供服务,并通过多种销售渠道,采取多种促销手段,实现客户与证券公司的目标交换。

在证券市场上经营的主体包括证券公司、投资银行、证券投资咨询公司等。目前在我国还不存在真正意义上的投资银行,证券投资咨询公司的发展形成的影响也不是很大,所以证券营销主要是指证券公司。证券公司营销所涉及的产品和服务主要包括证券经纪业务、承销与发行业务、证券投资咨询服务,因此根据市场营销原理,可以把证券营销定义为:证券经营机构为客户设计并提供多样化的产品和高质量的专业证券服务,并通过定价、促销与分销,实现证券客户与证券企业的目标交换,以达到证券经营机构与客户双赢的过程。

总的来说,证券企业营销的任务包括如下八个方面。

(1) 信息管理。这是证券企业营销的一项基本工作,信息管理应围绕做好证券企业营销工作提供各种信息,如客户信息、宏观经济信息、经济政策信息、法律信息、消费信息、产业发展信息、竞争者信息、国际金融市场信息、内部监管信息等。证券企业作为证券服务的中介机构,应重视信息的收集和管理,并不断采用科学的手段,为营销工作提供快捷便利的服务。当今社会已经步入信息时代,计算机管理、网络化服务已在各国的金融界得到广泛应用,这极大地改进了券商的服务质量,提高了证券企业的营销效率。证券企业应适应时代的要求,加快信息管理现代化的步伐,不断提高竞争能力。

(2) 分析客户需求。要不断研究各类客户的金融服务需要及其动态变化,从中把握商机,寻求盈利和发展的机会。这要求证券企业不仅要掌握老客户的需要,而且要善于掌握大量潜在客户的证券运作欲望。必须随时了解不同客户群的收入状况、消费特殊证券服务的偏好、投资倾向、风险意识,了解企业股份制改造的动态,善于发现商机和培育客户,并结合宏观经济状况的变化,分析其证券服务需求的动态变化情况。同时,应随时关注同业竞争者的经营行为,了解它们的目标市场定位信息。

(3) 开发证券产品。在对客户进行分析的基础上,针对不同目标市场的客户需求特征,开发相应的证券产品满足其需要。在证券企业的经营过程中,有些产品是长期一贯提供的,也有许多产品是相继开发的,证券企业可根据实际情况,运用金融工程开发多种多样的证券产品。在营销过程中,不仅要不断提高服务质量,扩大一贯产品的使用深度,也要根据市场需求的变化,及时开发满足新的需求的新产品,发现新的市场,拓展新的业务。

(4) 制定营销战略。为了确保营销成功,证券企业必须根据自身的业务许可范围、资源状况和面临的经营环境状况,系统地制定经营战略,以达到扬长避短、趋利避害的目的。总的来讲,证券企业的营销战略包括服务定位战略、市场开发战略、形象战略、产品组合策略、价格策略、促销策略、渠道与网点策略。

(5) 提高服务质量,维护证券企业信誉。证券经营机构属于服务性机构,不断提高服务质量是证券企业营销工作的根本任务,也是维护证券企业信誉的基本方式。各个证券企业的服务通常没有较大的差异性,客户在决定对某家证券企业的认可程度时,信誉往往发挥着主导作用。因此,证券企业要维护自身的形象和信誉,树立"信誉至上""信誉就是市场""信誉就是生命"的思想,做好信誉管理。

(6) 防范金融风险。证券行业是高风险行业,证券企业所经营的任何业务都存在不同程度的风险,所以应将风险防范作为营销的一项重要任务。不仅要将自身经营的风险控制在最低限度,以确保经营的安全性,同时也要使客户所承担的风险与获得的收益相对称,减少客户不应有的损失。这要求在证券产品开发环节就明确产品可能存在的风险,合理地安排收益与风险的匹配关系,制定必要的风险防范预案,并在营销全过程的各个环节加强风险的防范和管理。证券企业要加强对市场的风险研究,科学评估投资风险,业务扩展必须量力而行,遵循证券市场规律,防止风险的发生。

(7)提高经营效益。证券企业在向客户提供服务的过程中,还必须注重自身的盈利与发展,处理好社会效益与经济效益的关系。为此,要做好如下工作:①充分发挥自身资源优势,提高资源利用效率,减少浪费;②合理设计价格体系,确保适度的价差和佣金;③降低营销成本和消耗,对一些长期提供的一贯产品也可以实行目标成本管理,增加收益;④正确处理价量关系,保证券商在保本点上经营;⑤科学安排短期亏损但长期获利的业务,提高整体经济效益;⑥依法建立呆坏账准备金制度,及时化解风险隐患。

(8)确保社会经济稳定。证券行业是高风险的特殊行业,其对国民经济影响的广度和深度都比较明显,在市场经济条件下,证券市场扮演着极其重要的角色,发挥着特殊的作用,一旦证券市场出现问题,危害极大。因此,券商必须认真执行国家的法律、法规,积极主动地接受金融监管机构的监管。

二、证券服务营销的特征

(一)使无形的服务有形化

证券公司经常向客户提供的是某种建议或观念,这些服务很难形象直观地展示给客户,只能用抽象的数字、计算、分析和推测来表明所提供服务的好处和功能。由于证券公司服务的无形性,证券公司的营销方式和渠道安排都与消费品和工业品有着极大的不同,因此多设立营销网点、采用现代化电子通信及网络等渠道,或上门推销,便成为证券公司很重要的营销方式。

(二)提供差异化的产品与服务

证券公司作为服务性企业,在向客户提供服务时,要特别重视服务所具有的不一致性的特点。不一致性是由多种原因引起的,而服务质量的不统一,对消费者来说就意味着购买风险,因为他们无法确定所购买的服务是否就是他们实际接受的服务。为了向客户提供标准化服务,保证服务质量的一致性,证券公司应该使用现代化设备,雇用高素质的人员,按规定的程序为客户提供服务,并简化服务程序,加快服务过程,减少服务差错,为客户提供经济和心理收益。同时,营销人员还要深入了解市场需要,按照客户的要求提供服务。

(三)注意证券服务与客户消费的同步性

证券公司提供的证券服务与客户的消费过程是同步进行的,二者难以截然分开。证券公司的服务不能储存、搬运,必须在一定时间和场合下进行,且随着需求和供给状况的不同而不同。对需求者来说,错过一定时间可能就不需要了。对供给者来说,错过一定的时间和场合就没有或不可能提供服务了。因此,提供合适的证券服务来满足客户需求的时间和场所,应该受到证券公司的重视。

(四) 提供专业的证券服务

证券公司的客户对服务需求往往具有多方面性,且专业性较强,这就要求证券公司营销人员具有广博的专业知识,在证券业务服务中能够自如地处理各种问题,让客户满意。为了提高服务质量,增强竞争能力,证券公司需要雇用大量的专家型和研发型人才。

(五) 加强对客户收益与风险平衡性的管理

证券市场的风险无时无处不在,无论是对证券公司还是客户,防范和化解风险,保证收益与风险的对称平衡性是证券市场的参与者独具的特色和重要的任务。证券公司是证券市场的主要参与者,承担着证券业务中的各种风险,因此,证券公司应加强风险控制,确保经营的安全性,对于主要由客户承担风险的业务,证券公司也要加强服务,使客户所承担的风险与所获得的收益相称,以保证客户的利益不受损害。

第二节 证券营销人员的职责

一、证券营销人员的定义和类型

证券营销人员是指接受证券公司的委托,代理其从事客户开发和客户服务等活动的人员。

证券营销人员主要分为两类:①证券公司内部正式员工。这类人员与证券公司之间是雇佣关系,可以根据证券公司的岗位职责安排从事客户开发、证券类金融产品销售和客户服务等营销活动。②证券经纪人。证券公司可以委托公司以外的人员作为证券经纪人,代理其进行经纪业务的客户开发与服务等活动。因此,证券经纪人与证券公司之间是委托代理关系,其代理的营销范围仅限于证券经纪业务的客户开发与服务。

二、证券营销人员的工作职责

作为证券公司和客户之间相互联系的纽带,证券营销人员负有维护双方利益的责任。证券营销人员的工作是既要使证券公司获得不断增长的业绩,又要培养与客户的良好关系,并向证券公司反馈市场信息和客户意见。

证券营销人员的工作职责主要包括:
(1) 完成公司下达的各类金融产品与证券业务推广任务;
(2) 开发新客户,销售公司发行或代销的金融理财产品,持续开展营销工作、营销活动;
(3) 维护销售渠道,维护老客户,为客户提供理财咨询等服务;
(4) 收集市场信息和客户建议,及时向客户传递公司及营业部的投资资讯;

(5)有敏锐的市场洞察力,有强烈的事业心、责任心和积极的工作态度,对金融行业感兴趣,有志在金融行业做出一番成绩;

(6)完成上级安排的其他工作。

三、证券营销人员的工作流程

证券营销人员的工作流程主要包括客户拓展、客户服务和客户挽留。客户拓展流程包括目标与计划、客户拓展、事前准备、接触与探询、能力展示和促成。客户服务流程包括协助客户确定投资规模、帮助客户认清自己的投资风格和帮助客户建立操作原则。客户挽留流程包括接待安排、原因分析和通过话术及情感进行挽留。

四、证券营销人员的工作管理

(1)营销人员必须在公司的授权范围内开展营销活动。

(2)营销人员在展业时必须向客户出示执业证书,明示与公司的关系及公司对其授权的范围。

(3)按照公司相关制度要求,对客户的基本情况、投资理念、风险承受能力等做详细的调查。

(4)营销人员的名片应由营业部统一按照公司要求的格式印制。

(5)专职营销人员不得在其他证券公司兼职,不得同时与其他任何单位签订非全日制以外形式的劳动合同;证券经纪人不得在其他公司兼职。营销人员不得在未经公司许可的场所开展业务,不与网络公司、网吧等机构合作开发客户,不拓展非本公司业务、被公司限制或禁止的业务。

(6)营销人员不得以降佣、返佣、诋毁同行等非正当手段争抢客户,不得将公司原有客户转为自己的营销客户,也不得将客户推荐到其他证券公司。

(7)营销人员未获公司许可,不得通过新闻媒体、报刊、网络等任何媒介发表有关本公司的广告、宣传或接受采访。

(8)营销人员必须诚实公正,不得隐瞒客户账户风险隐患或协助客户提供虚假资料和信息,不得在任何由客户签字的重要文件上伪造客户签名,也不得代客签字。

(9)营销人员不得以公司或营业部名义与客户或他人签订任何协议和合同,亦不得以个人名义接受客户全权委托交易或与客户签订利益分成的协议。不得对客户做出保证证券买卖收益或赔偿证券买卖损失的承诺。

(10)营销人员不得泄露公司机密及客户资料,不得进行损害公司利益、破坏公司声誉和形象、给公司造成负面影响的不良行为。

(11)营销人员不得向客户提供证券价格涨跌或市场走势的确定性意见,不得向客户提供虚假信息,诱导、误导客户买卖。不准利用客户的名义或账户买卖证券,不得以任何名义向客户收取额外费用。

(12)营销人员不得以任何形式扰乱公司或营业部的正常经营管理秩序。

(13)营业部柜台人员必须严格检查、审核营销人员新开发客户的开户资料,确保开户资料真实、完整、合规。

（14）各营业部应指定专人对营销人员新开发的客户进行回访，确认客户开户手续是否规范，确认营销人员是否存在代客签名、代客理财、代客操作、非现场开户等行为。负责客户回访的人员不得从事客户招揽和客户服务活动。

第三节　证券营销人员的职业素质

一、证券营销人员的基本要求

证券市场是一个高度法制化、规范化的市场，对从业人员的要求也较为严格。证券营销人员必须是证券从业人员，应当通过证券从业人员资格考试，并在执业期间持续具备规定的证券从业人员执业条件。证券营销人员应当遵守法律、行政法规、监管机构和行政管理部门的规定、自律规则及职业道德，遵守所属证券公司的相关管理制度，规范执业，自觉维护证券行业及所属证券公司的声誉，保护客户的合法权益。

二、证券营销人员的知识要求

证券营销是专业性很强的服务营销，属于营销的高级形式，要求从业人员必须具有合理的知识构成，主要包括与证券相关的基础知识、专业知识、银行业务知识、理财规划知识、公司经营知识和市场营销知识等。另外，由于各家证券公司的服务逐渐陷入同质化竞争，要想在激烈的市场竞争中胜出，证券营销人员最好掌握一定的兵法知识，如《孙子兵法》中"知己知彼""攻而必取者，攻其所不守也""凡战者，以正合，以奇胜"等重要的战术原则对于证券营销往往具有出奇制胜的效果。

三、证券营销人员的能力及素质要求

证券营销人员的能力及素质要求一般包含四个方面，可以用"KASH"四个字母表示。

K指知识（Knowledge）。对证券营销人员而言，除了要掌握证券方面的专业知识、营销知识外，还要涉猎本专业外的知识，做到博学，因为证券营销人员需要与不同类型的客户交流，学识渊博的证券营销人员更容易获得客户的信任。

A指态度（Attitude）。正确的信念、观念和态度是证券营销人员必备的基本素质。这里的态度包括证券营销人员对职业的态度、对所属公司的态度、对客户的态度等。证券营销人员只有持积极的态度才能产生正确的行为，正确的行为才有可能带来事业上的成功。证券营销人员应具备"三心"：强烈的上进心，不断地要求自己进步；强烈的企图心，随时发现新机会，不达目标决不罢休；平常心，用平和的心态看待一些不尽如人意的事情。

S指技巧（Skill）。证券营销人员应该熟练掌握很多技巧，如交往技巧、沟通技巧、销售技巧、危机处理技巧、冲突处理技巧、客户服务技巧等。

H 指习惯（Habit）。证券营销人员必须养成良好的工作和生活习惯，如每天填写工作日志的习惯、拜访客户的习惯、给客户打电话或发送短消息的习惯等。证券营销人员除了必备的"KASH"基本能力及素质外，还必须具备有效沟通、保持积极心态等方面的能力。

第四节　证券客户行为分析

一、证券客户的含义

证券客户，也称证券消费者。我国国家标准《消费品使用说明总则》规定：消费者是"为满足个人或家庭的生活需要而购买、使用商品或服务的个体社会成员"。而我们这里讲的证券消费者不仅包括个人，还包括组织或机构。因此我们将证券客户定义为：证券企业所提供的证券产品与服务的对象，包括个人投资者和机构投资者。

二、证券客户的分类

证券营销过程中的一个问题是客户数量庞大，如果无法有效地对客户进行分类，识别不同类别客户的价值和特征，并采取有针对性的营销措施，相关的投入将是低效的。随着大数据技术的发展和营销工具的改良，客户分类的思路大体有三种：以客户人口统计特征进行的分类、以客户行为进行的分类和以客户需求进行的分类。

1. 以客户人口统计特征进行的分类

人口统计特征是营销中最常用的分类方式。在传统的营销理论中，对客户进行分类最常见的方式是通过客户的人口统计特征（如性别、年龄、地域、职业、资产、收入等）进行分类。这一分类方式的优点是标准清晰、易于理解。但是问题在于通过这些指标分类出来的客户共性较弱，甚至很难称其为一个特定的目标群体。

例如，根据投资者年龄的不同分成青年、中年、老年等不同的群体，还可以分为专职和兼职等。但在各证券公司内部，更多的是根据买卖股票的数量及投资金额的不同，把投资者分为大户、中户和散户。大户通常是指买卖股票数量大、投资金额大、能左右行情控制市况的大额投资人；中户是指财力稍逊于大户，但投资额也较大的投资人，多由收入中等的个人投资者组成；散户通常由低收入的个人投资者组成，他们虽然不是影响股市变化的主力，但因为散户在股市投资者中的数量较大，也是股市不可缺少的组成部分。

2. 以客户行为进行的分类

客户行为是最客观的分类标准。随着大数据、互联网、物联网等技术的发展，能够捕捉到的客户行为数据越来越多，通过客户行为能够提取的信息也越来越多。相比人的想法和言语，人的行为是不会骗人的，所以很多人将客户行为数据视为至宝。当前比较成型的一个理论模型是 RFM 模型。该模型通过一个客户的近期购买行为（Recency）、购买的总体频率(Frequency)及花了多少钱(Monetary)三项指标来描述该客户的价值状况,从而对客户进行分层分类。

根据客户的行为不同,可将其分为基本面分析投资者、技术分析投资者和消息分析投资者。基本面分析投资者着眼于公司的盈利能力,关心送配股和资本增值;技术分析投资者是着眼于市场因素及差价利润分析的投资者;消息分析投资者是以消息的利好与利空来决定操作的投资者。客户投资行为的不同对证券投资有着截然不同的影响:①如果股市中多数投资者为基本面分析投资者,则股价的变化较为平稳,整个市场表现为"投资市";②如果技术分析投资者在投资者总体中占优势,由于他们以市场变动和差价利润等因素为操作的着眼点,因而往往股价越涨越卖、越跌越抛,形成"追涨杀跌"效应;③如果以打探小道消息来决定操作的投资者占有相当比重,则更易造成股市的急剧震荡。如果第②③种情况占优,则整个市场表现为"投机市"。

3. 以客户需求进行的分类

以客户需求为分类标准,回归产品与服务的本质。营销的本质是满足客户需求,创造客户价值,以客户需求为分类标准,差异化地满足客户需求才是产品和服务的根本任务。当前券商把零售客户统一放在零售业务板块,但是零售客户的需求是多种多样的。从客户的大类需求来看,交易需求、理财需求和融资需求相对独立而且需求旺盛,可以将客户分为交易客户、理财客户和融资客户。交易客户对应券商的传统经纪业务,理财客户的需求需要券商的财富管理业务来满足,融资客户的需求则需要证券金融业务来满足。大部分情况下,客户的需求并不是单一的,多种需求交织在一起的情况很常见,但是总有一种占主导地位,而这种主要需求就决定了客户归属的类别。

三、证券客户购买行为的影响因素

证券营销机构制定合理的营销策略,必须以准确的市场判断为基础,必须对影响证券客户购买行为的因素和过程进行深入的分析和细致的研究。证券客户购买决策在很大程度上会受社会文化、个人经历和心理等因素的影响,是多种影响因素共同作用的结果。

(一) 文化因素

作为意识形态的文化,是一定的社会政治和经济的反映,但同时又影响和作用于社会政治和经济。每个人都生活在一定的文化氛围之中,并接受这一文化背景所含价值观念、行为准则和风俗习惯的规范。生活于不同文化背景下的人们的购买行为自然也就受其影响。鉴于文化对证券客户购买行为的重要影响,营销人员必须深刻了解证券客户所认同的文化,并时刻注意其变化,通过实施营销策略,将其蕴藏于证券产品和销售中并为客户所认同。

(二) 社会因素

消费者的购买行为也受到一系列社会因素的影响,如参照群体、家庭、社会角色与地位等。参照群体可以影响客户的情感和认知,影响客户的购买和消费行为。某些个人的购买决定在一定程度上取决于家庭的影响。不同类型的家庭具有不同的消费倾向和消费行为,从而对金融产品的购买产生影响。一个人在不同的群体中承担不同的角色,而每个角色都代表着一定的社会地位。不同的社会角色和地位对一个人的购买行为都会产生一定的影响。

(三) 个人因素

个人因素包括年龄、职业和经济状况、生活方式、个性等。年龄不同,意味着其生活方式、经济收入、支出方向的不同,必然对证券产品及服务具有不同的需求。证券营销者应根据不同年龄段客户的行为特征及所处的家庭生命周期阶段制订适宜的营销计划,提供合适的证券产品及服务。

不同职业或经济状况的客户对证券产品及服务有着不同的需求,职业和经济状况类似的客户对证券产品及服务的需求往往有着相似的特征。证券营销人员可以根据客户需求的特征,设计不同的金融产品。

不同的人也会有不同的生活方式,从而影响其日常活动、兴趣爱好和消费习惯。证券营销人员应研究不同生活方式的人对证券产品及服务的不同需求,制定不同的营销组合策略。

个性是人们对现实比较稳定的态度及与之相适应的习惯行为。例如,开拓型的人一般更自信、更愿意承担责任,为了获得更大的收益,他们甘冒可以估计的风险,不断创新的证券产品及服务对这些人往往具有较大的吸引力。

(四) 心理因素

消费者购买行为受个人的动机、知觉、学习、信念和态度等主要心理因素的影响。证券消费者不同的购买动机、不同的认知和信念,决定着他们具有不同的购买心理和购买行为。因此,证券营销人员应深入分析证券客户的购买动机,了解证券客户对证券的认知程度、对证券投资的认可度及评价标准。

四、证券客户购买决策过程分析

证券客户的购买行为通常情况下是很复杂的,其原因有三:第一,证券交易涉及证券资产的安全性,证券客户必然要考虑能否收回资产或是否有足够的偿债能力。第二,证券资产运作方案的可选择性广泛,在发达的证券市场,可供选择的资产方案有很多,收益则很不一致,因而需要消费者广泛地了解、仔细评估和慎重选择。第三,证券市场存在一定的风险性。

在复杂的购买过程中,证券客户心理活动可以概括为五个阶段,分别为:①注意,即意识到市场上存在的机会与可操作性;②兴趣,通过对证券产品的初步了解而发生兴趣;③欲望,即对证券产品采取购买行动以满足其需要的愿望;④行动,决定采取适当的行为以达到目标;⑤反应,对实际行为效果的感觉。与之相对应,证券客户的决策过程亦可分为五个阶段:需求确认、信息收集、方案评估、购买决策、购后行为。

第五节　证券营销渠道的拓展

证券营销渠道是促使证券产品或服务顺利地被使用或消费的一整套相互依存的组织,是将产品或服务推向市场的一系列途径和通道。销售渠道是销售可实现的先决条件和载体,是实现有效销售的直接手段。

证券营销渠道分为直接销售渠道和间接销售渠道。

直接销售渠道是指产品在供应商和客户之间的直接流通和销售,即由证券公司直接将投资产品或服务提供给客户,证券公司的销售渠道主要是证券营业部、服务部。营业部是证券公司传统的营销渠道。

间接销售渠道是指产品通过中间商或中介机构流通。中介机构是第三方团体,如独立财务顾问等。与直接营销相比,独立财务顾问可以同时提供来自不同金融服务提供者的建议和信息,他们了解不同公司产品之间的差别,因而可以向客户推荐更适合客户需求的产品。

一、银行渠道拓展

银行渠道拓展是指以银行为活动单位,通过提供多样化的产品和高质量的专业证券服务,为投资者创造价值,从而吸引新客户的管理过程。

(一)选择合作银行

银行不同于一般的渠道,各家银行又有着不同的背景,因此在实施银行营销活动前,有必要对合作对象及合作的可行性进行充分的认识和评估。目前与银行合作的契机主要是第三方独立存管业务。在众多存管行中选择合作对象时出发点大致有以下两个：①客户的质量和数量。传统的几大国有银行,不管是客户质量还是客户数量,相比其他中小银行都有优势,因此在推进银行网点营销时,不能忽视与传统国有银行的合作。②银行的配合程度。规模大的银行由于自身实力雄厚,相比某些小银行的配合程度或提供的支持可能要小一些,因此面向证券公司开展第三方存管业务的中小股份制银行也是银行网点营销的一个突破口。

(二)做好进驻前的准备工作

券商通过银行面对客户的服务易趋同质化,难以体现券商品牌特色。在进驻银行网点之前应注意以下几点：①充分调研市场,然后结合自身制定有特色的营销策略,做到"知己知彼"。②向准备进驻的银行网点有关部门汇报并协调公司营业部制定的营销策略和方法,在对方认同的情况下执行,以表现出合作的诚意。③营销人员应适当帮助驻点银行拓展业务以增进双方的合作基础,如可以帮其代开一些银行卡或代销一些金融产品等。

(三)银行网点营销人员素质要求

银行渠道驻点落实之后,可根据银行网点规模,在各网点安排1~2名营销人员驻点。在银行网点驻点的营销人员应具备以下素质：善于表达，乐于交流，具有一定的协调沟通能力；具有一定的证券知识基础，熟悉营业部的服务内容和基本业务；熟悉驻点银行相关银行卡的功能、优惠条件及其他理财产品的特色；最好具有银行资源或银行从业经验。

（四）银行渠道拓展步骤

充分利用各级银行资源，跟银行主要领导说明双方合作事宜，讲清双方合作可以带来双赢，让对方领导重视。在得到省行支持后，可选择经济比较发达、证券营业部数量较少的地市优先开展营销活动。与银行基层员工进行交流与协调办事人员的关系是发展银行网点的重要环节，要让银行员工体会到实实在在的利益，可以通过开户鼓励、组织银行员工旅游等方式调动其积极性。

（五）进驻银行网点的注意事项

①选择客流量比较大、地理位置优越，有一定潜在客户资源的银行网点进行驻点营销。②与网点主要分管领导、大堂经理及理财顾问交换联系方式，建立长期、高效的沟通机制。③设置营业部咨询柜台，放置营业部宣传折页、理财产品介绍及投资参考等物品（晨会纪要、月度分析报告）。④进驻银行网点之后，不要急于推销自己的产品，不要急于拉客户，而应该先与银行的大堂经理、柜员甚至保安建立良好的关系。

（六）银行网点的维护

①宣传资料必须保证日常到位，特别是没有客户经理常驻的网点，客户经理应定期检查放在银行柜面及宣传栏里的公司和营业部宣传资料，及时更新；②重要网点派专人驻点，负责客户咨询及资料派发；③团队主管必须定期前往银行网点检查网点维护情况，加强与银行网点主要领导的沟通和联络。

（七）银行渠道拓展的原则

平等互利是合作的基础，在与银行方面洽谈合作时，应本着平等互利的原则，深入坦诚地与对方沟通，使对方清楚合作带来的好处，从而激发合作的兴趣。

（八）灵活多样的拓展方式

与银行合作进行营销时可采取多种形式，不应局限于派驻营销人员进驻银行网点这一种模式。例如，可对银行员工开发的新增有效客户进行奖励，让银行员工有开发客户的动力。银行的客户资源丰富，在条件成熟时可通过银行渠道开发高端客户、集团客户等。例如，通过银行介绍关系较好的企事业单位，通过约见相关负责人深入沟通集团开户的优势及能给客户带来的好处，争取集团开户。

【链接6-1】

二、社区渠道拓展

(一) 寻找合适的社区

证券营销人员在进行社区渠道开发时,首先要寻找合适的社区。寻找社区可以从以下几个方面进行分析。

(1) 进户时间。进户时间长短直接影响入住率,入住率的高低又直接影响客户量,进户时间还会影响社区的出租率。

(2) 户型。户型的大小可以在某种程度上反映住户的经济实力。

(3) 户数。社区的户数代表准客户的蕴藏量。

(4) 车库。证券经纪人可以根据车库和私家车情况作进一步的判断。通过私家车的价格区间判断业主的经济实力。另外,通过车库的地点,可以分析出业主的活动路线。

(5) 居民情况。可以通过社区居民的日常活动判断该社区居民的经济实力。例如,早晨 7 点到 8 点是上班高峰期,可大致了解社区上班人群情况;8 点到 9 点是买菜的高峰期,可了解社区住户的重要路线,并大致明确买菜人是业主还是保姆;下午 5 点到晚上 9 点是社区活动频繁的时间段,这个时间段直接反映社区住户情况。在以上几个典型时间段,应详细记录人群的相关信息,以便分析客户,有针对性地开展营销工作。

(6) 社区周边情况。要记录社区周边场所,如商场、超市、幼儿园、休闲场所等。这些信息可以帮助证券经纪人找到准客户,并根据住户的作息习惯,有针对性地开展营销活动。

(二) 社区的分类

根据管理方式的不同,可以将社区分为开放式社区和封闭式社区。

1. 开放式社区

开放式社区的最大特点是社区入住时间较长,一般属于老社区,物业管理比较松懈,社区内出入的人多,显得杂乱。居住在此类社区的居民相对来说经济实力较弱,客户群体不够集中,出租率较高。但是,开放式社区的住户大部分没有房贷压力,经济负担较轻,本地人居多,适合小组成员集体进驻,开展声势较大的营销活动。

2. 封闭式社区

封闭式社区的最大特点是该社区一般较新,相对档次较高,物业管理比较严格,自住人较多,出租率低,居民相对稳定。在该社区开展营销活动时,能够进行展业的地点除了会所外,其他地点基本很难得到物业管理处的批准。平时很难接触到业主,营销成本较高。但是,该社区业主质量较高,大资产客户相对多,会所内适合进行投资者培训和举办投资报告会。

(三) 进驻小区的前期筹备

证券经纪人选择好社区后,要做好进驻前的准备工作,一般可按照如下几个方面准备：
(1) 与物业公司、业主委员会、居民委员会洽谈。
(2) 填写详细报告，上交管理部门获取支持。
(3) 确定进驻社区的人员和装备。
(4) 严守社区的展业纪律。
(5) 确定客户分配原则。
(6) 制订有效的目标和计划。

（四）社区开发的注意事项

(1) 社区开发一般采取小组开发的方式，选择小组成员时要合理搭配和分工，如营销经验丰富的负责主动销售，投资分析水平较高的负责讲解，组织能力较强的负责组织。
(2) 社区营销开发时要采取灵活多变的营销方式，不能千篇一律，要致力于寻找适合特定社区的营销方法。
(3) 要人尽其能，将合适的人放在合适的岗位和渠道。
(4) 社区进驻后要处理好社区的人际关系。
(5) 用专业形象和良好的专业素质赢得社区居民的好感与信任。
(6) 遵守社区物业管理的规章制度。

【链接 6-2】

三、商超渠道拓展

营业部周边大型超市、商场是人群聚集区，可以与超市或商场合作开展营销活动。例如，营业部与商场约定活动，商场客户消费达到一定标准即可去营业部在商场设立的服务柜台领取礼品或抽奖。营业部营销人员进行简单营销，并记录客户资料，随后进行二次营销。超市渠道受众大，便于开展营销宣传，但营销对象较分散，营销工作量大，效果不明显。超市或商场的贵宾客户是营业部营销的主要对象。

四、运营商、开发商渠道拓展

(1) 通信运营商渠道，如中国移动、中国联通、中国电信等营业厅驻点营销和客户捆绑促销活动等。
(2) 邮政服务渠道，如商业信函投递、邮政报刊亭合作等。
(3) 出租车营运公司，如随车宣传广告折页、开户送往返出租车费、交通频道广而告之等。
(4) 电视购物渠道，如通过"快乐购""宅急送"等渠道配送产品、服务或宣传折页等。

五、市民休闲娱乐场所拓展

主要包括体育运动健身会所、美容美体会所、商务咖啡店、快餐店等连锁型服务类场所。证券公司可以在现场摆放产品宣传资料，参与会员定期联谊活动，提供投资理财顾问式服务。

六、各种俱乐部或协会拓展

俱乐部或协会聚集了一批有共同爱好或共同愿景的特定人群。该人群的一个重要特征是行动有一致性。通过与俱乐部达成共识,营业部可以通过受众感兴趣的俱乐部活动,融入该人群,达到发展客户的目的。亦可通过营销人员加入俱乐部或协会等方式进入,如参加某个健身俱乐部,可能你并不喜欢健身,但是这样能认识更多的人,帮助你拓展业务。只要你俱乐部的圈子里有一个人炒股,他就会带动所有相关的人。

七、网络渠道选择

(1) 搜索引擎。重点是将网站信息在百度收录,同时进行页面 SEO 优化,或购买百度关键词进行营销。

(2) 网络论坛。可在相关的主题论坛用软文发帖,同时以普通用户的身份进行引导性的回帖,在潜移默化中影响客户。

(3) 自媒体平台。可在一些主题自媒体平台开设自己的板块,借助自媒体平台自身的流量进行有效营销。

(4) 微信、微博。可开设微信公众号及微博,通过一定的方法进行引流,吸引固定粉丝,并将其最终培养成有效客户。

【链接 6-3】

第六节　证券经纪业务营销

一、影响证券经纪业务营销的外部环境因素

(一) 经济发展状况

从证券公司外部经营环境来看,2008 年全球金融危机以来,我国的经济增长速度在放缓,尤其是经历了国际金融风暴后,一些上市公司的经济效益受到影响,一些出口占比较大的公司的获利能力有所下降。投资者投资证券的收益已经不能同前些年相比,整体投资收益水平在降低,投资者投资证券市场的热情有所下降。与此同时,我国近些年房地产的价格呈现上涨的态势,个别地区上涨的幅度还不小,投资证券市场的一些客户转而投资房地产获利,在一定程度上影响了证券经纪业务营销的开展。

(二) 证券市场环境因素

我国证券市场近些年虽然经历了多次治理整顿,有了较大的改善,相关法律、法规也在不断健全,但是与国外成熟的证券市场相比仍有很大的差距,证券市场投资环境不容乐观,老鼠仓、内幕交易行为屡禁不止,而且这些违法行为中多涉及基金公司等专业的证券投资机构。违法违规行为最大的受害者是普通的证券投资者,法律对其权益的保障远远不够。个人投资者在证券市场中是弱者,受到侵害时通过收集证据进行法律诉讼的很少,更多的是不了了之。这使一部分人丧失了证券投资的热情,进而退出市场,造成证券经纪

业务可营销的客户数量下降。

(三) 上市公司运作的规范程度

近年来,相关部门对上市公司的监管力度不断增强,上市公司规范运作水平逐步提高。然而,一些上市公司仍然我行我素,违规经营时有发生。例如,采取欺诈方式发行股票,部分上市公司提供的财务数据、财务报表存在一定问题,虚增利润、转移利润时有发生,其中甚至不乏优质的上市公司。上市公司信息披露也存在不少问题,有些信息不真实,有些信息滞后,甚至与炒家配合披露信息来操纵股价,而监管部门对违规上市公司处罚手段单一,处罚力度偏弱,违规的低成本使上市公司违规经营得不到有效遏制,给投资者造成了一定的损失,影响证券经纪业务营销的效果。

(四) 证券市场投机程度

我国上市公司的现金分红能力比境外公司差很多,有些上市公司被称为"铁公鸡",还有一些上市公司对境内投资者与境外投资者采取区别对待的分红政策,引起投资者的强烈不满。国家在这方面的法律、法规相对滞后、宽松,导致我国证券市场上的大多数投资者都是抱着投机的心态进行证券投资,其投资的出发点不是分享上市公司未来经济成长带来的收益,而是想在短期内通过股票买卖差价来赚取投资收益。在我国的证券投资市场上很难找到如巴菲特那样进行长期投资的投资者。我国证券投资市场中存在一种不正常的现象,投资一些质地优良、经济效益较好的股票(如银行股),其收益往往还不如投资质地不是很好的股票。

二、证券经纪业务营销策略

券商要实现证券经纪业务转型,改变以往的落后模式,在营销策略上应尽快推进品牌建设,建立差异化竞争优势,形成有特色的服务风格,加快人才引进和培养,综合形成核心竞争力。同时,应不断优化网点布局,进一步提高业务盈利能力,拓宽盈利空间,以改变当前的困难局面。

(一) 树立服务投资者的整体营销观念

证券公司经纪部门的营销需要证券公司各部门的支持。若代销金融产品,则需要研发部门、资管部门把关金融产品质量;若开展各类业务,则需要信息技术部门在系统安全、性能、功能上进行支持;要保持资金的合理分配和使用,避免出现流动性风险,则需要财务部门对投资和费用进行管理;要避免销售人员违法违规营销给公司带来声誉上的风险,不致引发监管部门的惩罚,则需要行政部门对营销组织和营销人员进行管理。要使营销能够顺利进行,必须树立整体营销观念,建立投资者服务理念,满足各种层次的投资者的不同需求。

(二) 促进品牌的建立,提高投资者对品牌的认知度

为了迅速、深入地扩大与投资者的联系,证券公司应重视品牌建设。证券公司的经纪

业务品牌要建立在差别化服务上,使其成为品牌不可替代的一部分,要让投资者易于感知和认同。经纪业务中品牌形象的塑造应从两个方面着手。一方面要挖掘证券公司自身的服务和产品的差异化特点,塑造鲜明的品牌形象,利用各种渠道大力宣传。要保持服务质量的稳定和创新,建立让竞争对手难于效仿的服务品牌。另一方面则要引入品牌战略,建立标准化的环境、特色化的服务、规范化的服务流程,以及统一的企业形象。

(三)提供差别化、分层次、全面的服务

应了解投资者的分布(区域、资金等)、需求,对投资者进行合理分类,有针对性地为投资者提供差异化服务。营销管理人员应建立投资者信息资料库,收集投资者的各类信息,并进行分析。从关系营销的角度出发,建立与投资者的紧密联系,综合考虑投资者的资产状况和投资喜好,提出投资决策供其参考。同时,积极培育投资者的理财意识。要注重宣传,吸引投资者参与、尝试。利用专业的知识和经验,帮助投资者分析财务状况、风险承受能力和盈利目标,推荐合适的金融产品,提供便捷的金融工具。

第一,根据业务的不同阶段开展营销。证券公司在布置广告、人员配备、公共关系、销售等的不同阶段应采取不同的策略。第二,根据目标选择营销手段。证券公司在运用组合策略时,应对投资者需求有所了解,如对地区投资者的收入状况、消费状况、生活习惯、年龄状况、职业状况、投资偏好等有大致了解,在促销时做到有的放矢,提高沟通效应和销售效应。第三,根据市场状况选择服务内容。在牛市时投资者更注重市场信息,对资讯的及时性要求较高,对炒作热点板块更敏感。在熊市时投资者更重视风险,对大势的研判要求较高。

(四)努力提高市场占有率

随着证券市场的成熟,我国股票市场的换手率会逐渐下降。券商要做大经纪业务总量只能以提高市场占有率为目标。扩大客户数量有三个途径:一是稳定现有客户;二是从竞争对手处争取客户;三是挖掘潜在客户。目前券商营业部主要分布在中心城市,中小城镇基本上没有布点,形成很多空白。随着证券市场的发展和居民金融意识的提高,这些地区将逐渐成为券商经纪业务巨大的潜在市场。另外,随着交易和清算制度的改变,证券交易的障碍将逐步消除,这些都为券商开发潜在投资者队伍创造了条件。

(五)大力推行经纪人制度建设

根据国外证券市场的成功经验,我国券商应该大力推行经纪人制度。在证券经纪业务中,经纪人将在寻找客户、发现需求、沟通信息、提供服务、建立长期关系、扩大市场范围方面发挥重要作用。特别是电话委托、网上交易及银证联网等先进交易技术手段的普遍运用,客观上为企业突破地理位置和场地的限制创造了条件。经纪人将成为真正意义上的经纪业务代表,他们可以依托券商经纪业务的品牌优势、基础服务条件及基础研究方面的支持,独立开展经纪业务,扩展券商经纪业务的范围。

（六）加大渠道拓展力度

证券公司渠道营销模式有下面几种。一是银行渠道。银行有大量的纯粹存款用户，开发成为股票投资者的潜力极大。二是小区的渠道或者关系网的渠道。三是俱乐部渠道。邀请客户参加俱乐部活动，然后开展营销。四是网络营销渠道。从简单的网上寻找客户到如今成熟的"互联网金融"模式。营销渠道的级别通常按营销的路径区分，分为一级到三级甚至更高级别。多级渠道相对低级渠道，可以调动的资源更多，服务价值更大。基于客户价值的渠道营销策略，也面临由低级向多级渠道转化的趋势。一级渠道模式，即营业部的传统模式，要求证券公司具有良好的口碑效应和地理位置，部分实力较强的证券公司在这方面有优势。二级渠道模式是通过营销人员的个人能力及人脉关系去招揽客户，这种模式主要依靠营销人员的个人能力。券商需要组建优秀营销团队，完善激励措施，以加强渠道竞争优势。三级渠道模式是证券公司与各种合作对象建立商业联盟，这种合作互利的商业模式是证券公司最应该重视的渠道模式。通常证券公司应尽量与投资顾问公司、财务公司、资产管理公司、银行、证券公司、保险公司、财会公司、投资公司等合作，开展联合营销，拓宽营销渠道。

（七）完善营销管理信息系统

证券公司营销管理信息系统是制定、管理和分析营销策略的基础系统，研究分析市场、竞争对手、投资者等要素，为证券公司的营销决策提供支持。其目的主要有四个：一是为了如实记录客户当地区域的经济状况、投资者潜力及其他券商的情况，建立恰当的数学模型进行预测，为决策提供辅助依据。二是建立完善的投资者档案。对投资者的档案资料、资金、习惯、投资偏好、盈亏等给予全面系统的管理和分析。例如，有些券商建立金牌客户档案，在客户档案中记录客户的投资状况，包括资金周转率、盈利情况、交易频率、投资偏好等信息，以便增进与客户的沟通，了解其需求，主动提供服务，尽可能保持高价值客户最低的流失率。对每一个金牌客户，营业部都指定专门的客户经理进行维护。三是对营销人员业务开展情况进行分析，建立营销人员档案，对营销人员的招募、培训管理、营销计划方案制定、必要营销资源申请、营销活动记录、营销工作流程优化、工作量管理、营销任务完成情况评价等进行跟踪分析，为营销管理者提供决策支持。四是对投资者进行回访，提高服务质量，评价营销方案的实施效果。实际上就是要打造一套基于营销管理的，集研究支持平台、产品开发平台、业务管理支持平台、投资者关系管理平台和营销人员管理、薪酬管理于一体的营销综合管理平台。

（八）提高研发工作能力，给投资者满意的回报

对于券商之间的佣金大战，最为核心的竞争是券商的投资能力，而不是佣金价格的高低。投资能力强到能给投资者以满意的投资回报时，实际上投资者是可以忽略佣金水平的。因此，证券公司应重视研发工作，研发部门和投顾人员要明确自身定位，对内为公司业务发展和创新提供研究支持，对外为投资者提供多元化、多层级的研究服务。具体包括：推进研究团队建设，构建研究体系；开展覆盖金融业的研究，支持区域经济发展；丰

富研发产品序列,形成宏观策略、行业研究、金融创新三大板块相互支持的报告体系;完善股票池体系,为公司内部投资决策提供支持,提高研究的实用性;拓展研究成果发布渠道,重视宣传工作,增强市场影响力。资讯服务是客户服务的主要内容。但是服务并不像产品那样容易具体化,因此加强服务意味着加强业务流程的梳理和优化。营业部应该积极探索差异化服务的思路和方向,就如何深化服务内涵、提高服务的广度和深度进行探索,并加以制度规范化。

(九)提高员工的专业素质

证券公司创新发展步伐加快,造成证券行业销售和风险管理的专业人才短缺。经纪业务之间的竞争,从表面看是营销人员之间的竞争,从内在看是专业人才之间的竞争。因此,培训将是经纪业务的下一个核心竞争力。高素质的证券培训人员非常缺乏。证券公司既要培养有优秀实战经验的营销人员,也要培养有扎实理论基础的营销管理人才。证券公司更要积极培养员工的职业素质,特别是要培养理财专业团队,为不同需求、不同类别的投资者提供服务。要进一步完善人才激励和考核体系,加强培训,建立科学高效的人才选拔机制,不断提高员工的职业价值,使员工个人发展与企业价值提升协调进行,人才增值与企业增效同步发展,实现公司战略与个人发展目标的有机结合。要创新人才管理模式,建立全面的人才管理机制,加强优秀人才的引进与选拔,由人才资源被动配置型向人才资源主动储备型转变。加强薪酬和福利的研究与探索,建立灵活的、充分竞争的激励机制。完善绩效管理体系,努力形成科学、透明的人才评鉴机制。全面加强对培训工作的体系性建设,建立既符合企业的长远目标,又有利于员工职业发展的培育机制。对经纪人的业务培训应按照级别分级进行。对初级经纪人,培训内容以证券基础知识、基本行为规范和企业文化等为主;对中级经纪人则需加入投资技巧和团队协作营销能力的培训;对高级经纪人的培训应侧重管理方面,包括组建团队、培养新人、挖掘人才、联合营销技巧等。

专题培训主要针对业务专题或创新项目进行。证券公司经纪人培训还可以建立以老带新的培训模式,即由一位经验丰富的经纪人带一位经验稍差的经纪人,向其手把手地传授经验,尽快培养后备营销力量。要进一步完善证券公司的企业文化体系建设,使其成为公司员工行为意识的核心价值观,进行全面规划,更好地发挥全体员工的主观能动性,用更加开阔的视野关心员工,让员工在工作实践中掌握各种新知识、新技术、新业务,指导和帮助员工规划职业生涯,引导员工更加关注业务的可持续发展。要重视员工在经营管理中的体验和感受,公司内部管理要在人性化方面加以改进和完善,切实提高员工在团队关系、工作流程、计划安排、绩效考核等方面的被尊重感、荣誉感和归属感。

【链接 6-4】

本章小结

证券服务营销是指证券公司销售证券类金融产品或相关服务的活动,其主要特征是无形性、差异性、不可分割性、专业性、收益与风险的平衡性。证券营销人员负有维护证券公司和客户双方利益的责任。

证券营销人员的职业素质要求较高,除了必须有证券从业人员资格证书外,还需要具备专业的知识结构、较高的能力和素质、规范的专业形象。

在对证券客户行为进行分析的过程中,要着重针对不同类别的客户分析其购买行为的影响因素和购买决策过程,以便有的放矢。

证券营销的渠道建设除了传统的银行、社区和商超外,在互联网时代更要高度重视网络渠道的建设。

在制定证券经纪业务营销策略时,首先要分析影响证券经纪业务营销的外部环境因素,进而在营销观念、品牌建设、差别化服务、市场占有率、经纪人制度、研发等方面采取有针对性的措施。

思 考 题

1. 怎样理解证券服务营销的内涵?
2. 证券服务营销的主要特征有哪些?
3. 证券营销人员的职责有哪些?
4. 如何对证券客户的行为进行分析?
5. 证券营销渠道主要有哪些?
6. 简述证券经纪业务的营销策略。

案例分析

东莞证券第四届"财富通杯"股神大赛

案例描述:

2014年1月11日,东莞证券第四届"财富通杯"股神大赛总决赛颁奖典礼在风景秀丽的鼎峰源著举行。

"财富通杯"股神大赛是国内证券行业首个也是唯一一个以客户自有资金参与实盘竞技的比赛。与过去三届相比,第四届创下了多项纪录:参赛客户数量最多,参赛2万多人次;参赛面最广,参赛客户来自全国49家营业部的30多个省市,可以说是全国性的炒股大赛;参赛资产最多,总参赛资产达50多亿元,总交易量超过70亿元;客户炒股水平更高,常规赛每期的最大收益率均超过了60%。

此次大赛分三等奖、二等奖、一等奖和股神大奖。三等奖共6名,奖品为价值5 000元的三星手机;二等奖2名,奖品为价值1万元的千足金条;一等奖1名,奖品为价值5万元的千足金条;塘厦"颖"是本届股神大赛的最大赢家,收获股票增值的同时,更是荣获本届股神大奖——价值48万元的高端奔驰轿车。

东莞证券"财富通杯"股神大赛的连续成功举办,不但极大地增强了东莞证券在全国的影响力,也吸引了众多股民在东莞证券开户并交易,以较少的资金获得了满意的营销效果。

案例评析：

随着我国经济的持续稳定增长,我国的股票市场也有了巨大的发展,同时由于人们收入水平的不断提高,参与股票市场的投资者越来越多,主要依赖股票交易佣金收入的各家证券公司在投资者数量争夺方面越来越激烈。但与此同时,证券公司之间为股票投资者提供的服务却陷入同质化竞争。如何在营销策略上出"奇兵"以吸引投资者是各家证券公司绞尽脑汁、冥思苦想的重要问题。东莞证券在这方面可以说树立了一个成功的典范。

（1）各家证券公司都先后举办过炒股大赛,效果开始尚可,但时间长了逐渐陷于平淡,主要原因是各家证券公司采取的策略大多是在模拟炒股大赛中不向参赛者提供实盘资金,只提供模拟资金,忽略了炒股者实盘炒股和模拟炒股时的心态差异,因此模拟炒股比赛中的获胜者在其后的实盘炒股中往往战绩不佳。单从控制证券公司自身的资金风险方面来讲,模拟炒股大赛不提供实盘资金有其合理性,但忽视了实际效果。东莞证券举办的炒股大赛却创新性地利用参赛者自身的实盘资金,一方面可以控制自己的资金风险,另一方面可以吸引未开户者到自己的营业部开户、已开户者大幅增加交易频率,取得了很好的效果。

（2）在以前各家证券公司举办的模拟炒股大赛中,奖品设置往往是对比赛优胜者后续提供一定量的实盘资金,收益归优胜者所有,亏损由证券公司承担,本金在后续的比赛期限结束时归还给证券公司。这样的奖品设置本质上不是奖励,因为参赛者在第一阶段的模拟比赛中获胜后没有拿到任何"真金白银",后续仍然需要自己在下一轮的实盘比赛中获胜才能获得可能的一定收益,这种"奖励"存在很大的不确定性。东莞证券却是在炒股大赛之前就公开展示了金条和奔驰汽车等极度诱人的实物奖品,通过新闻媒体的宣传赚足了眼球,吸引了大批投资者参赛。

（3）仔细分析东莞证券举办实盘炒股大赛的过程和效果,可以发现其运用了一定的兵法营销策略:"攻而必取者,攻其所不守也"。作为竞争同行的其他证券公司之前已经举办过多次模拟炒股大赛,如果自己再举办类似的比赛,营销效果不一定尽如人意;因此,东莞证券采取了与同行不一样的新奇"打法"——利用参赛者自身的实盘资金炒股,不但控制了自己的资金风险,更是出奇制胜,效果奇佳。

资料来源:东莞证券官方微博,http://blog.sina.com.cn/s/blog_8792e0340101hfmn.html.

第七章

基金产品营销

【教学目标】

1. 理解基金营销的含义与特征
2. 了解基金营销的主要内容
3. 了解基金产品的设计思路与法律要求
4. 了解基金的销售渠道、促销手段、服务方式及营销组合策略
5. 了解基金销售的行为规范、推介材料规范及销售适用性

【知识结构图】

基金产品营销
- 基金营销概述
  - 基金营销的含义与特征
  - 基金营销的主要内容
- 基金产品设计与定价
  - 基金产品的设计思路与流程
  - 基金产品设计的法律要求
  - 基金产品线的布置
  - 基金产品定价管理
- 基金的销售渠道、促销手段与客户服务
  - 基金的销售渠道
  - 基金的促销手段
  - 基金的客户服务方式
  - 基金公司的营销组合策略
  - 基金营销的具体措施
- 基金销售行为规范
  - 基金销售机构人员行为规范
  - 基金宣传推介材料规范
  - 基金销售费用规范
  - 基金销售适用性
  - 基金营销中的投资者教育

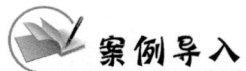 **案例导入**

诺安基金：十万月薪寻找"最牛基民"

2010年诺安基金向千万基金投资人发出了"最牛基民"征集令，基于对投资者最独特的理念、最传奇的投资经历、最有吸引力的投资收益等多重考量标准，最终评选出"最牛基民"。活动胜出者不仅将收获"最牛基民"的荣誉，还将以十万月薪的身价前往诺安基金进行为期一个月的工作体验。

诺安基金"最牛基民评选"活动将以网络为平台，从3月15日起正式开始持续至6月30日结束，历时3个多月。第一阶段为海选期，网友在活动注册后，通过上传个人最具个性的投资简历，将自己在基金投资过程中发生的最有特色、最具戏剧性的事件和经历完美呈现，号召其他网友为自己投票，并在5月11日通过大众投票和专家评委意见产生6名入围选手；第二阶段为选手PK期，6名入围选手将前往诺安基金进行为期两天的体验，并通过活动个人主页、微博等方式，将其在诺安基金的体验生活呈现出来，在活动官网进行6进1的复选，进而选出"最牛基民"。

作为活动焦点的"最牛基民"将以10万元的薪水代表全国千万基金投资人与诺安基金进行为期一个月的零距离互动，参与诺安基金投研、客服、营销等日常工作，深度了解诺安基金投资与发展之道；与此同时，"最牛基民"还可全程通过博客、微博等方式将自己工作期间的所见、所感实时与广大网民和投资者分享。

该活动反响十分强烈。目前活动网站浏览量已达40余万次，每天有上万名网民登录并参加活动，网站的注册用户早已突破5位数。与此同时，该活动在国内不少知名论坛上也引发了热议，在股市低迷的环境下，诺安基金的"十万月薪"吸引力强大，可谓赚足眼球。

思考题：
1. 诺安基金为什么要评选"最牛股民"？其目的何在？
2. 根据案例总结，可供诺安基金选择的营销策略有哪些？

第一节 基金营销概述

一、基金营销的含义与特征

（一）基金营销的含义

基金营销是基金销售机构从市场和客户需要出发所进行的基金产品设计、销售、售后服务等一系列活动的总称。

基金营销并非简单地等同于推销、销售或销售促进，而是包括基金产品、价格、促销、市场定位等诸多活动。基金营销是围绕投资人需要展开的，且市场营销的内涵是随着基金营销活动的实践而不断变化、发展的。

（二）基金营销的特征

投资基金属于金融服务行业，其市场营销有其特殊性，主要体现在以下五个方面。

1. 规范性

基金是面向广大投资者的金融理财产品，为了保护投资者的利益，监管部门从基金销售机构、基金营销人员、基金销售费用、基金销售宣传推介等角度制定了基金营销活动的监管规定。基金销售机构、基金营销人员在开展基金营销活动时必须严格遵守这些规定。

2. 服务性

基金是一种金融产品，投资者购买基金时无法体验实物，产品的品质体现为基金未来的收益和营销人员的持续服务。为克服无形服务本身的困难，营销人员不但要向客户说明基金产品的本质，还必须通过高质量的服务、客户的口耳相传、公司的品牌形象宣传等，显示可靠的信誉，扩大客户基础。

3. 专业性

基金是投资于股票、债券、货币市场工具等多种金融产品的组合投资工具，客观上要求营销人员了解和掌握股票、债券、货币、保险等金融工具，在营销过程中将有关知识以服务的方式传递给投资者。与一般有形产品的营销相比，基金对营销人员的专业水平要求更高。

4. 持续性

基金营销作为一种理财产品服务，不是一锤子买卖，更需要制度化、规范化的持续性服务。只有优质的、持续性的营销服务，才能不断扩大客户群体，扩大基金规模。

5. 适用性

基金销售机构在销售基金和相关产品的过程中，应根据基金投资人的风险承受能力销售不同风险等级的产品，把合适的产品卖给合适的基金投资人。基金销售的适用性反映了从投资人的需要和实际承受能力出发向投资人销售合适的产品，坚持投资人利益优先的原则，也是监管机构对基金销售的要求。

二、基金营销的主要内容

基金营销主要是指开放式基金的市场营销，其涉及的内容包括确定目标市场与客户、分析营销环境、设计营销组合和管理营销过程四个方面。

（一）确定目标市场与客户

确定目标市场与客户是基金营销部门的一项关键性工作。只有仔细地分析投资者，针对不同的市场与客户推出合适的基金产品，才能有效地实现营销目标。在细分市场上，尽管基金面对的客户群体是缩小的,但客户的忠诚度却是增大的。

在确定目标市场与客户方面,基金销售机构面临的一个重要问题是分析投资人的真实需求,包括投资人的投资规模、风险偏好,对基金流动性、安全性的要求等因素。我们以机构投资者和个人投资者为例。机构投资者投资额高,投资目标比较明确,对信息的需求比较细致,通常要求专人服务,营销成本低,而服务成本较高。个人投资者投资额低,投资目标比较模糊,只需要概况性的信息,一般不要求专人服务,营销成本高,而服务成本低。因此,应以投资人的资产规模、风险偏好等要素为依据,对其进行细分,确定目标客户群体。

(二) 分析营销环境

营销环境是基金销售机构进行基金营销的各种内、外部因素的统称。对于基金营销而言,营销环境既能提供机遇,也能造成威胁。营销环境通常由微观环境和宏观环境组成。微观环境是指与公司关系密切、能够影响公司客户服务能力的各种因素,主要包括股东支持、销售渠道、客户、竞争对手及公众;宏观环境是指能影响整个微观环境的广泛的社会性因素,包括人口、经济、政治、法律、技术、文化等。在营销环境的诸多因素中,基金管理人最需要关注的是销售机构本身的情况、影响投资者决策的因素及监管机构对基金营销的监管。

(1) 销售机构本身的情况。公司股权结构、经营目标、经营策略、资金实力、营销团队等都会对基金营销产生重要的影响。

(2) 影响投资者决策的因素。人们对金融产品的选择取决于外在因素和内在因素。外在因素包括个人成长的文化背景、社会阶层、家庭、身份和社会地位等。内在因素包括动机、感觉、风险承受能力、对新产品的态度等心理因素,以及人生阶段、年龄、职业、生活方式和个性等个人自身的因素。

(3) 监管机构对基金营销的监管。规范基金营销的法律法规、部门规章对基金的营销有着重要的影响。基金销售机构必须遵循与营销有关的法律法规,加强自身的合规性控制,规范营销人员的行为。

(三) 设计营销组合

营销组合的四大要素——产品(product)、费率(price)、渠道(place)和促销(promotion)是基金营销的核心内容。

1. 产品

产品是满足投资者需求的手段。基金销售机构只有不断提供能满足投资人需求的多样化的基金产品供客户选择,才能不断扩大业务规模。

2. 费率

根据法律、法规的规定,基金发行时的份额净值或价格是固定的,因此基金交易价格主要反映在买卖基金时支付费用的高低或者说基金交易价格的核心是基金费用的高低。

例如,开放式基金的费用主要包括管理费、托管费、认(申)购费、赎回费及持续销售服务费等。基金管理人可以通过制定灵活的费率结构达到扩大基金销售规模的目的。

3. 渠道

渠道的主要任务是使客户在需要的时间和地点以便捷的方式获得产品。

4. 促销

促销是将产品或服务的信息传达到市场上,通过各种有效媒体在目标市场上宣传产品的特点,让客户了解产品在设计、分销、价格上的潜在好处,最后通过市场将产品销售给客户。

尽管营销组合的四个要素本身都有其重要性,但是一个营销战略是否成功最终取决于如何把各个要素有机地结合起来,并使其相互协调。

(四)管理营销过程

为找到并实施适当的营销组合策略,基金销售机构要进行市场营销的分析、计划、实施和控制。

1. 市场营销分析

基金销售机构要对有关信息进行收集、总结和认真评价,以找到有吸引力的机会和避开环境中的威胁因素。具体工作包括:

(1) 收集、分析金融市场、相关基金产品、本公司以往的历史数据。
(2) 分析拟发行基金的目标市场。
(3) 评估外部因素和内部因素。外部因素主要指宏观因素,如经济发展趋势与结构、证券市场发展状况、法律法规及政策预期等;内部因素主要指微观因素,主要分析竞争者及竞争产品、主要的销售渠道和相关代销渠道的潜力等。

2. 市场营销计划

营销计划是指将有助于公司实现战略总目标的营销战略形成具体方案。每一类业务、产品或品牌都需要一个详细的营销计划。营销计划应包括计划实施概要、市场营销现状、市场威胁和市场机会、目标市场和可能存在的问题、市场营销战略、行动方案、预算和控制等。

3. 市场营销实施

市场营销实施是指为实现战略营销目标而把营销计划转变为营销行动的过程,包括日复一日、月复一月、持续有效地进行营销计划活动。市场营销系统中各个层次的人员必须通力合作,以实施市场营销计划和战略。成功的市场营销实施取决于公司能否将行动方案、组织结构、决策和奖励制度、人力资源和企业文化等相关要素组合成一个能支持企业战略的结合紧密的行动方案。

（1）营销活动的成功执行，需要一个把公司内外所有环节、人员和活动集中到一起的详细的行动方案。

（2）公司的组织结构在执行市场营销战略时发挥着巨大作用。

（3）公司的决策和奖励制度，即指导计划、预算、补偿等其他活动的操作程序也会影响市场营销的实施。

（4）有效的实施还需要认真制订人力资源计划，在公司的各个层次都必须配备具有相应技能、动力和个人魅力的人员。

（5）要想取得成功，公司的营销战略还必须与企业文化相匹配。企业文化是指公司人员共享的价值观念或信仰体系，即公司的集体特性和意义。

4. 市场营销控制

市场营销控制包括估计市场营销战略和计划的成果，并采取正确的行动以保证实现目标。控制过程主要包括以下四个步骤：

（1）管理部门设定具体的市场营销目标，通常对不同的营销活动或单独的项目（如新基金的发行等）制定不同的预算。

（2）衡量企业在市场中的销售业绩，检查销售时间表是否得到执行。

【链接 7-1】

（3）分析目标业绩和实际业绩之间存在差异的原因、预算收支不平衡的原因等。

（4）管理部门评估广告投入效果、不同渠道的资源投入，并及时采取正确的行动，以弥补目标与业绩之间的差距。这可能要求改变行动方案甚至改变目标。

第二节　基金产品设计与定价

基金产品是基金营销管理的客体，基金产品本身能否适合基金投资者的需要在很大程度上决定了营销的效果。

一、基金产品的设计思路与流程

（1）确定目标客户，了解投资者的风险收益偏好。一种或一类基金产品不可能满足所有投资者的需要。随着市场的发展，投资者的需要也在不断细化。确定具体的目标客户是基金产品设计的起点，它从根本上决定了基金产品的内部结构。

（2）选择与目标客户风险收益偏好相适应的金融工具及其组合。投资对象多元化是基金产品多元化的重要前提，各类金融工具及其衍生产品的种类越多，基金产品创新的空间就越大。

（3）考虑相关法律、法规的约束。

（4）考虑基金管理人自身的管理水平。

第四点是对内部条件的考察，而前面三点都是对外部条件的考察。

不同的基金管理人有着自己的管理风格和特色,有的擅长管理主动式股票基金,有的擅长管理被动式股票基金,有的擅长管理债券基金。基金产品设计应包含三个方面的重要信息:客户需求信息、投资运作信息和产品市场信息。

二、基金产品设计的法律要求

根据《证券投资基金运作管理办法》申请募集基金,拟募集的基金应具备下列条件:①有明确、合法的投资方向;②有明确的基金运作方式;③符合中国证监会关于基金品种的规定;④不与拟任基金管理人已管理的基金雷同;⑤基金合同、招募说明书等法律文件草案符合法律、行政法规和中国证监会的规定;⑥基金名称表明基金的类别和投资特征,不存在损害国家利益、社会公共利益,欺诈、误导投资者,或者其他侵犯他人合法权益的内容;⑦中国证监会根据审慎监管原则规定的其他条件。

三、基金产品线的布置

基金产品线是指一家基金管理公司所拥有的不同基金产品及其组合。随着基金产品的日益多样化和市场竞争的日益加剧,基金管理公司根据自身的实际情况,合理布置基金产品线就显得非常重要。通常从以下三个方面考察基金产品线的内涵:一是产品线的长度,即一家基金管理公司所拥有的基金产品的总数。二是产品线的宽度,即一家基金管理公司所拥有的基金产品的大类有多少。按国际惯例,我们通常根据基金产品的风险收益特征将基金产品分成股票基金、混合基金、债券基金和货币市场基金四大类。三是产品线的深度,即一家基金管理公司所拥有的基金产品大类中有多少更细化的子类基金。例如,股票基金内部又可以划分为价值型、成长型、平衡型,大盘股、中盘股、小盘股,以及投资风格和股票规模的不同组合,如大盘价值型股票等;还可以有不同的主题基金和行业基金等。

常见的基金产品线类型有三种。第一,水平式,即基金管理公司根据市场范围,不断开发新品种,增加产品线的长度,或扩大产品线的宽度。采用这种类型基金产品线的基金管理公司具有较高的适应性和灵活性,在竞争中有回旋余地。但这要求公司有一定的实力,特别是要具备宽泛的基金管理能力。第二,垂直式,即基金管理公司根据自身的能力专长,在某一个或几个产品类型方向上开发各具特点的子类基金产品,以满足在这个方向上具有特定风险收益偏好的投资者的需要。第三,综合式,即基金管理公司在自身的能力专长基础上,既在一定的产品类型上做重点发展,也在更广泛的范围内构建自身的产品线。

四、基金产品定价管理

基金产品定价就是与基金产品本身相关的各项费率的确定,主要包括认购费率、申购费率、赎回费率、管理费率和托管费率等。认购费、申购费和赎回费是基金投资者在"买进"与"卖出"基金环节一次性支出的费用,管理费和托管费是基金运作过程中直接从基金资产中支付的费用。

基金产品定价的第一个考虑因素是基金产品的类型。一般来说,从股票基金到混合基金、债券基金和货币市场基金,各项基金费率基本上呈递减趋势,这是由产品本身的风险收益特征决定的。

基金产品定价的第二个考虑因素是市场环境。市场竞争越激烈,为有效获取市场份额,基金费率通常越低。我国基金业的发展历史证明了这一点。同时,竞争对手的定价行为也会在一定程度上影响产品费率的确定。

基金产品定价的第三个考虑因素是客户特性。一般来说,客户规模越大,其与基金管理公司就产品价格问题谈判的能力就越强,通常也能得到更加优惠的费率待遇。

基金产品定价的第四个考虑因素是渠道特性。直销和代销渠道的基金产品费率是不同的。由于销售成本等方面的差异,直销渠道的产品费率通常更低。

第三节 基金的销售渠道、促销手段与客户服务

一、基金的销售渠道

目前,我国开放式基金的销售逐渐形成了银行代销、证券公司代销、基金管理公司直销的销售体系。但与国外相比,我国开放式基金销售还需要拓宽渠道,加强服务。由于广大投资者对基金产品尤其是开放式基金还比较陌生,基金营销要依靠银行、证券公司的柜台销售。充分挖掘代销渠道的销售潜力,是基金管理公司的必然选择。银行和证券公司应在代销时根据自身的营销网络特点,精耕细作,开展充分发挥自己优势的特色营销。目前,专业基金销售公司开始起步,基金网上销售方兴未艾,基金管理人在建设现有渠道的同时,纷纷加强新渠道建设,为迎接更激烈的营销竞争做准备。

(一)商业银行

在我国,大众投资群体仍以银行储蓄为主要金融资产,商业银行具有广泛的客户基础。选择大型国有商业银行作为开放式基金的代销渠道,有利于争取银行储户这一细分市场。然而,在现有开放式基金销售过程中,商业银行主要是为基金的销售提供了完善的硬件设施和客户群,销售方式在一定程度上仍停留在被动销售的水平上,为投资者提供的个性化服务与客户需求尚有一定差距,直接影响了客户的投资热情。投资者对营销渠道所提供的投资建议和服务质量的心理感受在其购买决策过程中的作用是不容忽视的。为此,基金管理人必须加强与代销银行的合作,通过持续培训银行人员、组织客户推介会及合理分配代销手续费,增强银行代销的积极性,提高银行人员的营销能力。

(二)证券公司

证券公司的业务主要面向股票及债券市场,其人员有关证券类产品的专业知识水平较高,面对的客户主要是股民。利用证券公司网点销售基金是争取投资意识较强的老股民群体的有效手段。相比商业银行,证券公司网点拥有更多的专业投资咨询人员,可以为投资者提供个性化的服务。此外,ETF和LOF等基金创新品种的推出,使证券公司可以

发挥自己的交易服务优势。证券公司要保证基金代销业务的持续健康发展,有必要建立以服务为中心、客户至上的运营模式,首发销售与持续销售并重,为客户提供能帮助其更好地实现理财目标的一系列服务。

(三)证券咨询机构和专业基金销售公司

在基金规模不断壮大、品种逐步增加的形势下,投资基金提供专业咨询服务已成为一种市场需求。《证券投资基金销售管理办法》出台后,证券投资咨询机构和专业基金销售公司开展基金代销业务成为监管机构鼓励的发展方向。专业营销人员可以为客户提供个性化的理财服务,帮助投资者提高对基金的认识及选择符合自身投资需要的基金品种。

(四)基金管理公司直销中心

基金管理公司的直销人员对金融市场、基金产品具有较丰富的专业知识和投资理财经验,尤其对本公司的整体情况及基金产品有着深刻的理解,能够以专业水准面对专业化的投资机构、一般企业及个人等。虽然基金管理公司的直销队伍规模相对较小,但人员素质较高,可以加强与客户之间的沟通,提供持续的更优质的理财服务,更容易留住客户并发展一些大客户,形成忠实的客户群。

二、基金的促销手段

基金管理人在开发基金产品、制定合理的收费标准、安排向潜在客户的分销之后,必须与目标市场进行沟通,告知目标市场要提供的产品。通过人员推销、广告促销、营业推广和公共关系达到沟通的目的,这就是所谓的促销组合四要素。

(一)人员推销

人员推销是一种面对面的沟通形式。为了获得最佳效果,销售队伍的宣传推介必须与基金管理公司的其他沟通方式协调一致,如广告、营业推广和宣传等。一般来说,针对机构投资者、中高收入阶层这样的大客户,基金管理公司可以通过直销队伍进行一对一的人员推销,以达到最佳的营销效果。对代销渠道的客户经理,基金管理公司应通过加强培训和沟通反馈、提供充足的宣传资料等方式,调动其积极性。

(二)广告促销

广告的目的是通知、影响和劝说目标市场。基金广告可以是品牌和形象广告,也可以是基金产品广告和产品订购信息,它能改变目标客户对公司本身和基金产品的知晓程度,有利于销售人员更好地推介基金。广告通过印刷媒体、广播媒体、户外和公共交通广告、直接营销和网站在线服务等各种媒体发送。

(三)营业推广

营业推广多属于阶段性或短期性的刺激工具,用以鼓励投资者在短期内较迅速和较大量地购买某一基金产品。基金销售中常用的营业推广手段主要有销售网点宣传、举办投资者交流活动和费率优惠等。

(1) 销售网点宣传。在销售网点张贴贴画，发放宣传手册、宣传卡片及其他可以吸引客户的材料，达到吸引投资者注意的效果。

(2) 举办投资者交流活动。基金销售机构针对保险公司、财务公司、工商企业等机构客户和公众客户，通过召开研讨会、推介会等方式，向特定的或不特定的客户群体传达投资理念和投资策略，争取客户的认同，达到促销目的。尤其是在新基金募集过程中，基金销售机构要通过产品推介会、报刊或网上路演等方式，组织基金经理与投资者进行交流，帮助投资者增进对公司投资理念和基金产品的理解。

(3) 费率优惠。基金管理人一般在持续营销期间或者在不同的交易渠道(如网上银行)间，以更低的申购费率吸引客户，前提是这种优惠应当在监管部门允许的范围内，不能进行不正当的价格竞争。

(四) 公共关系

公共关系所关注的是基金管理人为赢得公众尊敬所做的努力。这里所说的公众包括新闻媒介、股东、业内机构、监管机构、人员、客户等。与媒体保持良好的关系对于应对危急情况十分重要，因为应对这种情况的方式会影响公司的声誉和业务能力。加强与投资者的关系包括编制和发布年度、季度等报告，进行客户交流等。

【链接 7-2】

实际运作中，销售网点宣传、投资者交流活动、费率优惠等措施往往同时采用，这样有利于扩大营业推广的效果。

三、基金的客户服务方式

客户服务是基金营销的重要组成部分，通过销售人员及时主动地开发市场，争取客户认同，建立与客户的长期关系，奠定有广度和深度的客户基础，才能达到拓展业务和提升市场占有率的目标。为此，基金管理人或代销机构通常设立独立的客户服务部门，通过一套完整的客户服务流程及一系列完备的软、硬件设施，以系统化的方式，应用以下七种方式来实现并优化客户服务。

(一) 电话服务中心

电话服务中心通常以电脑软硬件设备为后援，同时开辟人工坐席和自动语音系统。投资操作步骤、基金管理人相关介绍、基金普及知识等标准化的答案均可通过自动语音系统提供。当然，客户也可选择人工服务。客户服务人员将根据不同的客户类别接入相应的客户管理系统，并在最短时间内为客户提供所需的查询、咨询、投诉、建议及其他个性化服务。在不影响服务质量的基础上，客户服务人员会在提供服务的同时适当记录谈话资料，建立相应的客户档案，作为今后服务该客户时的参考，也作为基金管理人对客户群进行统计分析和管理的依据。

（二）邮寄服务

基金管理人向基金持有人邮寄基金账户卡、交易对账单、季度对账单、投资策略报告、基金通讯、理财月刊等定期和不定期材料，使客户尽快了解其投资变动情况，理性对待市场行情的波动。

（三）自动传真、电子邮箱与手机短信

这三种方式的服务具有一定的市场需求，尤其是在基金合同、招募说明书、定期公告与临时公告等方面。前两者适合传递行文较长的信息资料，而手机短信最重要的功能则在于发送字节较短的信息，包括基金行情和其他动态新闻。当然，这些功能的实现在很大程度上要依靠强有力的系统支持。

（四）"一对一"专人服务

专人服务是为投资额较大的个人投资者和机构投资者提供的最具个性化的服务。这类大额投资者大多具有相当丰富的专业知识和投资理财经验，尤其是机构投资者，多数设有专门的投资部门或聘用专人跟踪自己的投资。他们需要与基金管理人进行充分的沟通，并保持密切的联系，需要持续的、专业化的服务。基金管理人通常会为其安排较固定的投资顾问，在开放式基金销售前就开始一对一的服务，并贯穿售前、售中和售后全过程。由于配有专人，这部分客户通常能得到更充分、更及时的有效信息，享受更便捷、更完善的服务。

（五）互联网

通过互联网，基金销售机构可以为客户提供容量更大、范围更广的信息查询（包括投资常识、股市行情、开放式基金的净值表现、客户账户信息等）、基金交易、即时或非即时的咨询、自动回邮或下载的服务，并接受投诉和建议。另外，通过互联网的友情网站链接，客户可以方便地检索和查阅更多的信息。

（六）媒体和宣传手册

基金销售机构会通过电视、电台、报刊等媒体定期或不定期地向客户传达专业信息和传输正确的投资理念。当市场出现较大波动时，及时利用媒体的影响力来消除客户的紧张情绪，让大众多了解市场，可以减少非理性行为的发生。宣传手册则可作为一种广告资料运用于销售过程中。在新的基金面市前，对公司形象的宣传和对新产品的介绍是客户服务不可或缺的部分。

（七）讲座、推介会和座谈会

讲座、推介会和座谈会都能为客户提供面对面交流的机会。由于参与者为数不多，客户通常比较珍惜这些机会。基金销售机构也可以从这些活动中获取有价值的资料，有效地推介基金产品，并进一步改善客户服务。

四、基金公司的营销组合策略

在基金管理公司确定了自身所服务的细分市场及针对细分市场明确公司和产品的定位后,接下来要做的就是如何针对细分市场制定有效的营销组合策略。

1. 产品策略

产品策略包括基金产品的设计开发、基金品牌的管理和基金产品线的延伸。

投资者需求的变化、国家政策法规及证券市场的变动都会给基金产品的创新提供机会。基金产品的构思来源可以分为理念导向型和营销导向型两类。

理念导向型构思来自投资决策成员、基金经理等专业人士,他们通过前瞻性的分析,判断市场走势并从中寻找可以形成投资品种的机会。

营销导向型构思来自市场拓展人员、分销机构和客户服务人员,他们在与基金持有人的长期交往中深入了解投资者的需求,针对客户需求特点提出产品构思。

我国目前客观上由于市场投资品种的局限性,主观上由于对投资者的分类和投资需求的界定还没有具体展开,理念导向型的基金产品构思占据主导地位。但随着开放式基金的推广及投资者长期投资理念的建立和逐步成熟,从投资者需求角度出发形成产品构思将在基金产品开发中发挥越来越重要的作用。为此,基金管理公司可以从两方面着手准备:对内组建由市场销售人员等组成的产品开发小组,健全市场部门、投资部门和研究部门之间的信息沟通机制,扩大公司内部新产品开发的构思源泉;对外广开思路,与保险公司、信托投资公司及商业银行结成战略联盟,共享产品开发研究平台,通过学习金融同业的经验,获取基金行业新产品的构思源泉,找出新的目标市场。

2. 定价策略

在基金产品营销组合中,如何在客户可接受的价格范围内,制定对公司最有利、最切合公司目标与政策的价格,是营销人员面临的又一挑战。

投资者需求是定价策略中的一个重要因素。开放式基金投资者所能接受的心理价位较低,可以在开放式基金的申购费中设立后端收费,适当降低前端收费,前低后补的申购费用产生的"低费幻觉"有利于鼓励投资者购买基金。为鼓励投资者长期持有基金,还可以设计随持有期递减的赎回费。此外,不同投资者对费率结构的偏好是不同的,有的投资者喜欢偏高的前端收费,有的喜欢偏高的后端收费,有的不喜欢收取申购佣金,但能容忍每年较高的营运费用,基金管理公司可以在同一只开放式基金内设计不同的收费结构。例如,设计A、B、C三类收费方式,A类采用随申购金额递减的前端收费方式,B类采用随持有期递减的后端收费方式,C类不收申购费用,但将管理费的费率提高。我国开放式基金发展到一定阶段后,可以考虑采用这种方式,以适应不同细分市场的需求。

基金管理公司在制定定价策略时,还要综合考虑公司整体战略目标、产品成本、竞争者、产品生命周期和品牌形象、政策与市场环境等因素。必须注意的是,基金管理公司的产品价格不是一成不变的,要视竞争压力及营销环境的变化,适时调整定价,并把价格真正当作完成营销组合策略的一种工具。例如,南方基金管理公司在市场上出现新的开放式基金后,调低了南方稳健成长的日常申购费率,就是面对日趋激烈的市场竞争所采取的及时反应。

3. 渠道策略

由于我国投资者对基金产品(包括开放式基金)的了解和认识程度相对不高,而相应的金融中介机构并未建立起来,在这样的市场环境下,充分利用代销渠道以加强与投资者的直接接触,是基金管理公司的必然选择。

在我国,大众投资群体仍主要以银行储蓄为主要金融资产,而开放式基金的产品特点又与储蓄存款具有相对的类似性,选择大型国有商业银行作为开放式基金的代销渠道,有利于争取银行储户这一细分市场。但是,在前三只开放式基金的发行过程中,国有商业银行主要是为基金的销售提供完善的硬件设施和客户群,但受限于现有营销体系、激励政策和专业知识,销售方式仍停留在被动销售上,为投资者提供的个性化服务几乎未得到开展,这就直接影响了大众投资群体的投资热情。实际上,渠道提供的投资建议、服务质量所给予投资者的心理感觉在其购买决策过程中的作用是不容忽视的。投资者在购买基金时,如果能够得到面对面的指导可能会增强购买的欲望。为此,基金管理公司必须加强与代销银行的合作,增强银行渠道代销的积极性,提高银行员工的营销能力。

基金管理公司在适当的时候还应引进新的渠道,弥补现有渠道价值定位的不足。相比商业银行,券商网点拥有更多的专业投资咨询人员,可以为投资者提供个性化的服务。针对机构投资者、中高收入阶层等目标客户,基金管理公司可以建立具备专业素质的直销队伍,辅以直邮、电话销售、呼叫中心及基于互联网平台的直销网络,直达特定服务群体。此外,基金管理公司在与保险公司、信托投资公司等发展战略联盟关系时,"互为营销渠道"也应当成为合作的一项重要内容,通过各自的渠道在各自的目标市场上相互交叉销售产品,充分利用合作伙伴的客户优势、专业服务优势,在这些分销领域构建其他基金管理公司难以获得的竞争力。

随着基金产品营销渠道的广度和深度的不断拓宽,基金管理公司必须有效管理各种渠道,组成一个功能互补、效益最大化的渠道网络,服务各个不同的细分市场,覆盖市场空白,尽可能地扩大销售量。为此,对基金管理公司的渠道管理人员的要求也将越来越高,要求其必须对各类现有及潜在基金营销渠道有深入的了解和分析,能够据此做出正确的渠道选择决策,并对各类渠道进行效益评估、解决可能的渠道冲突和竞争、适时调整渠道结构等,从而实现对银行、券商、保险等渠道全面综合、灵活互动的管理。

4. 促销策略

基金管理公司必须综合运用广告、公关、销售促进、人员推销等沟通方式和手段,使投资者在多元化的信息包围中更好地识别与了解基金产品和服务。

广告媒体的选择是影响开放式基金发行的一个因素。如果基金的招募说明书、发行公告和代销银行的广告等都只在几家证券报上刊登,就会在广告媒体和目标市场之间造成冲突。因为证券类报刊的读者群以专业投资者为主,投资意识不强的大众投资者阅读这类专业报刊的并不多。仅在证券类报刊上刊登招募说明书、发行公告等难以达到应有的效果。工商银行代理销售南方稳健成长基金的广告在销售期最后两天才开始在多家大众媒体上刊出,这说明南方基金管理公司在后期才意识到在媒体选择上存在偏差。华夏成长基金发行时,采取了专业性媒体与大众媒体并重的策略,在《北京青年报》《新民晚报》等地方性媒体上做了整版的软性广告,有效地向目标客户传递了有关的信息。

广告的方式也是值得我们研究的一个问题。基金的招募说明书、发行公告、业务规则等作为证监会指定的法定信息披露方式,内容真实准确,但是从广告发布的角度来看,由于这类信息采用标准格式且篇幅相对较长,更适合专业人士和极度理性人群,不足以激发大众投资者的购买欲望。一条有效的基金产品广告信息必须能够突出基金产品的最大优点,赋予基金产品特殊的个性或形象,使客户能将它与其他基金产品区分开来。为此,基金管理公司可以利用一些配以图案设计的报刊广告、海报及媒体软性广告,以较为生动形象、通俗易懂的语言,使有关的信息及知识更加具体、感性,达到潜移默化的效果。

除了广告外,基金管理公司还可以采用其他多种促销手段,与投资者进行全方位、广泛、持续的交流。例如,以推介会、报刊或网上路演等方式组织基金经理与投资者的访谈,通过基金经理的"现身说法",帮助投资者增进对基金公司投资理念和经营思路的理解,判断基金的成长潜力。实际上,在国外,基金经理的职责之一就是与投资者进行面对面的交流。

五、基金营销的具体措施

(1) 加强网点工作人员基金知识培训。增加员工对基金产品的了解,既要增强基金精准营销,更要注重提高售后服务能力。认真分析各种基金的特点及卖点,针对不同的产品选择不同的客户,提高营销成功率。

(2) 加强客户细分,有效识别客户的风险偏好,激发客户投资需求,注意营销话术,加强风险提示;通过绩优基金转换等形式帮助套损客户尽量挽回损失,争取再次合作。

(3) 搭配销售不同风险类型基金,尽量选择风险较低、业绩较高的基金产品进行重点营销,努力实现银行和客户双赢目标;推荐新客户同时选购股票型和保本型基金,帮助客户同时实现风险控制和获得较高收益。

(4) 全员营销。全员营销主要是对营销主体进行整合性管理。一是基金公司各部门应以营销部门为核心开展工作,并且都要服务于营销部门的工作;二是非营销部门应以营销观念来规划本部门的资源,以提高公司的整体营销的协同效应。

(5) 强化对营销人员的激励。按照谁营销谁受益的原则及时兑现绩效工资,并利用晨会或周会及时组织全员认真总结前段的营销工作,仔细分析存在的问题和不足,不断完善营销措施。

【链接 7-3】

第四节　基金销售行为规范

对基金销售行为的规范包括基金销售机构人员行为、基金宣传推介材料、基金销售费用、销售适用性等。

一、基金销售机构人员行为规范

《证券投资基金销售管理办法》及相关部门规章、规范性文件对基金销售机构尤其是人员行为主要规范如下。

（1）基金管理人、代销机构及其工作人员在基金销售活动中应当遵守法律、行政法规和中国证监会的有关规定，恪守职业道德和行为规范。

（2）基金管理人、代销机构及其工作人员在从事基金销售活动时，不得有下列情形：以排挤竞争对手为目的，压低基金的收费水平；采取抽奖、回扣或者送实物、保险、基金份额等方式销售基金；以低于成本的销售费率销售基金；募集期间对认购费打折；承诺利用基金资产进行利益输送；挪用基金份额持有人的认购、申购、赎回资金；在基金宣传推介材料中有不规范的竞争行为；中国证监会规定禁止的其他情形。

（3）基金销售人员应依法为基金份额持有人保守秘密，不得泄露投资者买卖、持有基金份额的信息或其他信息。

（4）未经基金管理人或者代销机构聘任，任何人员不得从事基金销售活动；从事宣传推介基金活动的人员还应当取得基金从业资格。

二、基金宣传推介材料规范

基金宣传推介材料是指为推介基金向公众分发或者公布，使公众可以普遍获得的书面、电子或其他介质的信息，具体包括公开出版资料，宣传单、手册、信函等面向公众的宣传资料，海报、户外广告，电视、电影、广播、互联网资料及其他音像、通信资料，以及通过报眼及报花广告、公共网站链接广告、传真、短信、非指定信息披露媒体上刊发的与基金分红、销售相关的公告等可以使公众普遍获得的、带有广告性质的基金销售信息。

（一）基本要求

基金管理公司和基金代销机构应当在基金宣传推介材料中加强对投资人的教育和引导，积极培养投资人的长期投资理念，注重对行业公信力及公司品牌、形象的宣传，并应符合法律、法规的相关要求。

（二）基金宣传推介材料的禁止规定

基金宣传推介材料必须真实、准确，与基金合同、基金招募说明书相符，与备案的材料一致，不得有下列情形：

（1）虚假记载、误导性陈述或者重大遗漏。

（2）预测该基金的证券投资业绩。

（3）违规承诺收益或者承担损失。

（4）诋毁其他基金管理人、基金托管人或基金代销机构，或者其他基金管理人募集或管理的基金。

（5）夸大或者片面宣传基金，违规使用"安全""保证""承诺""保险""避险""有保障"

"高收益""无风险"等可能使投资者认为没有风险的词语。

（6）登载单位或者个人的推荐性文字。

（7）基金宣传推介材料所使用的语言表述应当准确清晰，还应当特别注意：①在缺乏足够证据支持的情况下，不得使用"业绩稳健""业绩优良""名列前茅""位居前列""首只""最大""最好""最强""唯一"等表述；②不得使用"坐享财富增长""安心享受成长""尽享牛市"等易使基金投资人忽视风险的表述；③不得使用"欲购从速""申购良机"等片面强调基金营销时间限制的表述；④不得使用"净值归一"等误导基金投资人的表述。

（三）宣传推介材料中登载基金过往业绩的规定

（1）基金宣传推介材料登载基金的过往业绩，应当符合下列规定：基金宣传推介材料可以登载该基金、基金管理人管理的其他基金的过往业绩，但基金合同生效不足6个月的除外。基金宣传推介材料登载过往业绩，基金合同生效6个月以上但不满1年的，应当登载从合同生效之日起计算的业绩；基金合同生效1年以上但不满10年的，应当登载自合同生效当年开始所有完整会计年度的业绩，宣传推介材料公布日在下半年的还应登载当年上半年的业绩；基金合同生效10年以上的，应当登载最近10个完整会计年度的业绩。

（2）登载该基金、基金管理人管理的其他基金的过往业绩，应当按照有关法律、行政法规的规定或者行业公认的准则计算基金的业绩表现数据，并登载基金业绩比较基准的表现。引用的统计数据和资料应当真实、准确，并注明出处，不得引用未经核实、尚未发生或者模拟的数据。真实、准确、完整、合理地表述基金业绩和基金管理人的管理水平。基金业绩表现数据应当经基金托管人复核。

（3）基金宣传推介材料对不同基金的业绩进行比较，应当使用可比的数据来源、统计方法和比较期间，并且有关数据来源、统计方法应当公平、准确，具有关联性。

（4）基金宣传推介材料附有统计图表的，应当清晰、准确；提及第三方专业机构评价结果的，应当列明第三方专业机构的名称及评价日期。

（5）基金宣传推介材料应当含有明确、醒目的风险提示和警示性文字，并使投资者在阅读过程中不易忽略，以提醒投资者注意投资风险，仔细阅读基金合同和基金招募说明书，了解基金的具体情况。

（6）基金宣传推介材料不得模拟基金未来投资业绩。对于推介定期定额投资业务等需要模拟历史业绩的，应当采用我国证券市场或境外成熟证券市场具有代表性的指数，对其过往足够长时间的实际收益率进行模拟，并注明相应的复合年平均收益率。此外，还应当说明模拟数据的来源、模拟方法及主要计算公式，并进行相应的风险提示。

（7）有足够平面空间的基金宣传推介材料。应当参照《风险提示函的必备内容》在材料中加入完整的风险提示函。

风险提示函的必备内容如下：

（1）证券投资基金（简称"基金"）是一种长期投资工具，其主要功能是分散投资，降低投资单一证券所带来的个别风险。基金不同于银行储蓄和债券等能够提供固定收益预期的金融工具，投资人购买基金，既可能按其持有份额分享基金投资所产生的收益，也可能承担基金投资所带来的损失。

（2）基金在投资运作过程中可能面临各种风险,既包括市场风险,也包括基金自身的管理风险、技术风险和合规风险等。巨额赎回风险是开放式基金所特有的一种风险,即当单个交易日基金的净赎回申请超过基金总份额的10%时,投资人将可能无法及时赎回持有的全部基金份额。

（3）基金分为股票基金、混合基金、债券基金、货币市场基金等类型,投资人投资不同类型的基金将获得不同的收益预期,也将承担不同程度的风险。一般来说,基金的收益预期越高,投资人承担的风险也越大。

（4）投资人应当认真阅读《基金合同》《招募说明书》等基金法律文件,了解基金的风险收益特征,并根据自身的投资目的、投资期限、投资经验、资产状况等判断基金是否和投资人的风险承受能力相适应。

（5）投资人应当充分了解基金定期定额投资和零存整取等储蓄方式的区别。定期定额投资是引导投资人进行长期投资、平均投资成本的一种简单易行的投资方式。但是定期定额投资并不能规避基金投资所固有的风险,不能保证投资人获得收益,也不是替代储蓄的等效理财方式。

（6）基金管理人承诺以诚实信用、勤勉尽责的原则管理和运用基金资产,但不保证基金一定盈利,也不保证最低收益。基金的过往业绩及其份额净值高低并不预示其未来业绩表现(或基金管理人管理的其他基金的业绩不构成对基金业绩表现的保证)。基金管理人提醒投资人基金投资的买者自负原则,在做出投资决策后,基金运营状况与基金份额净值变化引致的投资风险,由投资人自行负担。

（7）投资人应当通过基金管理人或具有基金代销业务资格的其他机构购买和赎回基金,基金代销机构名单详见基金《招募说明书》以及相关公告。

（四）基金宣传推介材料的报送

报送内容包括基金宣传推介材料的形式和用途说明、基金管理公司督察长出具的合规意见书、基金托管人出具的基金业绩复核函或基金定期报告中相关内容的复印件及有关获奖证明的复印件。书面报告报送基金管理公司或基金代销机构主要办公场所所在地证监局。基金管理公司或基金代销机构应当在分发或公布基金宣传推介材料之日起5个工作日内递交报告材料。

三、基金销售费用规范

中国证监会关于基金销售费用的规范主要体现在2004年7月1日起施行的《证券投资基金销售管理办法》中。2009年10月为进一步规范基金销售市场秩序,完善基金销售费用结构和水平,中国证监会又发布了《开放式证券投资基金销售费用管理规定》。

（一）关于基金销售费用的一般规范

（1）基金销售机构应当加强后台管理系统对费率的合规控制,强化对分支机构基金销售费用的统一管理和监督。同时,应当按照基金合同和招募说明书的约定向投资人收取销售费用;未经招募说明书载明并公告,不得对不同投资人适用不同费率。

(2)基金管理人与基金销售机构应通过协议约定双方对申购(认购)费、赎回费、销售服务费等销售费用的分成比例,并据此就各自实际取得的销售费用确认基金销售收入,如实核算、记账、依法纳税。

(3)基金销售机构的总部应在销售前与基金管理人签订销售协议,约定支付报酬的比例和方式、销售费用的结算方式和支付方式等,也可以约定依据销售机构销售基金的保有量提取一定比例的客户维护费,用以向基金销售机构支付客户服务及销售活动中产生的相关费用,但客户维护费从基金管理费中列支。同时,基金管理人不得向销售机构支付非以销售基金的保有量为基础的客户维护费,也不得在基金销售协议之外支付或变相支付销售佣金或报酬奖励等。

(4)基金销售机构在基金销售活动中不得有下列行为:①在签订销售协议或销售基金的活动中进行商业贿赂;②以排挤竞争对手为目的,压低基金的收费水平;③擅自变更对基金投资人的收费项目或收费标准,或通过先收后返、财务处理等方式变相降低收费标准;④采取抽奖、回扣或者送实物、保险、基金份额等方式销售基金;⑤募集期间对认购费用打折;⑥其他违反法律、行政法规的规定,扰乱行业竞争秩序的行为。

(5)基金管理人应在招募说明书及发行公告中载明有关基金销售费用的信息:①基金销售费用收取的条件、方式、用途和费用标准;②以简单明了的格式和举例方式向投资人说明基金销售费用水平;③中国证监会规定的其他有关基金销售费用的信息事项。

(6)基金管理人应当在基金半年度报告和基金年度报告中披露从基金财产中计提的管理费、托管费、基金销售服务费的金额,并说明管理费中支付给基金销售机构的客户维护费总额。

(二)关于基金销售费用结构和费率水平具体规范

(1)基金销售费用包括基金的申购费(认购费)和赎回费。其中,认购费和申购费可以采用在基金份额发售或者申购时收取的前端收费方式,也可以采用在赎回时从赎回金额中扣除的后端收费方式,但费率不得超过认购或申购金额的5%。基金管理人可以对选择前端收费方式的投资人根据其申购(认购)金额的数量适用不同的前端申购(认购)费率标准,也可以对选择后端收费方式的投资人根据其持有期限适用不同的后端申购(认购)费率标准。对于持有期不足3年的投资人,不得免收其后端申购(认购)费用。

(2)除货币市场基金及中国证监会规定的其他品种外,赎回费不得超过基金份额赎回金额的5%,同时应当将不低于赎回费总额的25%归入基金财产。对于投资于计提销售服务费的债券基金的投资人,持有期少于30日的,基金管理人可以在基金合同、招募说明书中约定收取一定比例的赎回费。

(3)对于短期交易的投资人,基金管理人可以在基金合同、招募说明书中约定按以下费用标准收取赎回费:①对于持续持有期少于7日的投资人,收取不低于赎回金额1.5%的赎回费;②对于持续持有期少于30日的投资人,收取不低于赎回金额0.75%的赎回费,收取的基金赎回费应全额计入基金财产。

(4)除货币市场基金及中国证监会规定的其他品种外,基金销售机构通过互联网、电话、移动通信等非现场方式进行销售时,经与基金管理人协商一致可以对自助交易前端申购费用实行一定的优惠。

(5) 基金份额持有人在同一基金管理人所管理的不同基金之间进行转换时,应当按照转出基金的赎回费用加上转出与转入基金申购费用补差的标准收取费用。当转出基金申购费率低于转入基金申购费率时,费用补差为按照转出基金金额计算的申购费用差额;当转出基金申购费率高于转入基金申购费率时,不收取费用补差。

四、基金销售适用性

2007年10月发布并实施的《证券投资基金销售适用性指导意见》,围绕投资人需要,从审慎调查、产品风险评价、基金投资人风险承受能力调查和评价等方面对销售机构的行为进行了规范,并要求基金销售机构在实施基金销售适用性的过程中遵循投资人利益优先原则、全面性原则、客观性原则和及时性原则。

(一)审慎调查

基金管理人和代销机构在选择合作伙伴时,要相互进行审慎调查。基金代销机构对基金管理人进行审慎调查,要了解基金管理人的诚信状况、经营管理能力、投资管理能力和内部控制情况等。基金管理人对基金代销机构进行审慎调查,要了解基金代销机构的内部控制情况、信息管理平台建设、账户管理制度、销售人员能力和持续营销能力。双方可将调查结果作为是否选择对方进行合作或向投资人推介的重要依据。开展审慎调查应当优先根据被调查方公开披露的信息进行。

(二)基金产品风险评价

在销售基金时,基金销售机构应当通过自身或第三方机构对基金产品的风险进行评价。基金产品风险评价可通过基金产品的风险等级来反映,至少包括低风险等级、中风险等级和高风险等级三个层次。基金产品风险评价主要应依据以下因素:基金招募说明书所明示的投资方向、投资范围和投资比例,基金的历史规模和持仓比例,基金的过往业绩及基金净值的历史波动程度,基金成立以来有无违规行为发生。风险评价可作为向投资人推介的重要依据,风险评价方法及其说明应当通过适当途径向基金投资人公开。

(三)基金投资人风险承受能力调查和评价

基金销售机构应当建立基金投资人调查制度,对基金投资人的风险承受能力进行调查和评价。调查和评价应在基金投资人首次开立基金交易账户时或首次购买基金产品前进行。投资人风险承受能力主要包括保守型、稳健型和积极型三种类型。销售机构可以采用面谈、信函、网络等方式对基金投资人的风险承受能力进行调查,应当至少了解基金投资人的投资目的、投资期限、投资经验、财务状况、短期风险承受水平、长期风险承受水平等。

五、基金营销中的投资者教育

由于我国基金业发展历史较短,投资者对基金了解程度有限,因此投资者在基金投资上还存在一定的认识误区或错误观念。例如,把基金当作存款或保险;把基金当股票炒作,频繁买卖;喜欢买新发行的基金;认为基金越便宜越好;只关注基金过往收益,忽视投资风险;喜欢频繁分红的基金等。

为加强基金投资者教育,在监管机构的倡导和组织下,基金管理公司和托管银行陆续通过网站、座谈会或报告会、柜台现场讲解等方式开展了形式多样的基金投资者教育活动。

进行投资者教育的主要目的是使投资者充分了解基金、了解自己、了解市场、了解历史、了解基金管理公司,改变认识上的误区,根据自己的投资偏好和风险承受能力,在适当的时机,选择合适的基金进行投资。

(1)了解基金,即了解基金的运作原理与风险特征。证券投资基金是一种分散投资,让投资者共享收益、共担风险的投资工具。不同的基金类型有不同的风险和收益,并且风险与收益往往成正比。

(2)了解自己,即根据自身情况选择合适的基金产品。要从自己的年龄、家庭状况、收入水平、投资期限、投资目标、风险承受能力、投资偏好、期望回报率等方面出发,选择适合自己的产品。例如,对于年轻人而言,如经济能力尚可,家庭负担较轻,投资期限长,能承担较大的风险,可选择股票基金;对于中年人,收入比较稳定,但家庭责任比较重,应在考虑投资回报率的同时坚持稳健的原则,分散风险,可尝试多种基金组合;对于老年人而言,应以稳健、安全、保值为目的,可选择货币市场基金、债券基金、保本型基金等安全性较高的基金产品。

(3)了解市场,即了解基金的盈利模式。开放式基金的价值取决于其投资标的物的价值。股票或债券市场有其自身的运作规律和特征,基金管理公司主要是根据对市场与投资规律的理解和判断来制定相应的投资战略。

(4)了解历史,不仅包括对证券市场、基金市场发展历史的了解,还应包括对不同投资理念的发展历史及其在不同市场时期的适用性的了解。要充分认识到,没有只涨不跌的资本市场,也没有稳赚不赔的金融投资产品,以投机的方式参与市场的投资者,其承受的投资损失可能更大,恢复本金所花费的时间也可能更长。了解历史的目的是使投资人的行为更为理性。

(5)了解基金管理公司,即选择优秀基金管理公司的产品。应该选择投资团队优秀、基金业绩较好、产品风格比较稳定、持股集中度和换手率较低、信息透明度较高、注重投资者教育的基金管理公司的产品进行投资。

【链接 7-4】

进行投资者教育活动,向投资人普及基金知识、充分揭示基金投资风险,目的是培养投资者的理性投资行为,使投资者与基金市场发展同步成熟。

基金投资者教育不是一次性的活动。在不同时期,投资者会遇到不同的问题,应不断更新投资者教育的内容和方式,使投资者队伍日益成熟。

本章小结

基金营销是基金销售机构从市场和客户需要出发进行的基金产品设计、销售、售后服务等一系列活动的总称。

基金营销具有规范性、服务性、专业性、持续性和适用性等特征。

基金营销包括确定目标市场与客户、分析营销环境、设计营销组合和管理营销过程等主要内容。

基金产品设计要掌握基金产品的设计思路与流程、基金产品设计的法律要求、基金产品线的布置及基金产品定价管理。

基金的销售渠道主要有商业银行、证券公司、证券咨询机构和专业基金销售公司、基金管理公司直销中心等。

基金的促销手段主要包括人员推销、广告促销、营业推广和公共关系等。

基金的客户服务方式包括电话服务中心、邮寄服务、自动传真、电子邮箱与手机短信、"一对一"专人服务、互联网、媒体和宣传手册、讲座、推介会和座谈会等。

思 考 题

1. 怎样理解基金营销的含义与特征？
2. 怎样理解基金产品设计与定价？
3. 基金的销售渠道主要有哪些？
4. 怎样理解基金销售的适用性问题？
5. 基金销售行为规范主要有哪些？

案例分析

存款准备金管理与余额宝

案例描述：

伴随着中国经济的迅猛发展、全球信息技术的不断发展、互联网在中国的全面普及及互联网巨头对互联网金融的成功介入，互联网金融也在迅猛发展。顾名思义，互联网金融是互联网与金融的结合，是借助互联网技术和移动通信技术实现资金融通、支付和信息中介功能的新兴金融模式。2013年下半年以来，最为火热的互联网金融莫过于余额宝类理财产品、第三方支付、P2P网贷平台和众筹。

2014年3月19日，中国人民银行调查统计司司长撰文《余额宝与存款准备金管理》，提出余额宝等货币市场基金投资的银行存款应受存款准备金管理，以缩小监管套利的空间，让金融市场的竞争环境更加公平合理，让货币政策的传导更加顺畅有效。此文一经发表,就引起了一场大讨论。非存款类金融机构同业存款的规模不断扩大,对货币政策传导及其有效性的影响越来越大。以余额宝为例,5 000多亿元的余额宝资金就有95%以上存放于银行,其影响不容忽视。"基金存入银行的款项不受存款准备金管理是余额宝获取高收益的一个重要原因",文章分析,如果银行吸收的货币市场基金协议存款受存款准备金管理,银行这部分资金成本将明显增加,并将直接导致余额宝收益的下降。假定余额宝—增利宝基金投资银行协议存款的款项缴存20%的准备金,按照该基金协议存款利率(6%)和我国统一的法定存款准备金利率(1.62%)计算,余额宝的年收益率将下降约1个百分点。

2014年5月4日,中国人民银行调查统计司司长再次于《中国金融》上发表文章《什么是存款准备金管理》。文章指出,存款准备金制度仍是中国货币政策的主要工具之一,同业存款实行准备金制度不仅必要且可行,余额宝等货币基金受存款准备金管理并非由其直接缴存。文章指出,法定存款准备金制度的关键是存款,准确地说,是具有存款性质的金融机构负债类产品,而吸收存款的金融机构是缴存准备金的主体。我国目前也是要求金融机构以其吸收的各项存款为基础缴存准备金,只是未像发达国家那样对活期存款、定期存款等各类存款执行不同的准备金率。文章强调了余额宝等对应的货币市场基金存入银行的存款,其合约性质及对货币创造的影响与一般企业和个人的存款并无不同,进一步论证了为何要对余额宝等货币基金存入银行的存款征收准备金。

案例评析:

互联网金融凭借其强大的信息处理能力及组织模式方面的优势,极大地降低了金融交易的成本,提高了服务小微客户的可行性。通过大数据分析,可以更好地实现风险定价、实时动态监管,保证资金安全,从而降低了服务客户的准入门槛,由此大大拓展了金融服务的生产可能性边界,将互联网金融产品和服务客户的金融实际需求有效地结合起来。

简单、用户体验和倍增年化收益,让余额宝从众多基金产品中脱颖而出,成为互联网金融的一个代名词。截至2014年1月15日,余额宝规模已突破2 500亿元,用户数达4 900万,户均持有额为5 100元。在余额宝的带动下,其他互联网金融产品也纷纷涌现。

推动互联网金融健康发展的核心是风险管理,如何使其遵循金融业的一些基本规律和内在要求,成为亟待央行和监管部门解决的问题。央行在支持和容忍余额宝等金融产品的创新行为的同时,针对相关产品可能带来的流动性及价格波动等风险,将会进一步关注市场变化,加以防范。

信托产品营销

【教学目标】

1. 理解信托的含义与特征
2. 了解信托营销的含义
3. 了解信托产品营销体系
4. 了解信托产品营销渠道及策略

【知识结构图】

信托产品营销
- 信托产品的含义、特征与分类
  - 信托产品的含义与特征
  - 信托产品的分类
- 信托产品营销概述
  - 信托产品营销的含义
  - 信托产品营销体系的建立
- 信托产品营销渠道
  - 人员直销
  - 银行代销
  - 证券公司代销
  - 第三方理财公司代销
- 信托产品营销策略
  - 树立以客户为中心的营销理念
  - 增强全员、全程、全面服务的意识
  - 加强信托公司直销体系建设
  - 通过各种渠道进行宣传,增强人们的信托理财意识
  - 加强信托公司品牌建设
  - 不断丰富信托公司的产品线
  - 加强信托公司信息系统建设
  - 加大培训力度,提高信托从业人员的专业水平

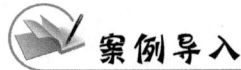 **案例导入**

中信信托·嘉丽泽健康度假产品系列信托项目

中信信托于2013年11月推出了国内首个消费信托。围绕这款产品,中信信托设计了医疗养生、消费信托、旅游地产、大数据等卖点。该项目是业内首个消费信托项目。嘉丽泽项目是中信信托在云南推出的以健康产业为核心,集预防、特色医疗、健康管理、康复、养老、养生于一体的"国际健康岛"。

一、产品基本信息

该消费信托的设计源自预付型储值卡和分时度假理念的嫁接。该消费信托收益中的消费权益是云南嘉丽泽健康岛度假公寓14天居住权、一张健康消费卡及一项原价优先购房期权(在购买产品后的三年内拥有嘉丽泽项目地产板块的原价优先购房权)。如果将消费权益进行资金化回报换算,五年有效期内,每年消费权益价值的实际回报率超过15%。

二、交易结构分析

在中信嘉丽泽项目中,旅游消费者通过信托获得居住权及医疗养生服务。首期"嘉丽泽健康度假产品"分为H类和G类两种,期限均为五年。H类产品客户交付资金8.8万元,其中7.5万元为保证金,五年后到期全额返还,另外1.3万元作为会籍费一次性收取,每年会籍费2 600元,按年度扣减;G类产品的门槛则是18.8万元,其中15万元为保证金,3.8万元为会籍费。

三、信托报酬分析

传统的被动管理信托(通道类业务)报酬率低0.05%~0.1%,但由于规模较大(几十亿至几百亿元)仍有利可图,而该消费信托面向个人消费者,规模较小且账户较多,直接收取信托报酬或平衡管理费用,另外对保证金或会籍费收取信托报酬是否合规尚难定论,再者提出信托报酬亦会给营销造成困难(个人消费者可能难以接受)。在信托报酬收取模式尚未公开的情况下,根据保证金运作规则:允许进行中信信托及招行共同认可范围内的低风险投资,包括招行理财产品、中信信托其他信托产品、债券等,到期则直接由银行监管账户转入信托账户,退还投资者保证金。

四、客户定位——大数据应用

目标客户为潜在购房者或投资者、有医疗养生需求的游客。据中信信托有关人士介绍,大数据信托实质是指通过挖掘已有数据来发现各个行业之间的联系及不同客户中存在的共同需求,从中发掘商机并以此为依据成立的信托计划。由于信托产品的规模小,信托公司直销成本较高,所以中信信托通过招行渠道发行,招行通过大数据分析其客户信息来挖掘潜在客户。

思考题:

1. 怎样理解信托产品交易结构对其推广的影响?
2. 怎样用大数据挖掘信托产品客户?

第一节 信托产品的含义、特征与分类

一、信托产品的含义与特征

（一）信托的含义

信托，即信用委托，是指委托人基于对受托人的信任，将财产权委托给受托人，由受托人按委托人的意愿以自己的名义，为受益人的利益或为特定目的，进行管理或者处分的行为。信托最大的优势是"刚性兑付"。信托与银行、保险、证券一起构成了现代金融体系。信托业务是一种以信用为基础的法律行为，一般涉及三方当事人，即投入信用的委托人、受信于人的受托人、受益于人的受益人。

（二）信托的作用

信托的作用是信托职能发挥的结果，具体表现在如下几个方面。

（1）代人理财的作用，拓宽了投资者的投资渠道。信托有两个特点：一是规模效益，信托将零散的资金巧妙地汇集起来，由专业投资机构运用于各种金融工具或实业投资，谋取资产的增值；二是专家管理，信托财产是由相关行业的专家来管理的，他们具有丰富的行业投资经验，掌握先进的理财技术，善于捕捉市场机会，为信托财产的增值提供了重要保证。

（2）聚集资金，为经济服务。信托制度可有效地维护、管理所有者的资金和财产，它具有很强的筹资能力，为企业筹集资金创造了良好的融资环境，更为重要的是它可以将储蓄资金转化为生产资金，可有力地支持经济的发展。

（3）规避和分散风险的作用。信托财产具有独立性，信托财产在设立信托时没有法律瑕疵，在信托期内能够对抗第三方的诉讼，保证信托财产不受侵犯，从而使信托制度具有其他经济制度所不具备的风险规避作用。

（4）促进金融体系的发展与完善。

（5）发展社会公益事业，健全社会保障制度。通过设立各项公益信托，可支持我国科技、教育、文化、体育、慈善等事业的发展。

（6）构筑社会信用体系。信用制度的建立，是市场规则的基础，而信用是信托的基石。信托作为一项经济制度，如果没有诚信原则支撑，就谈不上信托。信托制度的回归，不仅促进了金融业的发展，而且对构筑整个社会信用体系具有积极的促进作用。

（三）信托的特征

（1）委托人对受托人的信任。这是信托关系成立的前提。一是对受托人诚信的信任，二是对信托人承托能力的信任。

（2）信托财产及财产权的转移是成立信托的基础。信托是以信托财产为中心的法律关系，没有信托财产，信托关系就丧失了存在的基础，所以委托人在设立信托时必须将财产权转移给受托人,这是信托制度与其他财产制度的根本区别。财产权是指以财产上的利益为标准的权利,除身份权、名誉权、姓名权之外,其他任何权利或可以用金钱来计算价值的财产权,如物权、债权、专利权、商标权、著作权等,都可以作为信托财产。

(3) 信托关系中的三个当事人,以及受托人以自己的名义,为受益人的利益管理处分信托财产是信托的两个重要特征。信托关系是多方的,有委托人、受托人、受益人,这是信托的一个特征。受托人以自己的名义管理处分信托财产,这是信托的另一个重要特征。这种信托关系体现了五重含义:一是委托人将财产委托给受托人后对信托财产就没有了直接控制权;二是受托人完全是以自己的名义对信托财产进行管理处分;三是受托人管理处分信托财产必须按委托人的意愿进行;四是这种意愿是在信托合同中事先约定的,也是受托人管理处分信托财产的依据;五是受托人管理处分信托财产必须是为了受益人的利益,既不能为了受托人自己的利益,也不能为了其他第三人的利益。

(4) 信托是一种由他人进行财产管理、运用、处分的财产管理制度。信托机构为财产所有者提供广泛有效的服务是信托的首要职能和唯一服务宗旨,并把管理、运用、处分、经营财产的作用体现在业务中。它已成为现代金融业的一个重要组成部分,与银行业、保险业、证券业既有联系又有区别。

二、信托产品的分类

信托产品在产品设计上种类繁多,各有不同的特点。各个信托品种在风险和收益潜力方面可能会有很大的分别。

1. 按照信托的目的划分,分为民事信托和商事信托

民事信托(civil trust)是指以民法为依据建立的信托,即民事信托是属于民法范围内的信托。商事信托(commercial trust)是"民事信托"的对称,是以商法为依据建立的信托,属于商法范围内的信托业务。

2. 按照信托的资产划分,分为资金信托和财产信托

资金信托(capital trust),又称"金钱信托",是指委托人基于对信托投资公司的信任,将自己合法拥有的资金委托给信托投资公司,由信托投资公司按委托人的意愿以自己的名义,为受益人的利益或特定目的管理、运用和处分资金的行为。财产信托(property trust)是指委托人将自己的动产、不动产(房产、地产)以及版权、知识产权等非货币形式的财产、财产权,委托给信托投资公司按照约定的条件和目的进行管理或者处分的行为。

3. 按照委托人的主体地位划分,分为个人信托、法人信托和共同信托

个人信托(personal trust)是以个人为服务对象的信托业务,其委托人是个人,受益人也是个人。法人信托(corporate trust),又称"公司信托""团体信托",包括营利法人团体(如公司组织、合作社组织及其他营业机构)和公益法人团体(如学术、宗教和慈善团体等)。凡以组织为委托人的都是法人信托。共同信托(common trust)是指某项信托财产为几个人所共有,共同提出设立信托。

4. 按照收益对象划分,分为私益信托和公益信托

私益信托(private trust)是指委托人为自己、亲属、朋友或其他特定个人的利益而设立的信托。私益信托可以是自益信托,也可以是他益信托。私益信托是信托业务的主要组成部分,信托投资公司通过运用信托手段为受益人谋取信托收益。公益信托(charitable trust)是指为了公共利益的目的,使整个社会或社会公众的一个显著重要的部分受益而设立的信托。公益信托只能是他益信托。设立公益信托不得有确定的受益人,只能以社会公众或一定范围内的社会公众作为受益人,并且必须得到税务机关或公益事业管理机构的批准或许可。

5. 按照委托人与受托人的关系划分,分为自益信托和他益信托

自益信托(self-benefit trust)是指委托人以自己为唯一受益人而设立的信托。自益信托的委托人和受益人是同一个人。自益信托只能是私益信托。他益信托(altruistic benefit trust)是指按照委托人要求受益者为第三者的信托。被指定的第三者可以表示同意也可以拒绝接受,同时也存在第三者没有明确表示同意或者拒绝该信托,这种情况属于默认接受。

6. 按设立信托的不同行为方式划分,分为合同信托和遗嘱信托

合同信托(contract trust)是指以订立信托合同的法律行为方式而设立的信托。合同信托当事人之间依双方的意思表示一致而成立,在合同信托关系中,当事人发生信托行为必须严格按照信托合同的约定进行。合同信托一般也称为生前信托。遗嘱信托(testamentary trust)是指以委托人订立遗嘱的法律行为方式为前提设立的信托。遗嘱虽是立遗嘱人生前订立的,但其法律效力却需等到立遗嘱人死亡后才能生效。因此,遗嘱信托也称为身后信托。设立遗嘱信托必须遵守国家继承法中关于遗嘱的具体规定。

7. 以信托关系建立的法律依据为标准,分为任意信托、推定信托和法定信托

任意信托(express trust)是指信托当事人(委托人、受托人、受益人)成立信托关系的意思表示,明确定在有关信托文件(契约或遗嘱)中,即这种信托的成立完全以各方当事人的自由意思表示为依据,不受外力干预,因此又称"自由信托",又因其意思表示定在文件中,亦称为"明示信托"。推定信托(presumptive trust)是指信托关系的成立,并没有订立明确的契约或遗嘱等,而是由法院根据信托关系人的来往书信或其他有关文件记载研究推定三方当事人确曾有建立信托关系的意思,继而明确真正的信托关系。法定信托(constructive trust)是指依法律的规定来推测当事人的意思所发生的一种信托,即由司法机关确定信托法律上的效力。

8. 按信托是否跨国划分,分为国内信托和国际信托

国内信托(internal trust)是指信托当事人在一国国内,信托行为也在一国国内进行的信托。国际信托(international trust)是指信托当事人中有一方在国外,或信托行为跨

国进行的信托。

9. 按信托设立时是否保留了委托人的撤销权划分，分为可撤销信托和不可撤销信托

【链接 8-1】

可撤销信托（revocable trust）是指委托人在信托契约中保留了随时可以终止信托合同并取回信托财产的权利的信托。该类信托对委托人的财产权无影响，不会对财产起到风险隔离作用。不可撤销信托（irrevocable trust）是指除依照信托契约所记载的条款外，不得由委托人终止的信托。一般而言，成立可撤销信托还是不可撤销信托，由当事人自由决定。但是除非委托人在信托合同中明确保留了撤销权，否则该信托为不可撤销信托。

第二节　信托产品营销概述

一、信托产品营销的含义

（1）信托产品营销是信托公司的一个管理过程，必须经过精心的设计，形成可行的计划，作为销售的准备阶段，以实现所期待的目标。

（2）信托公司应根据一个选定的目标客户群的需求，制订信托产品的营销计划。信托投资公司需要进行市场调查，分析客户的行为，观察客户购买自己的产品和竞争产品的情况，着重了解客户未被满足的需要，为制订市场营销计划提供较为充分的依据。

（3）信托公司不是针对全部市场的全部需求，而是针对选定的目标市场。因此，根据投资者的特征或投资者对产品的不同反应，将整体市场划分成若干个投资者群，在整体市场中确定自己的目标市场。这是信托公司市场营销过程中的一项重要工作。

（4）信托产品营销是客户导向型和竞争导向型，而不是产品导向型的，即信托投资公司营销计划的制订应基于对目标市场的需求及竞争产品状况的透彻了解，而非仅仅是公司领导者的兴趣。

（5）提供客户满意的产品是信托公司取得长期市场成功最重要的基础。提供让客户满意的产品，意味着客户实际获得的利益超过其对信托产品的期望，这需要信托公司做好两方面的工作：努力开发高质量的信托产品；有意识地进行客户的期望管理。

二、信托公司营销体系的建立

建立高效的营销机构是公司建立营销体系的关键。随着信托公司的发展壮大和市场竞争的逐渐展开，信托公司应逐步建立自己的营销机构网络。信托公司建立营销体系可以实行三步走的战略：第一步，构建合理的营销机构；第二部，培养"精英展业"的营销队伍；第三步，建立网上营销系统。

（一）公司内部的营销机构

信托公司营销机构的设置应体现"效益"和"效率"的原则，服从公司整体经营目标和经营战略。公司设立营销机构应达到两个目标：一是对信托市场需求做出快速反应；二是使信托产品市场销售效率最大化。

公司内部的营销机构可分为以下几种。

（1）通路拓展部。负责与银行、券商、基金、保险等金融同业联系与协调，开发、维护渠道，为客户提供投融资顾问服务。

（2）客户服务部。以信托新业务拓展为重点，服务功能前移，提供"一站式"客户服务。客户服务部的主要职能是市场拓展和产品营销，包括拓展市场、开发客户、吸揽资金、营销产品、咨询推介、受理签约、发售兑付，完全按照专业化市场营销体系操作和运营。

（3）行销暨媒体公关部。负责提升公司形象及产品宣传等媒体公关事宜，针对特定产品任务，规划与执行相关促销活动及广告业务，编辑发行相关刊物，为投资人提供最新投资动态与公司资讯。

（4）各驻外办事处。实施区域市场推广、促销、客户开发、联络。金融企业经营业务的本质，是其产品的营销与服务。因此，营销工作不仅仅是公司营销部门的事，其他各部门也要密切配合营销工作，使公司逐步建立一个完善、高效的配套联动营销体系。

（二）可借助的外部营销机构

基于互惠互利的原则，信托投资公司还可以借助外部的营销机构进行信托产品的销售。利用外部营销机构的一个最大优点是资源互补，节省营销成本。

1. 与同业的合作

《信托法》和《信托投资公司管理办法》的颁布，规范了信托业务，为信托公司的发展指明了方向，但同时也剥夺了信托公司传统的利润来源，如信贷和部分证券业务。因此，信托公司既面临发展机遇，也面临生存危机。在这种背景下，信托同业的合作显得尤为重要。各信托公司只有同心协力，才能共同发展、共同繁荣。信托主业在全国各个地区都是待开垦的"处女地"，其中蕴涵的商机无限，市场潜力巨大，而整顿后每个省市只保留一两家信托公司，这种宽松的竞争环境使它们之间不会存在很大的利益冲突，更不会形成恶性竞争，这为它们之间的合作提供了可能。现有的信托公司由于自身实力的限制，难以独立承担基础设施建设等大型项目。通过合作，信托公司可以共同开发项目、拓展信托业务，充分挖掘各个地区市场的潜力。信托投资公司可以借用上海、深圳等经济较为发达的对外开放前沿地区的信托公司的营销机构，发售信托凭证，开拓业务。

2. 与银行、保险、证券公司的合作

银行、保险、证券公司等经过多年的发展，已经构筑了发达的营销网络体系。信托公司可以通过支付一定费用，借助它们的营销渠道销售信托产品。信托公司多年混业经营，与它们建立了良好的协作关系。信托公司与它们还有很多合作机会，如信托公司可以参与银行不良贷款的处理，可以与保险公司合作开展人寿保险信托，可以与证券公司共同发起基金等。这些都为信托公司借助它们的营销体系提供了基础。

(三) 网络营销

网络金融业务作为一个全新的事物,日益受到金融业的关注,目前整个金融业正在不知不觉地开展一场网上圈地运动。各大商业银行推出了网上企业银行和个人银行业务,证券公司则纷纷开展网上证券、网上咨询、网上委托理财服务。面对网上金融业务的竞争,信托公司应做好准备,以便在未来抢占网络信托市场的战略主动权。

第三节 信托产品营销渠道

随着信托行业的迅速发展,我国信托公司逐渐形成了人员直销、银行代销、证券公司代销、第三方理财公司代销等多种销售渠道。

一、人员直销

人员直销是所有信托公司非常重视的销售渠道。大部分信托公司都建立了自己的财富管理中心或信托理财中心,并在全国主要经济发达城市招募理财产品销售人员。直销渠道的建设有利于形成信托公司自身的募资能力,摆脱信托理财产品销售渠道受制于人的局面。但是我国信托公司产品直销能力发展并不均衡,一些实力较强、起步较早的信托公司已经形成了较为完善的营销体系,而一些起步较晚的信托公司甚至还未形成自身的直销能力。信托理财产品直销体系的建立,需要妥善平衡直销队伍规模与产品供应速度的关系。如果信托理财产品的供应不能满足销售的需求,则会增加销售成本,难以支持直销队伍的长期发展。

二、银行代销

银行代销是信托理财产品最主要的销售渠道。银行具有网络、结算、服务、政策等多重优势,掌握着丰富的高端客户资源。银行的募集资金能力主要体现为销售规模大,募集时间短。各商业银行对于合作的信托公司一般要求比较严格,代销信托产品的决策周期也比较长。此外,银行往往对代销的信托理财产品收取较高的手续费,大大提高了信托募集资金的成本。目前,我国大部分信托公司对银行代销渠道十分依赖,甚至许多信托公司完全依赖银行的销售渠道。这进一步说明了信托公司建立自身产品销售渠道的重要性。

三、证券公司代销

证券公司遍布全国的证券营业部拥有我国资本市场上最为成熟的投资者。经历了股市的大起大落,我国广大的资本市场投资者深刻地领会了"买者自负"的投资理念,这也是我国信托行业投资者亟需具备的理念,因为信托产品的"刚性兑付"原则始终是阻碍信托公司业务转型的问题。同时,随着近两年我国股市的低迷,信托理财产品高收益、低风险的特征对广大资本市场投资者具有很大的吸引力。然而目前我国信托公司理财产品通过证券公司代销的数量很少,究其原因,主要在于信托理财产品与证券公司集合资产管理计划产品存在竞争关系,证券公司往往担心自身客户资源的流失。因此,进一步探讨信托公司和证券公司双赢的合作模式,是发展证券公司代销渠道的必然选择。

四、第三方理财公司代销

近年来,以销售信托理财产品、基金产品、PE产品为主要业务的第三方理财公司蓬勃发展,少数公司甚至已经积累了雄厚的客户资源,具有很强的发行能力。信托公司与第三方理财公司合作,可充分利用其积累的客户,提高募集资金的速度。然而,第三方理财公司由于不属于金融机构,缺乏相应的监管,整个市场略显混乱,潜藏着不少风险,如果合作不当很可能会损害信托公司的声誉。

【链接8-2】

第四节 信托产品营销策略

随着我国金融理财市场的日益发展,金融机构之间的竞争也日益激烈。信托公司的发展不仅存在不能公开营销等政策法规的限制,也面临银行理财、证券公司资产管理、基金公司客户资产管理计划、保险理财、私募基金等多方面的市场竞争。在激烈的市场环境下,不断提高产品营销能力,对信托公司的发展至关重要。

一、树立以客户为中心的营销理念

信托公司的信托业务收入主要来源于信托报酬,信托公司的生存和发展取决于所拥有的客户群体。市场开发中应树立以客户为中心的理念,从客户的角度出发,对其需求进行认真的分析研究,提供客户满意的服务。在运作上应当以市场为导向,对市场变化反应灵敏,在企业组织行为的层次上体现市场导向的文化,形成公司与客户的长期稳固的联系,最终实现公司与客户的双赢。

二、增强全员、全程、全面服务的意识

全员服务是指客户服务不仅仅是信托经理或市场营销部门的事情,而是全体员工的事情,企业中的每个人必须肩负起为客户创造价值的责任。全程、全面的服务是指不仅在推介信托产品时要服务好客户,而且在信托计划成立后的运作、管理、清算等过程中,都要服务好客户。应当在客户与信托经理、客户服务人员之间建立一种经常性的沟通机制,使客户能够及时了解信托项目的投资运作情况。

三、加强信托公司直销体系建设

直销体系的建设是未来信托公司竞争的关键点。信托公司从融资平台向资产管理和

财富管理转型的过程中,需要不断加强自身直销体系建设,加强自身客户资源的储备,提升客户服务水平,为客户提供高端的财富管理服务。信托公司不能过分依赖银行或第三方理财公司的营销渠道,而是要逐步培育自身的忠实客户。同时,信托公司应加强产品的研发设计水平,为高端客户提供不同收益水平、不同风险程度、不同投资范围的金融理财产品,不断增强客户的黏度和忠诚度,真正提高信托公司在财富管理市场上的竞争能力。同时,信托公司应重视已有客户的维护工作。研究表明,维护好老客户比开拓新的客户意义更为重大,因为开发一个新客户的平均成本是维护好老客户成本的近5倍。而流失一个老客户的损失,大约需要开拓10个新客户才能弥补。因此,信托公司需要不断加强直销体系建设,提高客户维护水平,在服务好已有客户的基础上开拓新客户,实行存量和增量并举的发展策略。只有这样才能在激烈的市场竞争中抢占先机,为信托公司的长远发展奠定良好的市场基础。

四、通过各种渠道进行宣传,增强人们的信托理财意识

受传统思想的影响,虽然我国经济的发展使人们手头上闲余的资金增加,但是我国城乡居民的理财方式普遍比较单一,就是存入银行收取少量的利息,信托并没有被人们纳入理财意识中。因此,必须通过信托人员面对面的讲解及电视、报纸等多渠道宣传信托业相比银行业等其他金融业的优势,逐渐增加信托在人们观念中的认可程度和接受度,提高人们的信托理财意识,促进信托财产的增加,带动信托业的健康发展。

五、加强信托公司品牌建设

信托公司作为受银监会监管的金融机构,本质上销售的是一种服务和承诺,其核心理念在于客户对信托公司的信任,因此加强品牌建设对信托公司的发展十分重要。目前我国的监管法规限制信托公司为信托产品做广告宣传,信托公司不能采取传统的以产品宣传带动公司宣传的模式。信托公司可以采取品牌传播公益化的模式,通过赞助慈善事业和公益活动,宣传公司的良好形象,不断提高公司的知名度和美誉度,引起高端投资者对信托公司业务的浓厚兴趣。信托公司也可以通过举办论坛、研讨会、报告会等形式,宣传公司的形象,向潜在的高端客户传递公司的产品信息。

六、不断丰富信托公司的产品线

信托产品设计能力是信托公司的核心竞争力,丰富完善的产品线可以为信托产品的营销起到很好的促进作用。信托公司应不断丰富产品线,通过产品线中不同的产品搭配和组合为客户提供完善的投资理财规划,满足不同客户对金融理财产品风险、收益和期限的不同要求。高端客户的理财规划是一个系统的工程,如果针对不同的客户或同一个客户的不同时期都能够提供丰富的、个性化的理财产品,就可以区别于其他金融机构呆板、单一的金融理财产品,从而在金融理财市场上立于不败之地。

七、加强信托公司信息系统建设

信托公司必须加强信息系统建设,提高对客户数据的分析能力和管理能力。信托公司客户服务水平和管理手段的提升,必须有相应的信息系统作为支撑。与银行、保险、证券公司等金融机构相比,信托公司的客户管理系统建设落后,严重制约了信托公司产品营销工作的开展。信托公司应根据自身业务需要,及时开发相应的客户数据管理系统和产品信息管理系统,从而高效、科学地开展高端客户的理财服务工作。

八、加大培训力度,提高信托从业人员的专业水平

信托从业人员的水平低下是影响我国信托业健康发展的一个关键因素。信托公司应当定期对在职信托从业人员进行相关的培训,使其了解信托业的发展方向、国家的相关政策等。国家则应举办统一的信托资格考试,建立信托从业人员的准入机制。

【链接 8-3】

本章小结

信托是一种理财方式,是一种特殊的财产管理制度和法律行为,同时也是一种金融制度。

信托的作用包括:拓宽投资者的投资渠道;聚集资金,为经济服务;规避和分散风险;促进金融体系的发展与完善;健全社会保障制度;构筑社会信用体系。

信托产品营销是信托公司的一个管理过程,信托公司应根据一个选定的目标客户群的需求,制订信托产品的营销计划。信托公司不是针对全部市场的全部需求,而是针对选定的目标市场。信托产品营销是客户导向型和竞争导向型的,而不是产品导向型的。

信托公司营销体系包括公司内部的营销机构、可借助的外部营销机构和网络营销。

信托产品营销渠道包括人员直销、银行代销、证券公司代销、第三方理财公司代销。

信托产品营销策略包括:树立以客户为中心的营销理念;增强全员、全程、全面服务的意识;加强信托公司直销体系建设;通过各种渠道进行宣传,增强人们的信托理财意识;加强信托公司品牌建设;不断丰富信托公司的产品线;加强信托公司信息系统建设;加大培训力度,提高信托从业人员的专业水平。

思 考 题

1. 怎样理解信托营销的内涵?
2. 如何建立信托公司营销体系?
3. 信托产品营销渠道有哪些?
4. 信托产品营销策略有哪些?

中信信托·"海岛游"消费信托

案例描述：

中信信托与凯撒旅游合作推出的 9 999 元"海洋旅行包"包括 3 款精品线路各一次的出行权益，分别是：天上人间——马尔代夫 6 日自由行（欢乐岛 4 晚），双岛之恋——巴厘岛+金银岛 6 日 5 夜花样之旅，歌诗达邮轮大西洋号日韩 6 日 5 夜（天津出发）。相当于每条线路 3 333 元，包含机票、酒店、餐饮在内，酒店外餐饮则是自费。

"海洋旅行包"的出行权益截至 2016 年年底，这 3 条旅游线路的市场原价超过 2.1 万元，这意味着客户的投资回报率超过 110%。

案例评析：

从消费的角度看，该产品在服务体系构建上涉及产品购买阶段的签约、打款服务；投资者在权益行使阶段的预定、安排行程等服务；在投资者消费结束之后，还有消费体验回馈的服务等。该消费信托的背后有中信信托与凯撒旅游共同组建成立的合资公司，由合资公司负责整个体系的运作。凯撒旅游与中信信托的合作，正是基于消费信托产品在客户服务模式方面的创新性和有效性，旨在打破旅游业和金融业之间的产业壁垒，打通双方的产品和营销通道。中信信托和凯撒旅游的强强联合，不仅促进了旅游与金融业态的融合，还提升了各自的产品品质，为双方创造了广阔的市场空间和全新的机遇。

第九章 互联网金融营销

【教学目标】

1. 理解互联网金融营销的含义与特征
2. 了解互联网金融的主要商业模式
3. 了解互联网金融产品的设计与推广方式
4. 了解互联网金融销售渠道与手段
5. 了解互联网金融的客户服务

【知识结构图】

互联网金融营销
- 互联网金融营销概述
  - 互联网金融营销的含义
  - 互联网金融营销的主要特征
  - 互联网金融营销系统
- 互联网金融商业模式
  - 第三方支付
  - P2P网络贷款
  - 众筹融资
  - 直销银行
  - 互联网保险
  - 互联网金融门户
  - 大数据金融
- 互联网金融产品设计
  - 互联网金融产品设计的意义与原则
  - 互联网金融产品客户体验及其影响因素
- 互联网金融推广方式
  - 线上推广
  - 地面推广
  - 全触点推广
- 互联网金融营销渠道
  - 付费渠道
  - 自媒体渠道
  - 口碑渠道
- 互联网金融营销手段
  - 活动营销
  - 推荐营销
  - 事件营销
- 互联网金融客户服务
  - 互联网金融客户服务的主要内容
  - 互联网金融企业客户关系管理

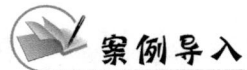

案例导入

支付转账进入免费时代

第三方支付平台的迅猛发展,犹如星星之火,已成燎原之势。第三方支付使交易和支付更加方便、快捷,受到了广大消费者的认可和青睐,因而其发展势头非常强劲,已超出了商业银行经营者的想象和预期。随着第三方支付平台的做大做强,商业银行如果再不采取有效的竞争对策,其在转账支付领域的空间将会受到进一步挤压,甚至优势地位将会被动摇。2016年2月25日,工商银行、农业银行、中国银行、建设银行和交通银行在北京举行"加强账户管理,推进普惠金融"联合签约及新闻发布仪式,联合宣布对客户通过手机银行办理的境内人民币转账汇款免收手续费,对客户5 000元以下的境内人民币网上银行转账汇款免收手续费,并在2016年4月1日前完成对存量账户的分类标识,推动五大银行间客户信息验证,便利客户跨行开通账户和开通小额支付账户。这在业内及消费者中产生了很大的反响,也引起了各新闻媒体的高度关注。

第三方支付的快速发展使商业银行的潜在客户有所减少,商业银行中间业务收入受到了很大的影响,对银行存贷款产生了一定的分流效应。此次五大行联手宣布取消手机银行办理的境内人民币转账汇款和5 000元以下的境内人民币网上银行转账汇款免收手续费的举措,是对第三方支付平台竞争很好的回应。

资料来源:农村金融时报网,http://epaper.zhgnj.com/Html/2016-03-21/19995.html.

思考题:

1. 分析五大行这一举措的具体原因。
2. 面对快速发展的互联网金融,商业银行应该如何应对?

第一节 互联网金融营销概述

迅速发展的网络经济正以其特有的规律使金融理论和金融市场发生着深刻的变化,由此诞生了互联网金融。在互联网金融的推动下,传统的金融组织要能适应网上营销环境的变化,要不断提供相适应的虚拟金融产品。以网上银行和第三方支付平台为代表的新的金融组织正在通过新的营销技术、营销模式不断地推动金融营销创新。在这两方面的作用下,互联网金融营销得到了迅速发展。

一、互联网金融营销的含义

在互联网时代,网络营销是金融组织营销系统中的一个重要组成部分。互联网金融营销是指以互联网为依托,利用电子方式和具有交互性特征的网络媒体所营造的网上经营环境,实现金融业由"产品为主"向"客户为主"的转变,进而实现营销目标的一种新型市场营销方式。

从概念逻辑上看,完整的互联网金融营销含义包括传统金融产品与服务的网络营销、互联网金融产品与服务的市场营销两个层面的内容,而互联网金融产品与服务的市场营销又包括线上营销和线下营销。此处所讲的就是基于这种完整含义的互联网金融营销。

1. 互联网金融营销的目的

互联网金融营销的目的是借助互联网、移动互联网等工具,以最低的成本,有计划地进行精准的营销推广,从而建立良好的品牌和口碑,起到宣传产品、引流客户的作用,之后通过提供恰当、贴心的后期客户服务,获取并巩固来自投资者的信任,进而使更多的投资者前来投资理财,最终帮助金融企业获取可观的收益。

2. 互联网金融营销的主体

互联网金融营销的主体是指借助互联网进行金融产品和服务推广活动的主要参与者,可分为卖方、买方和第三方交易中介。

卖方是指金融产品和服务的提供者,即金融组织。在互联网金融快速发展的背景下,金融混业经营和综合经营的特征日趋明显。作为互联网金融营销中卖方的典型代表,网上银行具有鲜明的混业经营的特征。

买方主要是指政府、企业和消费者等金融产品需求者。

第三方交易中介是指在互联网金融市场上充当交易媒介、从事交易或促使交易完成的组织和个人,如支付宝等。

互联网金融营销者是积极、主动寻求交换的市场参与者,既可以是卖方,也可以是买方或第三方交易中介。基于市场参与主体的划分,互联网金融营销可以分为六种模式:卖方对买方、卖方对第三方、买方对卖方、买方对第三方、第三方对卖方、第三方对买方。

二、互联网金融营销的主要特征

互联网金融属于新生事物,与传统的有形产品、无形服务有所不同,互联网金融营销实践也对现有的市场营销理论体系形成了冲击与挑战。从本质上说,互联网金融属于金融的范畴,其营销理应属于金融营销、服务营销的范畴,具备服务营销、金融营销的基本特征。同时,互联网金融也属于互联网营销范畴,也应具备互联网营销特征。互联网金融营销的基本特征主要表现在以下几个方面。

1. 基于大数据的需求发现与精准营销

通过市场调研发现顾客需求,是大数据出现之前经常采取的了解顾客、发现需求的方法。调研通常采取抽样的方式。但抽样存在两个方面的不足:一是样本能否代表总体存在误差;二是样本能否真实反馈调研事项也存在误差。这些传统市场调研的遗憾在今天的互联网时代、大数据时代能够得到相当程度的弥补。在大数据的参与下,原有的需求发现机制被颠覆了。通过数据挖掘,营销统计人员可以从大量的数据资料中将有关个人、流行趋势与不同细分市场等的有用信息挖掘出来。不仅如此,借助大数据,在市场细分和客户细分的基础上,互联网企业可以有针对性地设计营销组合方案,进行精准营销。

2. 多维数据征信，增强了互联网金融风险管理的科学性

信息行业和金融行业是大数据应用较多的行业，而金融行业的发展又需要借助信息技术。互联网金融的弱项之一是征信体系建设，风险防控、数据收集、数据应用建模等技术的广泛应用为弥补该弱项提供了有力支持。可以借助大数据征信系统对互联网金融风险进行管控，以减少授信前背景调查，降低征信成本，加快贷前审批，降低授信风险。大数据能在授信后风险监控上产生实时效应。此外，还必须从源头上增强金融风险管控的科学性，大数据在设计互联网金融产品方面发挥着重要的支持作用。

3. 流量成为重要的营销要素

流量是决定一个网站或平台价值的重要因素。一个网站如果没有流量也就等于没有人看，这样的网站就失去了存在的意义。对企业和网络平台而言，如何提高网站流量是网站建设完成后的首要任务。流量是互联网金融企业选择中间商的重要依据。网上搜索、网上购物、网上社交等都会形成流量。流量有企业网站自行产生的，也有与他人合作获得的。流量是互联网金融的渠道要素，是互联网金融企业扩展生态圈、寻找合作伙伴的重要依据，也可以成为制定互联网金融产品价格的依据。

4. 品牌是互联网金融竞争的制高点

顾客是企业最大的资产。品牌是顾客选购商品的依据，企业塑造品牌就是积累信任的顾客群，品牌的背后是顾客。互联网金融的无形性、同质性和等距性等特点决定了顾客无法辨识产品差别，只能依据信任的品牌选购产品或服务。对于从事互联网金融的服务类企业，将品牌作为企业战略的重要组成，实施全员营销，注重内部营销与外部营销的有机结合，提升品牌影响力是理性的选择。品牌是企业与顾客连接的纽带，品牌是市场竞争的焦点与制高点。

5. 产品创新生态圈化

互联网金融具有"附加产品"性质，其产品常常以产品组合或生态圈的形式存在。互联网金融特别关注产品组合的关联度，常以关联度高的生态圈形态构建产品组合。生态圈可以自建，也可以联合共建；生态圈可以是线上平台之间紧密合作、相互补充，形成强关系链乃至闭环，即互联网场景下的生态圈，也可以与线下平台共同构建，即O2O。实际上，互联网金融生态圈的构建与运营就是跨界营销。

6. 渠道产品化

在互联网时代的互动思维驱使下，在联合共建互联网金融生态圈的实践中，企业常常将合作方纳入整体产品组合，使其成为互联网金融生态圈的重要组成部分。也就是说，互联网金融中的商流、信息流、资金流日益成为产品形态，而且具有无形产品性质的互联网金融本身就不存在物流。这也是互联网金融营销有别于传统营销的重要的特殊之处，即产品前置，渠道产品化。

7. 非产品本身的价格形成机制,目的是培育顾客

传统思维模式下,每笔交易都要赚钱。羊毛出在羊身上,用来比喻人家给了自己好处,但实际上这好处已附加在自己付出的代价里。从本质上说,这是成本作为计价基础的定价模式。互联网金融存在于互联网时代,其定价思维是"这笔交易可以不赚钱甚至免费,以后再赚钱,或者通过其他业务赚钱"。前者是依据预期收益定价,后者是生态圈定价或流量定价,羊毛出在狗身上让猪买单。这种非产品本身的价格形成机制,其目的是培育顾客。互联网金融具备了运用这种价格策略所需要的三个基本条件,即市场容量大、产品同质化、交互性强,在互联网金融营销实践中常被采用。

8. 立足新媒体,注重整合营销传播,联合促销常态化

新媒体传播的终端或载体是电脑、手机和数字电视等,主要特点和优点是信息传播即时性、信息覆盖广泛性、信息内容多样性、信息交流互动性、传播形式趣味性,而这些特点和优点的发挥都是借助互联网实现的。由此,新媒体成为互联网金融企业与顾客沟通信息的主要媒介具有合理性。为了提升传播效果,立足新媒体,注重各种传播媒体之间、传播形式之间的有机搭配也是理性的选择。

9. 互联网金融与传统金融竞合互补

互联网金融并不否定传统金融,也不是对传统金融的替代。互联网金融是对传统金融的补充与提升,二者之间既是竞争关系又是合作关系。互联网金融企业与商业银行等传统金融机构合作并不断深度融合,可以优势互补,资源共享,共同提升互联网金融服务创新的深度和广度,为顾客创造更多的价值。实践中互联网金融快速发展的大后台就是传统的金融机构。

10. 坚持社会责任营销,将企业社会责任融入互联网金融营销过程中

互联网金融的无形性及监管的滞后性,客观上要求经营者自觉承担社会责任。企业承担社会责任是一个长期持续的行为。互联网金融企业承担社会责任,要注重"四个结合":企业社会责任与经济责任相结合、企业内外社会责任相结合、企业利润前后社会责任相结合、企业自愿与法律约束相结合;还要将社会责任融入企业使命、企业战略、企业文化及互联网金融营销过程中,在产品开发与创新中关注社会责任,在服务流程中融入社会责任,在产品或品牌传播时体现社会责任,在销售及售后服务中践行社会责任,在客户管理过程中勿忘社会责任。

【链接9-1】

三、互联网金融营销系统

1. 互联网金融营销系统的组成

互联网金融营销系统是由互联网金融营销主体、电子货币和网络支付系统、互联网金融营销信息系统、互联网金融营销风险控制系统等要素相互关联、相互作用所形成的。

电子货币和网络支付系统是互联网金融营销系统的中心,也是互联网金融营销主体之间相互交换的核心价值。该系统涉及互联网金融产品的开发与销售、互联网金融的品牌推广、互联网金融的营销工具、互联网金融的客户关系管理等内容。

互联网金融营销信息系统和营销风险控制系统是制定互联网金融营销战略和策略的基础,是互联网金融营销者把握市场机会、规避市场风险的主要工具。

2. 互联网金融营销系统发展的基础

互联网金融营销系统的发展,要以对互联网金融产品和服务进行创新为基础,包括电子货币创新、互联网信用产品创新、互联网金融信息产品创新、基于互联网的客户服务创新。

(1) 电子货币创新。电子货币是由一组含有用户的身份、密码、金额、使用范围等内容的数据构成的特殊信息,是现实货币价值尺度和支付手段职能的虚拟化,是一种没有货币实体的货币。电子货币是在电子化技术高度发达的基础上出现的一种无形货币。

(2) 互联网信用产品创新。营造良好的互联网金融信用环境,对互联网金融客户和机构进行信用评估和分级,科学地设计和规划互联网金融信用体系,加大对互联网金融风险的监管和控制力度。

(3) 互联网金融信息产品创新。拓宽互联网金融信息的获取渠道、扩大数据库的信息容量,同时对信息来源和信息质量进行严格的识别,加快信息处理和传递,确保有价值的信息能够及时转化成经济效益。

(4) 基于互联网的客户服务创新。在现有的网络客户基础上,提高金融服务质量,做好宣传工作,努力扩展网络业务空间和客户资源,借助公共信息和客户信息传递的扩散效应,真正把互联网金融的方便快捷带给客户,进而促使互联网金融营销观念深入人心。

第二节 互联网金融商业模式

商业模式是一个企业创造价值的核心逻辑,价值的内涵不仅仅是创造利润,还包括为客户、员工、合作伙伴、股东提供价值,在此基础上形成企业竞争力与持续发展力。

一、第三方支付

(一) 第三方支付的运营模式

第三方支付狭义上指具备一定实力和信誉保障的非银行机构,借助通信、计算机和信息安全技术,采用与各大银行签约的方式,在用户与银行支付结算系统间建立连接的电子支付模式。

根据中国人民银行 2010 年在《非金融机构支付服务管理办法》中给出的非金融机构支付服务的定义,第三方支付是指非金融机构作为收、付款人的支付中介所提供的网络支付、预付卡、银行卡收单以及中国人民银行确定的其他支付服务。第三方支付如今不仅仅局限于最初的互联网支付，而是成为线上线下全面覆盖、应用场景更为丰富的综合支付工具。

第三方支付公司的运营模式可以归为两大类：一类是独立的第三方支付模式，即第三方支付平台完全独立于电子商务网站，不负担保功能，仅仅为用户提供支付产品和支付系统解决方案，以快钱、易宝支付、汇付天下、拉卡拉等为典型代表；另一类是以支付宝、财付通为首的依托自有B2C、C2C电子商务网站提供担保功能的第三方支付模式，即买方在电商网站选购商品后，使用第三方平台提供的账户进行货款支付，待买方检验物品并进行确认后，通知平台付款给卖家，这时第三方支付平台再将款项转至卖方账户。

（二）第三方支付的比较优势

第三方支付是通过与银行的商业合作，以银行的支付结算功能为基础向政府、企业、事业单位提供中立的、公正的面向其用户的个性化支付结算与增值服务。其优势突出表现在：①提供成本优势。支付平台降低了政府、企业、事业单位直连银行的成本，满足了企业专注发展在线业务的收付要求。②提供竞争优势。利益中立，避免了与被服务企业在业务上的竞争。③提供创新优势。第三方支付平台提供个性化服务，根据被服务企业的市场竞争与业务发展所创新的商业模式同步定制个性化的支付结算服务。

（三）第三方支付企业的盈利来源

1．手续费

第三方支付企业的主要盈利途径是收取支付手续费，即第三方支付企业与银行确定一个基本的手续费率缴给银行，第三方支付企业在这个费率上加上自己的毛利润向客户收取费用。

2．广告费

第三方支付企业最显著的收益是广告费。登录支付网页可以看到无论是支付宝还是财付通，几乎每一个第三方支付企业的网页上都会有大大小小的广告。第三方支付企业利用网页上投放的各种广告代理费用获得利润。

3．服务费

第三方支付企业为其客户提出支付解决方案、提供支付系统及各种增值服务所收取的费用。这应该是第三方支付企业最核心的盈利模式。

4．沉淀资金的利息收入

这里的沉淀资金即备付金，是指第三方支付企业为办理客户委托的支付业务而实际收到的预收货币代付资金。按照4%～5%的协议存款率和0.78%的手续费来估算，这部分利润还是很可观的。

（四）第三方支付给银行带来的挑战

第三方支付的兴起不可避免地在结算费率及相应的电子货币/虚拟货币领域给银行带来挑战。第三方支付企业与银行的关系由最初的完全合作逐步转向了竞争与合作并存。随着第三方支付企业走向支付流程的前端，并逐步涉及基金、保险等个人理财类金融业务，银行的中间业务正在不断被其蚕食。第三方支付企业利用其系统中积累的客户的采购、支付、结算等完整信息，可以以非常低的成本联合相关金融机构为客户提供优质、便捷的信贷等金融服务。同时，第三方支付企业也开始渗透到信用卡和消费信贷领域。第三方支付企业与银行的业务重叠范围不断扩大，逐渐与银行形成了一定的竞争关系。

在牌照监管下，第三方支付领域今后更多的是巨头们的竞争：一方面是类似支付宝、快钱、易宝支付等市场化形成的巨头；另一方面是依托自身巨大资源的新浪支付、电信运营商支付及可能的中石化、中石油的支付平台。随着支付行业参与者不断增多，在银行渠道、网关产品及市场服务等方面的差异性将越来越小，第三方支付企业的产品会趋于同质化，这意味着第三方支付企业需要不断寻找新的业绩增长点。移动支付、细分行业的深度定制化服务、跨境支付、便民生活服务将成为新的竞争领域。

【链接 9-2】

二、P2P 网络贷款

P2P 网络贷款是指通过第三方互联网平台进行资金借贷双方的匹配，需要借款的人群可以通过网站平台寻找到有出借能力并愿意基于一定条件出借的人群，帮助贷款人通过与其他贷款人分担一笔借款额度来分散风险，也帮助借款人通过充分比较的信息选择有吸引力的利率条件。

P2P 网贷主要表现为平台模式，借款人和投资人均在网上进行交易。新客户获取、老客户维护、借款人资料、对借款人的信用评估都通过网络进行。P2P 借贷公司不参与担保，仅帮助实现借贷双方的资金匹配，因此该模式强调投资者的风险自负意识，贷款多为小额信用贷款。运营过程如下：借款人通过平台发布贷款申请，提交相应的个人信息及贷款用途说明。P2P 借贷公司提供信息中介服务，负责审核信息，确保信息的真实性并推荐给投资者。投资者根据自身风险承受能力和平台披露的贷款相关信息，进行自主投资选择。如果借款人在期限内筹得足够资金则称为满标，意味着 P2P 借贷公司匹配成功。P2P 网络平台的收入来源主要是通过标的成交的服务费及充值、提现手续费，借款管理费，投标管理费和服务费。

由于发展时间较短，P2P 网贷运营模式尚未完全定型。目前有以下几种运营模式：一是纯线上模式，如拍拍贷、合力贷、人人贷（部分业务）等，其特点是资金借贷活动都通过线上进行，不结合线下的审核。这些企业采取的审核借款人资质的措施通常有通过视频认证、查看银行流水账单、身份认证等。二是线上线下结合的模式，如翼龙贷。借款人在线上提交借款申请后，平台通过所在城市的代理商采取入户调查的方式审核借款人的资信、还款能力等。三是目前还处于质疑之中的债权转让模式，以宜信为代表。这种模式下，公司作为中间人对借款人进行筛选，以个人名义进行借贷之后再将债权转让给理财投资者。

从 P2P 网贷的特点来看,其在一定程度上降低了市场信息不对称程度,对利率市场化将起到一定的推动作用。由于其参与门槛低、渠道成本低,在一定程度上拓展了融资渠道。但 P2P 网贷暂时很难撼动银行在信贷领域的霸主地位,无法对银行造成根本性冲击。P2P 网贷针对的主要是小微企业及普通个人用户等被银行"抛弃"的客户。这些客户资信相对较差、贷款额度相对较低、抵押物不足,并且因为央行个人征信系统暂时没有对 P2P 企业开放,造成 P2P 审贷效率低、客户单体贡献率低及批贷概率低,并且很多异地的信用贷款的审核及催收成本较高,不少 P2P 平台坏债率居高不下。

P2P 网贷平台还处于培育期,用户认知程度不足、风控体系不健全,是 P2P 行业发展的主要障碍。少数平台跑路的消息也给行业造成了负面影响。这些平台大都抱着捞一把就跑的心态,在平台上线不长的时间内依靠高回报率骗取投资人的资金,而很少是因为真正的经营不善而倒闭的。因此,要在逐步建立备案制及相关资金监管制度的同时,对违法诈骗行为进行严厉打击。

随着互联网金融的火爆、创业热情的高涨,众多的 P2P 网贷平台要想在竞争中取胜,一方面要积累足够的借贷群体,另一方面要建立良好的信誉,保证客户的资金安全。随着对 P2P 平台的监管加强,平台资金交由银行托管,平台本身不参与资金的流动是必然趋势。此外,与第三方支付平台和电商平台合作,利用互联网积攒的大数据来识别风险,各家 P2P 网贷平台共享借贷人信息,建立一个全国性的借款记录及个人征信将是 P2P 网贷的发展方向。

三、众筹融资

众筹大意为大众筹资或群众筹资,是指用团购＋预购的形式,向网友募集项目资金的模式。众筹平台的运作模式大同小异:需要资金的个人或团队将项目策划交给众筹平台,经过相关审核后,便可以在平台的网站上建立属于自己的页面,向公众介绍项目情况。众筹的规则有三个:一是每个项目必须设定筹资目标和筹资天数;二是在设定的天数内,达到目标金额即成功,发起人即可获得资金,项目筹资失败则已获资金全部退还支持者;三是众筹不是捐款,所有支持者一定要设有相应的回报。众筹平台会从募资成功的项目中抽取一定比例的服务费用。

众筹模式的核心是众筹平台,它连接了大众投资人和融资企业或个人。大众通过众筹平台了解筹资的信息,并通过平台与筹资人进行沟通。当确定需要投资的项目时,投资人会与众筹平台和筹资人签订协定,通过银行或支付机构支付资金,银行或支付机构先保管投资人资金作为保证金,再决定转移多少资金给被投资的筹资人,如果企业的筹资没有达到预期目标,则将资金退还给投资人。同时,众筹平台在项目启动后保持监督。到期后,融资企业会直接给投资的大众以相应的回报,并把情况反馈给众筹平台。

众筹的商业模式依照其运行的复杂程度,以及涉及的利益相关者的数量和法律环境,可分为下面三种。

(1) 捐赠与赞助。捐赠与赞助模式是无偿的投资模式,大众可以通过网站直接选择捐赠或者赞助小额的资金。一些公益机构的网站允许直接在网络上捐款,通过网络来扩大捐款的来源。公益机构的管理者或组织公益活动的个人也会利用自身在网络社区和社交网站中的影响力,发起资金赞助。

（2）预售。预售模式是得到普遍应用的模式,美国的 Kickstarter 网站及中国的"点名时间"都使用该模式。产品或服务在创造出来前,就被发布在网站上吸引投资者,投资者选择投资后,会在规定期限内收到该产品或服务。筹资流程由筹资人开始。首先,筹资人发起筹资,把筹资项目的内容发布到网站上。每个项目必须在发起人预设的时间内获得超过目标金额的投资,否则会被下架并且不能获得任何资金。投资者选择自己感兴趣的项目,并投资小额的现金。项目成功后,网站将监督项目发起人执行项目,并确保项目完成后筹资人发放实物报酬。报酬必须是非现金或者非股权式的,大多为实物回报或者服务承诺。

（3）借贷、股权投资。该模式与预售模式有许多相同之处,根本上的不同是回报方式。由于报酬是现金或者公司股权,该模式更加适合中小企业融资。

众筹网站的收入源于自身所提供的服务,绝大部分的众筹平台实行单向收费,只对筹资人收费,不对投资人收费。盈利来源可以分为交易手续费、增值服务收费、流量导入与营销费用三个部分。

四、直销银行

直销银行是互联网时代应运而生的一种新型银行运作模式,是互联网金融科技（FINTECH）环境下的一种新型金融产物。这一经营模式下,银行没有营业网点,不发放实体银行卡,客户主要通过电脑、电子邮件、手机、电话等远程渠道获取银行产品和服务。由于没有网点经营费用和管理费用,直销银行可以为客户提供更有竞争力的存贷款价格及更低的手续费率。降低运营成本、回馈客户是直销银行的核心价值。

目前已上线的直销银行按平台划分,可以分为四种模式：纯线上综合平台、线上综合平台＋线下自助门店、线上综合平台＋线下精简版分支机构、线上综合平台＋第三方电子商务企业。

（一）纯线上综合平台模式

该模式下的直销银行只能在线上建立综合平台,不设立任何实体分支机构,通过网络、手机、电话等多样化的线上渠道为客户提供金融服务。客户需要先在直销银行开立虚拟账户,然后将其所拥有的其他银行的实体银行卡账户与该直销银行的虚拟账户进行绑定,这样就可以在两个账户之间进行资金互转。客户需要提取现金时,可以将直销银行虚拟账户内的资金划转至他行的实体银行卡内,再在 ATM 机上取现。这种模式虽然导致取现相对烦琐,但却可以最大限度地节约运营成本,NetBank、AllyBank 和 First Direct 等国外直销银行与我国平安银行的"橙子银行"采用的都是这种运营模式。

（二）线上综合平台＋线下自助门店模式

该模式下,直销银行在做好网上平台运营的同时,铺设实体自助门店。直销银行通过这种模式将客户线上自助延伸到客户线下自助。自助门店内的自动取款机、自助缴费机、智能银行机等多种现代化智能自助服务设备能够满足客户在线下的各种需求。这种模式改善了用户的取现需求,增加了线下渠道。荷兰国际集团的 ING-Diba 及我国北京银行直销银行采用的就是这种模式。

(三) 线上综合平台+线下精简版分支机构模式

该模式下,直销银行在开展线上服务的同时,借助线下辅助平台提供支持,通过建设线下精简版分支机构,拉近客户与银行的距离,增强客户的品牌认同感和忠诚度,建立相互信任关系。例如,美国的 Capital One 360 在波士顿、芝加哥、纽约、洛杉矶等八大城市通过精心选址设立线下咖啡馆,咖啡馆的服务人员都是经过培训的金融顾问,能够在客户来咖啡馆消费时与其沟通,为客户提供投资意见,推销直销银行的产品,从而增强客户的信任度。

(四) 线上综合平台+第三方电子商务企业模式

直销银行除了能够提供线上服务外,还能同时与第三方电子商务企业签订协议从而形成战略同盟。直销银行可以利用第三方电子商务企业在数据分析、风险控制、产品设计等方面的优势,迅速打入消费市场,向电子商务企业原有的海量用户营销自己的金融产品;第三方电子商务企业则可以借助直销银行为其现有客户提供更好的服务,培养客户的认同感和忠诚度。这种模式的典型代表是民生银行与阿里巴巴的合作,民生银行直销银行借助支付宝、天猫和淘宝网的大数据与网络流量优势,快速将阿里巴巴的客户转化为自己的客户并为其提供具有针对性的金融产品与服务。

五、互联网保险

互联网保险是一种新兴的以互联网为媒介的保险营销模式,是指保险公司或新型第三方保险网以互联网和电子商务技术为工具来支持保险销售的经营管理活动。目前,互联网保险商业模式主要有五种:官方网站模式、第三方电子商务平台模式、网络兼业代理模式、专业中介代理模式和专业互联网保险公司模式。

(一) 官方网站模式

传统保险公司的官网模式是这几种模式中最早出现的,也是各大保险公司最早采用的模式。官方网站模式是指传统保险公司通过自己建立的官方网站来展现自身品牌、保险产品信息,进行保险产品销售,提供在线咨询和服务等。平安、太保、国寿、人保、泰康等传统保险公司均通过官方网站销售保险产品并提供支付、理赔、保单查询、续保、咨询等一站式服务。

公司如果选择通过官方网站模式开展互联网保险业务,需要有足够多的客户并且这些客户会经常关注公司的官方网站。建立官方网站的公司需要具备三个条件:一是充裕的资金;二是丰富的产品体系;三是管理和运营能力。大多数有实力的保险企业都会选择这种模式。

（二）第三方电子商务平台模式

第三方电子商务平台模式是指保险公司与第三方电子商务公司合作，在第三方电子商务公司的网站上开展保险业务。第三方电子商务平台包括两类：一类是综合电商平台，包括淘宝网、苏宁易购、京东网、腾讯网、新浪网等；另一类是保险中介电商平台，主要是由保险专业中介机构（包括保险经纪公司、保险代理公司等）建立的网络保险平台，目前有优保网、慧泽网、中民保险网等。这个平台的网站并不是保险公司的网站，而是保险公司技术服务的提供者，它可以为保险公司及中介等相关机构和个人共用，可以为多数保险公司提供网上交易及清算服务。借助第三方平台开展互联网保险业务的公司大多暂时没有大量的客户关注度，因而只能先通过该平台来展示和销售自己的保险产品，等到聚集了一定规模的知名度和人气后，再选择开通自己的官网销售渠道。在这类平台中，比较具有代表性的是天猫。目前已经有许多家企业在天猫上开设了自己的官方旗舰店来集中销售公司的产品。京东等大型电子商务网站也已经有公司入驻。除了电子商务网站，搜狐、新浪等综合服务类网站也开始介入互联网金融，在网上直接销售金融产品。

该模式的特点是流量大、用户多、产品全、信息透明、便于比较，用户可以像购买普通商品那样随时与店家沟通，购买体验较好，与目前互联网行业中多数生活服务领域的业务相似，为大众所普遍接受。但在目前的商业合作模式下，后续及落地服务是制约电商渠道发展的主要瓶颈，如何进一步优化服务流程，打消消费者的购买顾虑，是需要着重考虑的问题。

（三）网络兼业代理模式

网络兼业代理模式是指航空、银行、旅游等非保险企业，通过自己的官方网站代理保险企业销售保险产品和提供相关服务等。这种模式的优点在于办理简单、低门槛和对经营主体的规模要求不高等，目前已经成为互联网保险公司的中介代理模式中主要的业务模式之一。网络兼业代理机构一般销售与其主业有一定关联的保险产品。例如，人们乘坐飞机时会有飞机失事的风险，航空公司会代理销售航空意外险；银行客户如果有投资理财需求，银行可以针对这些客户代理一些投资连结保险产品。网络兼业代理机构可以为客户提供更好的增值服务，自己也能获取利润。但目前许多兼业代理机构都以自己的主业为主，代理的保险产品种类较单一，因而对保险产品的销售也不会投入较大的财力和物力，在客户体验度方面效果不佳。

（四）专业中介代理模式

专业中介代理模式是指由保险经纪或代理公司搭建自己的网络销售平台，代理销售多家保险企业的产品并提供相关服务。客户可以通过该平台在线了解、对比、咨询、投保、理赔等，这些公司实际起到的是中介代理的作用。专业中介代理模式包括两类：一类是聚焦保险产品的垂直搜索平台，利用云计算等技术精准、快速地为客户提供产品信息，从而有效解决保险市场中的信息不对等问题，如富脑袋、大家报等；另一类保险门户定位于在线金融超市，充当网络保险经纪人的角色，为客户提供简易保险产品的在线选购、保费计算、综合性保障安全等专业性服务,如大童网、慧择网等。慧择网2006年成立,是第一家集保险预约购买、产品对比和垂直交易功能于一体的第三方网络保险综合平台。

随着我国互联网保险的迅猛发展,利用专业中介网站销售保险产品的模式日渐风行。我国第三方网络保险平台主要有车盟、慧择网、搜保网、捷保网、中民保险网、优保网、开心保网等。

(五) 专业互联网保险企业模式

专业互联网保险企业模式是指专门针对互联网保险需求,不设线下分支机构,从销售到理赔全部交易流程都在网上完成的保险经营模式。根据保险公司经营业务主体的不同,专业互联网保险企业大致分三种:产寿结合的综合性金融互联网平台、专注财险或寿险的互联网营销平台和纯互联网的"众安"模式。

专业互联网保险公司的运作模式和未来发展方向备受社会关注,但目前由于公司规模、机构落地服务能力等条件的限制,受众面较窄,线上成交的保费规模还比较小,运营模式仍在不断探索和尝试之中。随着互联网金融行业发展环境的不断优化和专业互联网保险公司的不断创新,"互联网+保险"专业互联网保险公司模式必将进一步发挥其独特的优势,成为互联网保险快速发展的重要动力。

六、互联网金融门户

互联网金融门户是指利用互联网提供金融产品、金融服务信息汇聚、搜索、比较及金融产品销售并为金融产品销售提供第三方服务的平台。它的核心就是"搜索+比价",采用金融产品垂直比价的方式,将各家金融机构的产品放在平台上,用户通过对比挑选合适的金融产品。互联网金融门户多元化创新发展,形成了提供高端理财投资服务和理财产品的第三方理财机构,提供保险产品咨询、比价、购买服务的保险门户网站等。这种模式不存在太多政策风险,因为其平台既不负责金融产品的实际销售,也不承担任何不良的风险,同时资金也完全不通过中间平台。

按相关互联网金融门户平台的服务内容及服务方式,互联网金融门户分为第三方资讯平台、垂直搜索平台、在线金融超市三大类。第三方资讯平台是提供全方位、权威的行业数据及行业资讯的门户网站,典型代表为网贷之家、和讯网等。垂直搜索平台是聚焦金融产品的垂直搜索门户,消费者在门户上可以快速地搜索到相关的金融产品信息,典型代表为融360、安贷客等。在线金融超市的业务形态是在线导购,提供直接的购买匹配,因此该类门户集聚大量金融类产品,利用互联网进行金融产品销售,并提供与之相关的第三方服务,典型代表为大童网、格上理财、91金融超市及软交所科技金融超市等。

互联网金融门户的最大价值就在于它的渠道。互联网金融分流了银行业、信托业、保险业的客户,加剧了上述行业的竞争。随着利率市场化的逐步实现和互联网金融时代的来临,对于资金的需求方来说,只要能够在一定的时间内,在可接受的成本范围内,具体的钱是来自哪里并不重要。融资方到了融360、好贷网或软交所科技金融超市时,用户甚至无须像在京东买实物手机似的,需要逐一浏览商品介绍并认真比较参数、价格,而只需提出需求,反向进行搜索比较。因此,当融360、好贷网、软交所科技金融超市等互联网金融渠道发展到一定阶段，拥有一定的品牌及积累了相当大的流量，成为互联网金融界的"京东"和"携程"的时候，就成了各大金融机构、小贷、信托、基金的重要渠道，掌握了互联网金融时代的互联网入口，引领着金融产品销售的风向标。

七、大数据金融

大数据金融是指集合海量非结构化数据，通过对其进行实时分析，为互联网金融机构提供客户全方位信息，通过分析和挖掘客户的交易和消费信息掌握客户的消费习惯，并准确预测客户行为，使金融机构和金融服务平台在营销和风控方面有的放矢。基于大数据的金融服务平台主要指拥有海量数据的电子商务企业开展的金融服务。

目前，大数据服务平台的运营模式可以分为以阿里小贷为代表的平台模式和以京东、苏宁为代表的供应链金融模式。阿里小贷以"封闭流程＋大数据"的方式开展金融服务，凭借电子化系统对贷款人的信用状况进行核定，发放无抵押的信用贷款及应收账款抵押贷款，单笔金额在5万元以内，与银行的信贷形成了非常好的互补。京东、苏宁的供应链金融模式是以电商作为核心企业，以未来收益的现金流作为担保，获得银行授信，为供货商提供贷款。

虽然银行有很多支付流水数据，但是各部门不交叉，数据无法整合，大数据金融模式促使银行对沉积的数据进行有效利用。大数据将推动金融机构创新品牌和服务，做到精细化服务，对客户进行个性定制，利用数据开发新的预测和分析模型，实现对客户消费模式的分析以提高客户的转化率。

【链接9-3】

随着大数据金融的完善，企业将更加注重用户个人的体验，进行个性化金融产品的设计。未来，大数据金融企业之间的竞争将聚焦数据的采集范围、数据真伪性的鉴别以及数据分析和个性化服务等方面。

第三节 互联网金融产品设计

一、互联网金融产品设计的意义与原则

（一）互联网金融产品设计的意义

从服务模式上看，银行、证券、保险等传统金融机构是中心化的客户等级分类服务模式，优质资产更多被供应给高净值用户。互联网金融产品设计对互联网金融企业、消费者（借款者与投资者）、社会都具有十分重要的意义。互联网金融企业需要通过产品设计来获得利润，消费者需要通过产品设计来享受生活，社会更需要通过产品设计来向前发展。互联网金融产品可以通过减少中间环节，直接降低交易成本。低展业成本和零边际成本也决定了互联网金融更关注如何让普通用户享受特权金融。

风控是所有金融业务的核心之一，风控能力也决定了资产质量。传统金融的风控模型依赖于抵押品、担保机构，风控有效但不高效。互联网金融的风控手段是基于海量数据的交易行为，社交关系也提供了风控的补充。海量数据的意义不在于风险控制，而是把交

易成本降到更低,更好地开发基于长尾用户属性的产品。

(二)互联网金融产品设计的原则

1. 金融端产品设计原则

互联网金融的本质是金融,而不是互联网。而金融的核心有三点:安全性、流动性和收益性。互联网金融产品的设计也必须遵循这三个基本原则。除此之外还必须遵循透明性原则。

(1)安全性原则。安全性原则是指不仅要保证客户的资金安全,而且要保证客户的信息安全。互联网金融产品设计是一种金融创新,在创新过程中,要注意不要与现行的有关法律相冲突。例如,对于 P2P 而言,有两个底线不能碰:一个是非法吸收公共存款,一个是非法集资。对于股权众筹而言,是不能与国家有关证券法律、法规相冲突。因此,在设计产品时一定要先熟知相关的法律、法规及金融监督条例,不能"踩线"。

(2)流动性原则。流动性又称灵活性。对于用户来说,流动性是指用户能以较低的成本拿回自己的投资金额的能力。对于互联网金融企业来说,流动性就是产品设计的下限,使企业的财务能够实现自负盈亏,使客户有可持续的承受能力。保证客户能够通过平台实现收入增加、生活改善及价值创造,从而确保客户的还款能力,降低企业整体借贷风险,是互联网金融企业可持续发展的基础。

(3)收益性原则。收益性原则是指要保证企业能够平衡运营成本,实现合理盈利,并不断扩大规模。收益率、流动性和风险性三者之间是相互影响的。高收益率往往意味着低流动性和高风险,高流动性往往意味着低收益率和高风险,高风险往往意味着高收益率和高流动性。

2. 互联网端产品设计的原则

互联网端产品设计应该遵循使用简单、便捷、规范、安全、投资人认知门槛低等原则。最理想的情况是把产品体验做到极致,改变用户的习惯。

(1)使用简单原则。对于任何产品来说,有用性大于易用性。也就是说,用户体验固然重要,但不是最重要的,最重要的是用户觉得有用。但是对于互联网产品来说,同类产品众多,功能雷同,免费使用,用户背叛成本很低。当有用性是一样的时候,大家的竞争重点就是易用性了,这就是互联网产品如此重视用户体验的原因。

(2)便捷性原则。人人都有追求便捷的心态。从产品需求来看,各种工具类产品让人体会到互联网带来的便捷性。例如,讯飞输入法良好的语音识别功能让用户省去了打字的烦恼,OCR 软件快速方便地识别文字,从打车软件到专车软件,让打车变得更加容易。购物网站和外卖网站让"懒人"足不出户即可享受商品和美食。

从互联网金融产品的细节设计来看,提升产品使用中的便捷性,让用户少想少做会显著提高产品的用户体验。例如,手机指纹解锁免去了输入密码的麻烦。

(3)规范性原则。产品操作流程、界面布局都应当符合逻辑,让用户操作起来自然而然,而不必专门学习。操作前结果可预知,操作时操作有反馈,操作后操作可撤销。

(4) 安全性原则。安全和安全感是不同的概念，即使互联网金融企业把安全做到99.99%，0.01%的人仍然会觉得不安全，但是99.99%的人不会站出来说企业的产品是安全的，而0.01%的人却会把问题反映出来，从而造成了互联网金融企业的不安定因素。

安全性原则是从产品的安全角度给用户一个安全的使用环境。只有让客户信任的产品才是好的互联网产品，这对于用户体验来说至关重要。当用户在使用设计出来的互联网产品时，应该让用户在使用过程中具有安全感，也就是信任感。让用户觉得执行的每一个操作都是安全的，至少是不会带来重大灾难的，甚至在小小的按钮上面都可以让用户觉得点这个按钮可以带来什么样的结果，只有这样才不会让用户在操作过程中涉及资金财务或关键信息的时候感到犹豫不决。

我们以支付流程操作为例。为了让用户在支付流程中感知到安全感，设计师们必须从用户的角度出发，推算出他们在操作时的心理活动变化，并以此建立用户模型，从中寻找痛点。用户在操作互联网金融 App 时，对发起支付功能会更加谨慎，因此对这个流程的连贯性和安全性要求更高。互联网金融企业应该从以下几个方面提高用户安全感。一是维护用户的主观控制欲。互联网金融产品操作流程会涉及资金流向问题，而在这个过程中，需要减少不必要的"自动操作机制"（自动选择、自动推荐、自动跳转等），要让用户感知到资金流向是由自己控制而不是被系统牵制。二是操作的可逆性。除了实名认证和向银行发送的付款请求不可撤回，其他操作都应该保证可逆性，给用户多次修改的机会。三是保证用户的操作习惯不被打破。习惯是人们在某种特定情景下形成的思维意识，习惯性的操作能轻易地唤起用户的原有意识。比如说消费者在刷银行卡消费时，他们觉得输入密码是一道保障，线上支付时用户在移动设备上输入密码或短信验证码，也能满足他们的安全需求。

(5) 认知门槛低的原则。好的互联网金融产品的用户体验设计能够让用户像傻瓜一样不需要思考和耗费太大脑力来接受。让用户以最快的速度接受信息，而不是消耗脑细胞来体验产品，这才是用户想要的。

二、互联网金融产品客户体验及其影响因素

（一）互联网金融产品客户体验

用户体验（user experience，UE/UX）是用户在使用产品的过程中建立的一种纯主观感受，即用户在使用一个产品或系统之前、使用期间和使用之后的全部感受，包括情感、信仰、喜好、认知印象、生理和心理反应、行为和成就等。对于一个界定明确的用户群体，其用户体验的共性是能够经由良好设计的实验来认识到的。

互联网金融发展如此之快，一个很重要的因素就是强调用户体验。对于互联网金融产品客户来说，投资收益是最大的客户体验。但除此之外，还有各种各样的体验，如服务是否到位、风险提示够不够、产品宣传时有没有忽悠投资者或者是否根据客户的需求设计不同的产品、是否提供了其他各种增值服务等。

互联网金融平台并不能完全控制投资者体验，因为投资者体验会受到情感、环境、自然因素的影响。客户不是机器人，无论企业对体验的设计有多么完美，他们的感受也不可

能完全符合企业的预测或希望。

互联网金融产品客户体验包括感官体验、交互体验和情感体验。

（1）感官体验。要想真正提高感官体验，必须从人体视觉感官分析人物心理，掌握目标人群的视觉浏览模式、熟悉用户浏览页面的规律等，通过广泛的调研和数据分析的支撑，找到最适合用户综合感官舒适度的呈现方式。

（2）交互体验。客户的操作行为无非就是点击、拖曳、滑动、按压。要在如此复杂的产品信息承载中实现 4 项简单的操作，必须把客户看作崇尚简单的、挑剔的、迟钝的、很忙的，能少键入就少键入、能少点击就少点击、能少思考就少思考。要了解客户可能的点击流程。同时，产品要有好的信息架构，操作引导要逻辑清晰，尽量准确把握客户的心理预期，揣摩客户的心智模型，进而实现客户的心理预期。

（3）情感体验。情感体验就是让客户在产品中找到人性中的共鸣，增强客户的归属感。这种体验需要借助产品的外观、声音、场景化图文等来完成，更重要的是要准确把握客户的心理需求，让人易学会用，同时能使人感到愉悦。让客户看到界面即能产生强烈的认同感和情绪体验，客户与界面产生情感互动，进而引导客户积极操作。

（二）互联网金融产品客户体验的影响因素

影响一个互联网金融产品的客户体验要素有很多，如交互性设计、逻辑框架、实名认证、便捷登录、产品要素、支付跳转、提现等。一个优秀的互联网金融产品的客户体验是有体感的，如余额宝能够让客户每天查询到自己的收益，随时随地让客户感觉赚到了。传统金融行业的从业者的最大特点是逻辑性强、理性强，但大多不重视客户的体验。

【链接 9-4】

第四节　互联网金融推广方式

营销推广的直接目的是提高企业的曝光程度。在互联网金融行业，曝光率在一定程度上可以转化为企业门户获取流量的多少。而从企业的流量多少可以观察到企业的客户关注程度、客户活跃程度、客户转化程度等，因此互联网金融企业应重视如何通过好的推广方式获取流量。互联网金融的营销推广大体可分为线上推广、地面推广和全触点推广三种方式。

一、线上推广

线上推广是借助互联网在网络空间中对产品和服务进行宣传。线上推广拥有覆盖面广、推广成本低及推广效果更为精准等优势。常见的线上推广方式有论坛、博客、媒体、聊天工具、邮件、搜索引擎优化、搜索引擎营销、流量互换合作、网页插件、广告弹窗等。

当前较为优化的线上营销推广方式是复合式线上推广。企业可以采用互联网数字营销方式，结合搜索引擎营销、搜索引擎优化、网页导航、付费类广告平台、App 搜索优化等多项线上途径共同推广。这种方式可以帮助企业提高客户流量的精准程度，可操作性和控制性较好。

线上推广的缺点在于企业的品牌效应不足，且成本较高。企业在面对大型的促销和宣传活动时，线上的推广需要竞价，这就迫使企业提高广告费用的投入，在成本迅速增加的同时，广告有效期过短，导致企业成本增加、品牌塑造效果仓促等弊端。

二、地面推广

地面推广与论坛推广、博客推广、媒体推广等线上推广方式相反，更侧重传统模式而非网络模式的推广，注重实际生活中的沟通交流，在传统营销中占很大比重。地面推广活动使网站真正成为发布信息的平台，不仅能够提升网站的直接流量，更是企业品牌的一种宣传方式。常见的地面推广方式有商务合作、电梯广告、公交及地铁广告、报纸广告、广播广告、明星代言、赞助等。

当前地面推广的主要方式是商务合作、地面广告、代言和外拓活动相互结合的方式。这些方式对于企业的品牌塑造效果较好。但是地面推广的方式较为传统，相关的负责人员一部分来自传统营销推广行业，面对互联网金融的线上交易的形式结合度不理想。营销推广人员在地面塑造品牌，继而将客户转化为流量，传输到互联网上的难度较大，因此获客效果不够明显。

三、全触点推广

全触点推广方式是指将线上推广、地面推广和社会化营销相互融合的推广方式。通过传统地面广告和线上数字营销的推广方式加上社会化的新媒介（网络视频、朋友圈、公众号、软文推广、个人微博等）和事件营销等方法打造多渠道的营销推广方式。

当前全触点的推广方式是行业内大型互联网金融企业较为青睐的方式。通过线上、地面和社会化营销相结合的形式，将营销推广的渠道从互联网拓宽到线下，再结合事实热点和流行的新媒介，打造全方位的渠道推广方式。企业可以有效地提高企业知名度、塑造品牌形象，并且突破地面推广的区域性限制和线上推广的时间性限制，营销推广的效果显著。互联网企业在创办初期，由于企业规模和资金状况，不适合直接开展全触点的营销推广。这类方式推广的范围广、渠道多，如果企业没有一定的实力，则很难掌握如此大的推广力度。

【链接9-5】

第五节 互联网金融营销渠道

一、付费渠道

（一）线上广告

线上广告是指广告代理商能从媒介获得佣金（代理费）的广告形式。

1. 联盟广告

联盟广告是众多小网站联合起来形成一个统一的广告发布平台，广告主投放的广告在所有联盟网站均能得以展现的一种广告形式。广告主按照网络广告的实际效果（如销售额、引导数等）向网站主支付合理的广告费用。联盟广告可以节约营销开支，提高知名度，扩大企业产品的影响，提高营销质量。常见的网络联盟有百度网盟、搜狗网盟、360网盟、谷歌网盟等。

2. 导航广告

导航广告是将浏览器的导航区域转化为网络广告平台，动态地对浏览器的导航栏进行外观定制的技术。它彻底抛弃了导航条古老的灰色导航区域，提供了一块崭新的个性化空间。常见的导航有 hao123 导航、360 导航、搜狗导航、2345 导航、UC 导航等。导航广告数量大，宣传效果比较明显，但好的广告位置价格较高。

3. 超级广告平台

超级广告平台是目前主流的付费推广渠道。其优点是用户基数大，活跃度高，能通过精准投放带来有效的流量；缺点是成本不稳定，优化难度系数高，每一个渠道投放技巧都有细微差别。超级广告平台有广点通、今日头条、陌陌、网易有道等。

（二）App 广告

App 广告是指智能手机和平板电脑等移动设备中的第三方应用程序内置广告，属于移动广告的子类别。

1. Banner 广告

Banner 广告又称横幅广告、通栏广告、广告条，是目前最普遍的广告展现形式，通常出现在顶部和底部。帷千、趣米、多盟等绝大多数广告平台都支持 Banner 广告。这种形式的广告身量小，收益也比较平稳。Banner 广告的优点在于展示量大、媒体覆盖面广，缺点是点击率、转化率比不上其他广告形式。

2. 启动屏广告

启动屏广告又称开屏广告。打开 App 时，全屏/半屏展现，在一般情况下，同一用户不会频繁启动单一 App，因此与其他广告形式相比，同等数量的广告展示下，这类广告能覆盖相对更多的独立用户。

3. 插屏广告

插屏广告又称插播广告。使用 App 时动作触发全屏/半屏弹出或嵌入。这种广告形式的客户点击率、客户转换率及用户活跃度都有不错的表现。

4. 推荐墙

推荐墙又称推荐列表。开发者可以在程序的任意位置设置入口按钮,在按钮响应事件中调用"荐"计划接口,即可获得以弹出窗口形式展现的应用列表,而用户看到感兴趣的应用并点击后,开发者即可得到相应的广告收益。这种形式由于只在 App 中显示一个"荐"字,不影响用户体验,而且 Banner 和推荐列表可以同时使用,开发者可获得双重收益。使用这种形式的广告平台有酷果、帷千动媒、有米、趣米广告等。

(三)媒体广告

媒体广告是指基于传统四大媒体——电视、报纸、杂志和广播电台所进行的营销推广活动。

1. 电视广告

可以采取访谈、独家赞助,或者公益植入等形式。根据类型不同,有一定的品牌背书和美誉度塑造效果,价格越高流量越大。

2. 报纸广告

可在《人民日报》《南方都市报》等报纸上做广告,能覆盖主流人群,有一定的品牌效益。

3. 杂志广告

可在财经、旅游杂志等上做广告,能覆盖特定的目标客户群,产生一定的品牌效益。

4. 电台广告

可在城市 FM、交通 FM 等上做广告,能覆盖一部分受众,但品牌效益一般。

二、自媒体渠道

自媒体是利用电子化和现代化的方式,向特定或不特定的个人或多数人传播规范性及非规范性信息的新媒体的总称。

(一)官方渠道

官方渠道能够帮助企业塑造良好的形象,使企业在市场上保持合理的声音。

1. 站内推广

站内推广就是基于互联网金融企业自身的网站,进行产品和服务的推广,包括固定广告位、短信通道、站内信和弹窗等形式。

2. 搜索引擎优化

搜索引擎优化是建立在搜索引擎的收录及排名机制之上的免费搜索引擎营销方式。搜索引擎基于站内优化及站外信息覆盖两方面的工作,对网站的结构和内容做出合理调整,使每个网页都能最为有效地反映所要表达的信息。需要进行营销推广的企业,基于其网站在搜索引擎中的自然排名上升,能够从搜索引擎上获得更多的免费流量及销售订单。该方式的优点是费用低,缺点是见效慢。

3. 官方媒体推广

官方媒体推广是指有营销需求的企业,在社交媒体平台上开立账户,对其产品和服务进行日常推广的营销方式。常见的官方媒体有基于微信平台的企业服务号和订阅号、企业微博账号、企业官方博客、企业官方社区等。其中微信和微博是目前利用程度最高的两种社交媒体平台。

(二)论坛渠道

论坛是进行公开讨论的公共集会场所,通常是指以发帖和回帖的方式进行事件讨论的网站。在论坛推广形式渐趋多样化的背景下,论坛推广给企业营销提供并创造了越来越广阔的营销空间。常见的论坛有百度贴吧、天涯问答等。

(三)社群渠道

社群是指一群通过计算机网络连接起来的突破地域限制的人通过网络彼此交流、沟通,分享信息与知识,形成具有相近兴趣和爱好的特殊关系网络,最终形成具有社区意识和社区情感的社群圈。借助社群渠道,企业能够在其核心目标用户的所在社群中制造热点,实现产品和服务的营销。

社群并不是互联网金融企业的主流营销渠道。能够为金融产品和服务的营销提供良好空间的社群,是具有良好品牌背书的大型社群,如知乎、天涯等。知乎是我国新兴的社交媒体,以"问答社区"为平台,定位受众能够在该平台上提问或答疑,彼此展开广泛的交流互动和知识分享。

三、口碑渠道

口碑营销是指由生产者、销售者以外的个人或媒体通过明示或暗示的方式,不经过第三方处理加工传递关于某一特定产品、品牌、厂商、销售者及能够使人联想到上述对象的任何组织或个人的信息,从而使被推荐人获得信息、改变态度,甚至影响其购买行为的一种双向互动的传播行为。明星、意见领袖、独立观察者、社交平台和论坛中的独立用户、新闻网站提及产品并给予正面评价,能够使所要营销的产品和服务迅速获得大量曝光,进而使客户转化率得到有效的提升。

（一）媒体渠道

常见的媒体渠道有独立记者和知名媒体两种类型。

1. 独立记者

独立记者是指不从属于且不任职于任何企事业单位，进行独立调查的记者。通过邀请独立记者对企业进行报道，利用其独特的分析视角及文字功底，能够提高文章的质量，在自媒体上进行推送。

2. 知名媒体

知名媒体报道包括《人民日报》《南方周末》《南方都市报》等知名报刊上的报道。这类方法虽然效果显著，却很难实现。一般情况下，企业举办公益类活动并取得群众和主流媒体的共同认可后，才有可能获得这样的机会。

（二）粉丝渠道

粉丝渠道是指将自身在互联网各个渠道上的客户和朋友等作为资源，通过一些宣传途径提高营销效果的方式。

1. 官方途径

官方途径包括官方贴吧、社区、博客、微信公众号、官方微博等。这类渠道重在维护好粉丝的沟通渠道，通过开展见面会、主题活动的方式提高粉丝活跃程度。

2. 个人途径

个人途径包括朋友圈、微信、微博等方式。在互联网高速发展时期，个人的网络力量不容小觑，可以通过具有影响力的人物的个人朋友圈、微博等提高企业曝光度，增加人们对企业的信任感，来拓宽营销的渠道。

（三）名人渠道

常见的名人渠道有明星代言、名人推荐和意见领袖三种类型。

1. 明星代言

明星具有较强的公信力，同时可以使明星的庞大粉丝群体转化为具有一定购买力的消费者。以明星代言进行营销的关键在于品牌形象与明星的个人形象相匹配，且要有一定力度的宣传活动与之相配套。

2. 名人推荐

这里的名人是指在互联网金融领域具有较高名气或非常成功的人物，如阿里金融的马云。通过业界知名人士的宣传，加大客户对企业和产品的信任度，从而增强产品的营销效果。

3. 意见领袖

意见领袖的范围较为广泛，一般指具有一定引导能力的人物。意见领袖的介绍和宣传，无形中会增加"被领导"人群对企业和产品的信任程度。从某种意义上说，意见领袖会引导舆论走向，且往往会用自身经历作为参考，进一步提高信息的准确性，增强企业和产品的宣传效果。

【链接 9-6】

第六节　互联网金融营销手段

一、活动营销

活动营销是互联网金融企业最常使用的营销手段。下面以 P2P 网贷平台为例进行介绍。P2P 网贷平台的营销关键分别是获取客户、客户转化和存量用户的再投资。其中获取客户是 P2P 网贷平台最为核心的营销目的。P2P 网贷企业常用的活动营销方式有体验金、红包、加息券、新手标、积分商城等。

（一）体验金

体验金是平台送给新用户的理财本金，用户可以将体验金直接投资于平台为体验金专门准备的项目，在投资到期后所产生的收益归用户所有，体验金由平台收回。最初各 P2P 平台体验金的使用一般都是无门槛的，注册即可使用，到期后收益即可提现。P2P 行业高福利的活动吸引了大批羊毛党的关注和参与，且在羊群效应的作用下愈演愈烈，有些人甚至采用各种违法违规手段获取平台的新手福利。因此，目前很多平台对体验金的使用规则都设置了门槛。

互联网金融网贷平台全球贷 2014 年上线之初为注册成功的新用户发放 6 000～10 000 元的体验金，用户在投资 5 天后便可获得最多 20 元的利息收入，即用户无须在平台投资 1 分钱，即可提现 20 元现金。此后全球贷平台对体验金使用规则和体验标金额做了调整，要求新用户先在平台投资 100 元后，才可使用体验金，不过由体验金所产生的收益仍然归用户所有。

（二）红包

红包是平台变相赠送给新用户的现金。一般红包投资之后，红包及由其所产生的收益都是可以提现的。网贷平台所派发的红包通常有一定的使用门槛，如某网贷平台向新注册用户的账户中派发 50 元的红包，该红包可按投资额 0.5% 的比例使用，且只能使用一次。即若用户只注册不投资，红包作废，若用户投资 10 000 元，则可以使用完 50 元的红包。

（三）加息券

加息券是指能够使投资人的投资收益率在特定投资项目收益率的基础上，得到一定提高的电子券,是网贷平台鼓励投资人进行投资的一种营销方式。加息券的使用规则包括但不限于：不能和其他投资优惠同时享受；若在使用加息券进行投资后,投资人想要中途退出或者转让其所拥有的债权,加息券的使用天数由该投资人的持有天数决定,新投资人不再享有加息券的福利；若投资期限到期后投资人没有退出,则该加息券仍继续有效,但加息范围只涉及本金而不包括初始投资所产生的利息。

（四）新手标

新手标是指 P2P 网贷平台为了吸引新用户,仅面向新注册用户开放的可投标的。通常情况下,新注册用户可以在使用体验金、红包等用户福利的基础上投资于平台所提供的新手标。新手标具有投资期限短、收益高的特点。

（五）积分商城

积分商城是用户用积分兑换礼品的虚拟场所,积分商城通常不会单独出现,而是跟积分体系一起出现。积分体系是辅助运营的手段,其运行目的在于提升注册用户的活跃度和黏性。积分体系的运行逻辑表现为：以积分作为奖励,引导用户完成设计者的指定行为,从而使用户在日复一日连续的积分积累过程中形成被期望的固化行为习惯。网贷平台希望通过积分体系使用户不需要有太多考虑就选择使用其所提供的产品和服务,如引导用户每天登录其平台签到,并给予用户一定的积分奖励,以使客户养成每天打开 App 的习惯。

二、推荐营销

推荐营销是指网贷平台将存量用户发展成线下的销售人员,以期用裂变的人脉关系去获取新用户的营销行为。在给予恰当推荐报酬的前提下,网贷平台可以用较低的成本快速获取大量的新用户。例如,平安集团的陆金所、百度的百度钱包、顺丰快递的顺手赚等的推荐营销在互联网金融行业中表现尤为突出。

陆金所的推荐营销活动中将存量用户分为普通推广员和超级推广员,推荐用户注册和推荐用户投资,都会获取一定的奖励,且奖励都是以现金形式发放的。超级推广员较普通推广员获得的奖励更为丰厚。借助良好的推荐营销活动,陆金所用 6 个月的时间就获得了 500 万增量用户。

百度作为互联网三大巨头之一,其互联网金融产品——百度钱包的推荐营销活动采用的同样是现金奖励。推荐者每成功推荐一个注册用户,推荐者和被推荐者各被奖励 10 元现金。

三、事件营销

事件营销是指企业通过策划、组织和利用具有名人效应、新闻价值及社会影响的人物或事件引起媒体、社会团体和消费者的兴趣与关注,以提高企业或产品的知名度、美誉度,树立良好的品牌形象,并最终促成产品或服务的销售目的的手段和方式。事件营销的效果较为显著,但由于事件营销的方法不同,成本差别较大。

简单的事件营销可以通过网络进行传播,成本较低,宣传效果也较好,在企业设立初期可以选择这类方法进行宣传。此外,还可根据时事热点、客户需求等影响点进行事件发起,引起公众关注,从而进行产品的营销。

事件营销的结果具有不可预测性,结合热点等行为在提高自身曝光度的同时,也可能会给自身形象造成一定的负面影响。热点结合是否得当,是企业在进行事件营销过程中需要考虑的问题。

【链接 9-7】

第七节　互联网金融客户服务

整体意义上的客户服务是一种以客户为导向的价值观,它整合并管理在预先设定的最优成本服务组合中的客户界面的所有要素。广义上说,任何能提高客户满意度的内容都属于客户服务的范畴。这里的客户满意度指的就是客户实际接触到的服务及待遇与期望之间的差距。但现实生活中,多数企业的客户服务工作多体现在售中、售后服务等狭义的范围之内。互联网金融行业的客户服务并不局限于传统意义上的客户服务,还包括企业通过广告、免费试用、赠与和调研等其他活动与客户进行接触,提供关怀和支持及之后产品销售和使用过程中的各种交互活动等。

一、互联网金融客户服务的主要内容

互联网金融客户服务从整体上可以划分为四个部分:在线解答客户的问题,对客户的投诉进行处理,对公司的产品进行营销,进行系统的客户关系管理工作。以上四个方面是相互递进的过程,是对客户逐渐了解和跟进的过程。总的来说,在和客户接触时,首先需要注意以下几个方面。

(一)重视完善服务细节

每个企业都有自身的绩效考核指标,根据企业的不同要求和咨询高峰期、低谷期的时间段,适当地调整客户服务人员安排,实行差异化管理,以保障各个时段的客户服务质量。在服务过程中,还可以通过增设专家解答环节,尽量快速高效地解决好客户的问题,不将问题推给公司网点,提高服务质量,尽量避免客户多次就一个不解问题进行询问。

(二)建立问题反馈机制

企业在进行客户服务部门建设时,应重视提升客户的体验及建立问题的及时反馈机制。抓"问题"是客户服务持续改善和提升的基石。

(1)在线解答客户问题。简单来说,这是一个被动接收客户信息的过程。客户服务人员通过网络聊天工具、电话热线、手机端口等途径,接受客户的咨询,运用专业话术回答客户提出的任何问题。通过在线解答客户问题,既能完善互联网金融机构的产品设计,又能在不断的问题解决中推动金融的创新。

(2) 客户投诉处理。依据客户投诉的原因,互联网金融客户投诉分为以下三级。

第一级,抱怨性投诉,即客户对互联网金融政策、网站规则和操作体验方面不理解、不满意或者满意度低,以及由于客户自身对互联网平台网站规则理解出现偏差,造成利益损失而数落网站或工作人员的过错。

第二级,由于客服人员服务态度不好、业务水平欠佳、工作失误等伤害了客户自尊或利益,引起互联网金融客户的不满,甚至要求给予补偿的投诉。

第三级,由于互联网金融平台、系统问题或其他部门工作人员操作失误,损害了客户利益,引起客户不满,甚至要求给予相应补偿的投诉。

(3) 产品营销。对公司的产品进行营销主要包括两部分的内容:第一部分是客服人员主动联系客户,进行产品的营销;第二部分是在接受客户咨询或反映问题的同时,向客户进行产品营销。客服人员对公司产品进行销售,主要是体现在第二部分上。客服人员跟客户的沟通,也是互联网金融平台借助优质服务深度挖掘客户价值的机会。

【链接 9-8】

(4) 客户关系管理。互联网金融企业要在互联网产业中生存下去,将会面临越来越多的竞争,在残酷的互联网竞争中,能够稳定地占据竞争胜出者地位的企业,多为客户关系管理活动进行得当的企业。

二、互联网金融企业客户关系管理

(一) 客户细分

互联网金融企业"以客户为中心"的产品与服务不是凭空产生的,而是需要依托对客户需求的全面收集与深入挖掘形成精准的、基于需求的客户细分,从而为产品的研发与设计、服务的配套与跟进等提供可靠依据,进而成为吸引客户的有效手段。

1. 老投资者

老投资者具有以下特征:投资时间在两年以上,对互联网金融投资有一定经验,有较独立的投资判断能力,追求高收益,偏爱高利息,追求短期投资(以 3~6 个月居多),投资金额多在 20 万元以上,部分投资者已经有过失败的经历。

2. 投资大户

投资大户热衷于四处考察平台,在投资时往往会有一批投资人跟随,并且拥有一定的投资收益议价权。

3. 羊毛党

随着互联网金融的发展,很多网贷平台为吸引投资者常推出一些收益丰厚的活动,如注册认证奖励、充值返现、投标返利等,催生了以此寄生的投资群体。羊毛党喜欢尝试新平台,赚取网贷平台优惠、活动奖励,并且乐于在第三方平台网站发表言论。这部分客户的转换率和忠诚度很低。

4. 小白投资者

小白投资者的特点是：对于互联网金融平台的背景、品牌和知名度非常依赖，缺少对这些平台的风险识别能力，缺少实际投资经验和实战经历，容易受到外部因素的干扰，但是客户的转换率很高。

（二）客户获取

1. 陌生客户的投资流程

（1）准客户。陌生客户可以通过企业广告、微信微博等互联网信息、媒体报道或朋友推荐的形式了解平台，在平台上进行注册成为企业的准客户。但此时客户只是在平台上进行了注册，并没有购买产品进行投资。

（2）准客户对平台的进一步了解。准客户在企业平台上注册后，客服人员可以引导准客户，通过自媒体平台（微信公众号等）上的信息等，让其主动对平台进行进一步的了解。客服人员也可以主动联系准客户，了解客户的情况和需求，向其进一步介绍平台，提高平台在准客户心目中的可信度，使准客户加深对平台的认识。

（3）投资注册。在客户对平台有了进一步的了解后，要想完成客户转换进行投资注册就要依赖良好的数据监测系统。一个强大的用户监测系统能够筛出不同特性的用户，从而让运营人员接近、分析、了解用户。运营人员越贴近用户，就越能明白怎样让他们变活跃。

2. 互联网金融投资者的关注点

互联网金融投资者的主要关注点包括：投资收益、投资期限、投资安全、业务风控、平台背景、平台品牌、创始团队、投资体验。

（三）客户注册后如何跟进客户

1. 服务性跟进

服务性跟进是已经完成转化的跟进方式。在客户完成转化后还需要即时把优惠信息发给客户，过一段时间给客户打个电话，先随便问问其是否清楚活动的规则，注册和充值有没有遇到什么问题，客户体验是否良好。如果客户不太了解，可以详细地进行解释。如果客户说要考虑一下，第二天可以继续跟进，结果基本就可以确定了。

2. 转变性跟进

转变性跟进是根据客户的态度决定的，分为以下几种情况。

（1）客户对产品比较感兴趣，也需要这种产品，只是对收益和安全性还有不同意见。针对这类客户的跟进最好是收集同类产品的信息，从自己的产品出发，将产品的收益与风险对客户一一进行分析，以取得客户对产品的认可。还可以通过一些优惠活动进行转化，为了达到这个目的可以适当做出一些妥协。

（2）客户对产品很感兴趣，也有投资的意愿，但由于暂时的资金问题，无法投资。对这类客户，客服人员应询问客户的投资什么时候到期，做好记录，在客户资金到期前，看看平台有什么优惠活动，提前联系客户，告知平台的优惠活动，算好收益率等。

（3）客户对客服人员所推荐的产品还没有很深的了解，态度暧昧，可买可不买。对这类客户要尽量浅显易懂地介绍产品，把产品给客户带来的好处数量化，激起客户的购买欲。

3. 长远性跟进

长远性跟进是指短期内还难以完成转化的跟进方法，是客户根本没有投资平台的意愿，或者已经投资了其他的平台。这类客户不会由于客服人员的积极跟进就会选择投资。对这类客户是不是就放弃不跟了呢？实践证明，这类客户中往往会出现大客户，但跟得太紧会引起反感。最好的做法是真心实意地跟他交朋友。周末一个温情的短信，逢年过节一张祝福的明信片，生日一个小小的生日礼物，站在客户的角度想问题，时刻把客户放在心上。只要你坚持不懈，这类客户就会给你带来惊喜。

（四）客户流失管理

1. 客户流失的原因

客户流失的原因包括：客户关系管理方面不够细腻、规范；企业内部服务意识淡薄；对服务的回答不足；品牌不足，导致员工流失带走客户；员工的内部调动使客户对企业的忠诚度下降；竞争对手的行动使客户面对新的诱惑等。

2. 流失客户细分及对策

通过分析流失客户的价值和原因，互联网金融平台可以了解流失客户的结构，对流失客户进行细分，有针对性地实施营销策略，重获客户，给平台带来多种收益。

3. 客户流失预警

客户投资到期后流失是各大平台的普遍现状。一方面这些客户原本就忠诚度不高，需要开源控制好比例；另一方面大多数平台没有明确的品牌定位，实力也有限，客户投资一段时间后，担心安全就跑到其他平台去了。针对客户投资到期后流失的问题，可在客户投资到期前，发放红包、加息券或进行电话访谈等，建立客户流失的预警系统，在客户投资的产品快要到期时，提醒客服人员及时与客户联系。同时，不断强化品牌诉求，举行投资人见面会，开展内容营销等，提升客户对品牌的感知，从而留住和锁定客户。

本章小结

互联网金融营销是指以互联网为依托，利用电子方式和具有交互性特征的网络媒体所营造的网上经营环境，实现金融业由"产品为主"向"客户为主"的转变，进而实现营销目标的一种新型市场营销方式。

互联网金融营销的主要特征包括注重精准营销、多维数据征信,流量成为重要的营销要素,注重创新生态圈化、注重渠道产品化、注重立足新媒体。

互联网金融商业模式主要有第三方支付、P2P 网络贷款、众筹融资、直销银行、互联网保险、大数据金融等。

互联网金融产品设计要注重金融特性和互联网特性,互联网金融产品用户体验包括感官体验、交互体验和情感体验。

互联网金融的推广方式主要包括线上推广、地面推广和全触点推广。

互联网金融营销渠道主要包括付费渠道、自媒体渠道和口碑渠道。

互联网金融营销手段主要有活动营销、推荐营销和事件营销。

互联网金融客户服务要重视完善服务细节和建立问题反馈机制,要做好客户关系管理。

思 考 题

1. 怎样理解互联网金融营销的含义?
2. 互联网金融营销的主要特征有哪些?
3. 互联网金融的商业模式有哪些?
4. 影响互联网金融产品客户体验的因素有哪些?
5. 互联网金融的主要推广方式以及营销渠道和手段有哪些?

案例分析

"余额宝"案例分析

案例描述:

2013 年 6 月 13 日,阿里巴巴旗下的第三方网络支付平台支付宝以响亮的口号推出了一项新业务。"余额宝,会赚钱的支付宝",这样引人注目的特点描述,在国内货币市场和金融界一石激起千层浪。支付宝用户们,或本着尝鲜与学习,或本着赚取利润的目的,纷纷在"余额宝"里迈出了试探性的一步。至 6 月 18 日,上线短短六天内,余额宝就收获了超过 100 万的用户。

余额宝作为一种余额增值服务,把钱转入余额宝中实际上是购买了由天弘基金提供的名为"增利宝"的货币基金,可获得一定的收益,收益率或可高于一年定期存款。同时,"增利宝"的申购/赎回没有手续费,转入门槛低至 1 元钱,余额宝内的资金还能随时用于网购消费和转账,且不收取任何手续费,简单来说,就是"投资门槛低,消费两不误"。

据天弘基金介绍,"增利宝"属货币型基金。货币型基金又称货币基金,具有比较突出的优点,如收益稳定、流动性强、购买限额低、资本安全性高。其他一些优点包括:可以用基金账户签发支票、支付消费账单;通常被作为进行新的投资之前暂时存放现金的场所,这些现金可以获得高于活期存款的收益,并可随时撤回用于投资。

案例评析:

1. 余额宝的前景

(1)支付宝平台的普及度。作为余额宝与基金买卖之间的桥梁,支付宝近年来作为重要的网络第三方支付平台,其作用已经充分渗透在人们的日常生活中。支付宝提供的数据显示,截至2018年12月支付宝注册账户突破10亿。支付宝用户将闲置资金转入余额宝后不仅可以获得收益,还能随时消费支付,创新的理财方式自然受到用户的青睐。支付宝的使用群体主要集中在"80后",年轻人对于新事物的接受与喜爱,决定了余额宝上线之后,很多人抱着试一试的态度去尝试。这种广泛的"群众基础",为余额宝奠定了坚实的基础。

(2)阿里领导层的前瞻性。马云指出,未来的金融有两大机会:一个是金融互联网,意为金融行业主动走向互联网化;另一个是互联网金融,由互联网行业这个外行领导着金融业这个内行。他还指出,金融业也需要外行人来搅局,自己这个外行人能够以创新手段引起金融业的变革。"中国的金融行业特别是银行业服务了20%的客户,我看到的是80%没有被服务的企业。把它们服务好,中国经济巨大的潜力就会被激发出来。我们必须用新的思想、新的技术去服务它们。这可能是中国未来金融行业发展的巨大前景所在。"

(3)余额宝的营销与技术创新性。余额宝开创了基金公司在大电商平台直销基金的模式。余额宝开创了互联网一站式销售模式。余额宝为了给客户提供一个极佳的购物体验,尽量转化每一个支付宝客户。天弘基金和支付宝在后台系统为余额宝提供了大量技术支持,实现"增利宝"便捷的"一键开户"流程。

2. 市场环境因素

(1)第三方支付平台代售基金的市场潜力巨大。随着越来越多的网购者将资金沉淀在支付宝体系,聚少成多将构成一个庞大的资金池,当大到一定程度时,其吸引力足以促使越来越多的金融机构加入支付宝的合作方,而理财产品的丰富性又将进一步吸引更多资金流入支付宝体系,阿里系将成为隐形的"金融帝国"。

(2)官方的观望态度。有专业人士指出,阿里金融目前所做的事情均着眼于增量。阿里的小微贷款面向银行不愿触碰的人群,体量有限;阿里的余额宝针对自家支付宝里沉淀的资金,与银行毫无关系。监管机构虽然明确指出其操作有违反程序的嫌疑,但也乐观其成,希望看到业界创新。

但与机遇伴随而来的,必然是风险。撇开基金投资的本质性风险不说,余额宝现在面临的最大风险,仍然是监管机构的立场,以及银行业界对来自余额宝的挑战的前景评估。余额宝的前景是否乐观,取决于其创新性与市场需求的切合程度,但更重要的,是其创新性对固有体制的冲击力度。

主要参考文献

[1] 梁昭.金融产品营销与管理[M].北京:中国人民大学出版社,2014.
[2] 李小丽,段晓华.金融营销实务[M].天津:天津大学出版社,2012.
[3] 李建,王雅丽,陈洁.金融营销[M].北京:国防工业出版社,2014.
[4] 张雪兰,黄彬.金融营销学[M].北京:中国财政经济出版社,2009.
[5] 唐小飞,周晓明.金融市场营销[M].北京:机械工业出版社,2010.
[6] 贾圣林,张瑞东.互联网金融理论与实务[M].北京:清华大学出版社,2017.
[7] 袁长军.银行营销学[M].北京:清华大学出版社,2014.
[8] 许伟,王明明,李倩.互联网金融概论[M].北京:中国人民大学出版社,2015.
[9] 宋清华.商业银行经营管理[M].北京:中国金融出版社,2017.
[10] 安贺新,苏朝晖.商业银行客户关系管理[M].北京:清华大学出版社,2013.
[11] 范云峰,王建国.银行客户管理[M].北京:中华工商联合出版社,2012.
[12] 徐卫东,孙军正.互联网时代的银行营销[M].北京:煤炭工业出版社,2018.
[13] 孙军正,许华民,冯民科.银行差异化营销[M].北京:中国财富出版社,2017.
[14] 粟芳.保险营销学[M].上海:上海财经大学出版社,2015.
[15] 王庆国,吴夕晖.证券营销实务[M].长沙:湖南大学出版社,2012.
[16] 张瑾.证券营销[M].北京:中国人民大学出版社,2016.
[17] 中国证券投资基金业协会.证券投资基金[M].北京:高等教育出版社,2017.
[18] 孙迎春,伏琳娜.金融信托与租赁[M].大连:东北财经大学出版社,2018.
[19] 刘凤军.互联网金融营销原理与实践[M].北京:中国人民大学出版社,2016.
[20] 赵永新,陈晓华.互联网金融概论[M].北京:人民邮电出版社,2016.
[21] 车平平,胡荣才,车云月.互联网金融运营与实务[M].北京:清华大学出版社,2017.

教师服务

感谢您选用清华大学出版社的教材！为了更好地服务教学，我们为授课教师提供本书的教学辅助资源，以及本学科重点教材信息。请您扫码获取。

▶▶ 教辅获取

本书教辅资源，授课教师扫码获取

▶▶ 样书赠送

财政与金融类重点教材，教师扫码获取样书

 清华大学出版社

E-mail: tupfuwu@163.com
电话: 010-83470332 / 83470142
地址: 北京市海淀区双清路学研大厦 B 座 509

网址: http://www.tup.com.cn/
传真: 8610-83470107
邮编: 100084